# 零缺陷智慧

**全新修订【第3版】**

杨钢 —— 著

中华工商联合出版社

图书在版编目（CIP）数据

零缺陷智慧 / 杨钢著. -- 北京：中华工商联合出版社，2024.12. -- ISBN 978-7-5158-4139-7
Ⅰ.① F273.2
中国国家版本馆 CIP 数据核字第 2024ZT2435 号

## 零缺陷智慧

| 作　　者：杨　钢 |
| --- |
| 出 品 人：刘　刚 |
| 责任编辑：吴建新　关山美 |
| 装帧设计：钟莞青 |
| 责任审读：郭敬梅 |
| 责任印制：陈德松 |
| 出版发行：中华工商联合出版社有限责任公司 |
| 印　　刷：北京毅峰迅捷印刷有限公司 |
| 版　　次：2025 年 4 月第 1 版 |
| 印　　次：2025 年 4 月第 1 次印刷 |
| 开　　本：710mm×1000mm　1/16 |
| 字　　数：356 千字 |
| 印　　张：22.75 |
| 书　　号：ISBN 978-7-5158-4139-7 |
| 定　　价：78.00 元 |

服务热线：010-58301130-0（前台）
销售热线：010-58301132（发行部）
　　　　　010-58302977（网络部）
　　　　　010-58302837（馆配部）
　　　　　010-58302813（团购部）
地址邮编：北京市西城区西环广场 A 座
　　　　　19-20 层，100044
　　　　　http://www.chgslcbs.cn
投稿热线：010-58302907（总编室）
投稿邮箱：1621239583@qq.com

工商联版图书
版权所有　侵权必究

凡本社图书出现印装质量问题，
请与印务部联系。

联系电话：010-58302915

· **Wisdom of ZD-ism Management** · 写在前面 ·

在京城的春寒时节，柳絮飘散，我选择闭门谢客，全心投入新书《零缺陷时代》的创作，致力于修改《零缺陷智慧》近一个月。在此期间，我与外界保持距离，专注进行思想沉淀与文字表达。

首先，读者和学员的迫切需求是我此次修订的直接动因。由于长时间的热销，我的书已然断货，许多学员无法购得新书，只能高价在网上寻找二手书。更有甚者，有学员拿着复印的书来求我签名，这种情形让彼此都感到尴尬。因此，学员们一直鼓励我对书稿进行重新修订并再版发行。

其次，过去十几年间，零缺陷（Zero Defect，简称 ZD）的理论与实践均获得了长足的发展。从工业时代的 ZD1.0 阶段发展至智能时代的 ZD4.0，零缺陷管理思想不仅在理论上有了新的突破，同时也在中国这片博大精深的文化土壤中扎根、生长、开花、结果。通过大量的实践和经验的积累与提炼，已经形成了一套完整的、适用于中国企业的零缺陷智慧知识体系。因此，更新和修订旧有的书籍内容，以反映这些年来理论与实践的最新进展，是完全必要的。

最后一个理由同样重要。本书的再版不仅仅是对旧有知识的更新，更是对整个零缺陷知识体系的一次重要补充。我的其他作品如《零缺陷漫画》和《第一次把事情做对》主要面向组织内的每一个成员，而《质与量的战争》和《质与量的未来》则更多地面向管理者和决策者。此次修订的书籍是专为组织内的零缺陷推进者、培训师和文化变革督导师编写的*实用指南*，它将成为连接这些作品的桥梁，完善整个知识体系。

回首过去，这本书最初作为教材陪伴着一代又一代的企业管理者走过风风雨雨。在北大、清华、复旦等名校的管理学院总裁班和 EMBA 课程中，它成为学员们的学习手册，指引着他们在质量变革和零缺陷文化变革的道路上坚定前行。

而这次改版，我投入了大量的时间和精力，不仅从理论深度上进行了扩展，而且还在形式、体例、案例和故事的呈现上做了大量的调整和重写，一次一次进行修订。实习课、自测题、师生对话、案例和故事分享以及 ZD 字典、学员心得等，这些新元素让书籍更具操作性和实用性。同时，我尽力采用口语化、讲课式的叙述方式，使内容更加通俗易懂，虽然这种方式可能会牺牲一些文学性和哲理性。

总之，作为学习与实践零缺陷管理的指南，本书围绕如何在不断变化的环境中构建企业的"新质"竞争力和打造"百年老店"的能力，遵循零缺陷管理"*Why-What-How-By Who*"（为什么—是什么—如何做—谁来做）的底层逻辑框架，聚焦"第一次就把事情做对"的核心理念，强调首先是"做正确的事"（方向、战略），其次是"正确地做事"（方法、战术），最后是"第一次"和每一次（竞争力、文化）；并重点突出了质量竞争力的三大要素：理念认同（知）、行动直接（行）和结果清楚（果）；以及无论是个人还是组织的成熟度和健康度，以期帮助其成就"有价值、可信赖的"个人和组织。

这本书的修订与再版，是我对知识传承与更新的一份承诺，也是对广大读者和学员需求的一次积极响应。

"遥想吾师行道处，天香桂子落纷纷。"身处百年未有之大变局，虽犹如透过后视镜窥视未来，雾霭重重、形象模糊，但你我仍能洞察云开雾散后的"真相"，以及海市蜃楼般的胜景。毕竟，在某个时刻，未来将在我们之中重演过往的历史。

"沉舟侧畔千帆过，病树前头万木春"。零缺陷智慧的生命力即表现在逆水行舟的磨难与挺立潮头的担当，以及舍其谁的使命感。

因此，我诚挚地邀请各位汲取零缺陷智慧，踏上零缺陷大道。

杨钢

2024 年 4 月 30 日

· Wisdom of ZD-ism Management · 推荐序一 ·
# 零缺陷之道

1979年，质量宗师菲利浦·克劳士比出版了他的第一部经典著作《质量免费》，从此改变了组织管理者看待质量和获得质量的方式。他的理论不是千篇一律的，而是一系列激励员工的技巧和项目实施方法论，因为他相信大多数员工都愿意做出贡献，都希望能满足组织的期望。克劳士比相信，企业的质量文化直接影响着公司如何去感知和获得质量；他也相信，质量文化是企业管理者造就的，管理者也必须对企业质量负责。

克劳士比认为，公司管理团队的产品与公司生产的产品和服务是不同的。他说，*管理者的产品就是组织本身*。他谆谆教导管理者：他们的主要产品是"有用的和可信赖的组织"。只有当一家公司成为"有用的和可信赖"的时候，才能在市场上获得永续的成功。因此，我们完全可以认为，高层管理者面临的最大问题就是如何创建"有用的和可信赖的组织"。

"可信赖的"意味着：*每份日常工作都能正确地完成*；而"有用的"则代表：*所提供的产品和服务都是客户乐于为之付钱的*。所以说，身处目前的世界经济环境中，每个企业都有机会与上百个国家的人做生意，甚至连一家小公司也可能会有来自国外的供应商和客户。另一方面，每个客户在选择谁为自己服务的时候，都会有多种多样的决定；他们在选择潜在供应商的时候，考虑的是这家公司的声誉，自己或同事对这家公司的认识。*究其实质，他们所寻找的，就是"有用的和可信赖的组织"。*

在一个组织里，无论是决定这个组织到底提供什么样的产品和服务的那些人，还是那些实际生产和使用它们的那些人，他们所承担的职责决定了这个组织是不是一个"有用的和可信赖的组织"。不管我们谈论的是软件、五金件、保险、健康服务、汽车或其他任何产品或服务，我们都应该努力做到让客户成功。一个满意的客户不一定是回头客，但一个成功的客户则一定会回头。

当中国用自己的产品和服务打开世界大门时，就意味着中国公司开始面临巨大的竞争压力。要真正在当今这个世界市场上取得竞争优势，大家需要明白：为了创建可信赖的组织，到底应该做什么。因为在这样的组织里，所有的业务都被正确地完成，所有的关系都获得了成功，不会再把钱白白地浪费在做错事情上了。

全球的成功实践表明，对于任何想成功的企业来说，质量都是极其重要的。如果质量还没有成为你的组织中的日常工作哲学，那么它就永远也不会出现了。因为质量是在整个组织中有意识地努力去做正确的事的产物。管理者和员工必须共同工作，不仅要把质量植入企业文化中去，而且要加倍努力地去培养它。

正如克劳士比所说，成功的组织都拥有相似的企业文化。这种企业文化强调努力成为有用的和可信赖的，并且有计划地去创建一种气氛，以期获得预期的结果；而零缺陷管理哲学，正是这种文化的核心。如何理解和实施零缺陷——作为工作哲学和工作标准，不仅是工作改进的基础，更是创建"有用的和可信赖的组织"的基础。

随着更多企业学习"如何将零缺陷植入企业"的文化进程不断深入，他们将会发现自己变得既有用又可信赖，并因此在国际竞争中获得越来越大的成功概率。

我的朋友和同事杨钢先生，认真且努力地推进零缺陷的本土化实践，赢得了中国企业的尊重和支持，本书中收录的部分实例就是很好的证明；而他本人也因此获得"中国零缺陷之父"的美誉，我为他感到骄傲。这也正好进一步说明了零缺陷管理在全球的生命力。

我衷心希望本书能够促使各位读者进行有益的思考和积极的行动，从而让我们携手，帮助更多的中国企业成为"有用的和可信赖的组织"。

韦恩·考斯特（Wayne L. Kost）

美国克劳士比学院 CEO 兼总裁

克劳士比中国学院前董事长

2006 年 8 月

· Wisdom of ZD-ism Management · 推荐序二 ·
## ZD选择：如何帮助中国企业成为可信赖的组织

零缺陷理论的宗旨是：从事任何工作的时候都要第一次就做对，确保无缺陷。那么，如何才能做到？怎么做？杨钢先生知道其中的奥秘，并且在本书中揭示了这一成功的秘诀。它看似很简单，实际上许多人都因此而忽略了它。

杨钢先生不仅仅揭示了这一奥秘，还提供了许多中国企业成功实践零缺陷管理理念的例子。那些非常生动的案例，都是来自我们广为熟悉的公司，确实令我们很惊讶，很受启发！

好的质量不会随随便便就拥有，缺陷也不是平白无故产生的。为了防止缺陷产生，我们就必须多下一些工夫，而这就要以零缺陷管理理念为基础。它不一定需要计算机、统计学或者更多的执行人员，但它一定需要管理层对于这一概念的正确理解以及必要的时间、金钱上的投入。

有据可查的削减成本的零缺陷实施事例证明，这种在时间和金钱上的投入绝对是值得的。一家又一家的企业捷报频传，它们都将成功转化成了看得见的数字——利润。

零缺陷的观念是如此基本、如此简单，就像真理，它适用于任何人、任何国家，在任何文化中都能够获得成功。我相信，你们会越来越多地听到这位伟大的中国质量传道士的声音和他的追随者们的成功故事。

大卫·克劳士比（David Crosby）
克劳士比咨询集团首任董事长
克劳士比中国学院名誉院长
2006年8月

· **Wisdom of ZD-ism Management** · 初版序 ·

## 我们何时可以自豪地说出这四个字——"中国品质"

2000年前后,北京北四环路南边有一排小商铺,我每次开车路过时都会注意到两条异常醒目的广告语:"德国品质,绝对放心。""日本原装,品质保障。"也许是我太敏感,不过这的确很刺眼,特别当我刚做完一个题为"品质还是不是中国企业关注的主题"的演讲后,再看到它们的时候,百感交集之余我总是忍不住反复问自己,我们何时也能自豪地说:"看,这是中国品质!"

全球畅通无阻的"日本制造"难道从一出生就如此优秀吗?非也!第二次世界大战之后,"日本制造"基本上是"假冒伪劣产品"的代名词,但是,接下来发生的事却成全了它外在的名声:他们通过品质管理提升了国家竞争力和全民的生活品质,"日本制造"随后开始在全球风靡。之后,"××制造"又一次次上演了不同年代灰姑娘变公主的桥段。虽然场景不同、演员不同,但其中的关键点是不变的——得穿上水晶鞋,而那只水晶鞋,就是品质。

长期以来,人们都是把品质与"幕后的事情"相联系,比如,严格执行卫生标准,按照规定的程序进行生鲜食品加工,碗筷按标准消毒,就餐环境不能有异味和蚊蝇等。所以,当人们在大雅之堂内享受生活品质时,是情愿忘掉那些有关品质的人和事的,除非麻烦真的找上了门,才开始怒气冲天地质疑"品质"问题。

谈起品质,人们往往会马上把它与标准、检查、细节、死板、争执等词联系起来,难免心生不悦。其实,他们并没有进行深入了解:一切的繁文缛节不正是为了让人们更加简单快乐地生活吗?俗话说:乐而忘忧,古人真是有大智慧。也许生活中的阳光太强烈了，我们就会忽视阴影的存在。可我觉得还有一个词更能描述现实：苦中作乐。我们一直生活在麻烦中，久而久之就变得见怪不怪了，甚至练就了一套"小麻烦娱情、大麻烦作乐"的本事。从某方面而言，这种习惯或者说风气无疑为"假冒伪劣"提供了长期生存的土壤，也由此构成了优秀品质生存的恶劣环境。

对社会现象的解读绝不会是一件轻松愉快的事情，除非你有意让自己身处半梦半醒之间。其实只要随便翻阅一下文献，你就会对那两个在废墟里崛起的国家的品质故事感到震惊。假如你更进一步知道美国的品质是在戴明、克劳士比和彼得斯等大师的骂声中炼成的，你将会更加震惊于那种叫"反省力量"的东西。面对竞争者的挑战，深刻地反省自身的痼疾，从而悬崖勒马、脱胎换骨，力证一种生命复原力的存在。

多年的实践，渐渐地证实了我的假设：无论是外资企业、合资企业，还是国有企业、民营企业；无论在地处较发达的沿海城市，还是相对落后的中西部；无论经营状况是优良，还是挣扎在温饱线上，它们都可以在"品质文化"的基本层面达成共识，那就是：*满足需求，源头抓起，一次做对，次次做对。*

本书的写作，除了总结本土实践，分享成功经验外，还有一个非常重要的目的，那就是期待您能共同参与到"中国品质"的探索与实践中来。本书还特意收录了一些先行企业的成功实践及感言，以期能起到抛砖引玉的作用。为了保证真实性，本书全部选用的是企业自己的经验总结和谈话，以求为读者还原真人、真事、真场景。

*实际生活中，说真话是需要勇气的，但对于品质工作者来说，这却是最基本的要求。*所以，品质工作者面临着巨大的挑战。因此，每一位中国消费者都应该起立，向那些保护我们"生活品质大堤"的勇士们表示真诚的敬意。

我自认为自己所做的一切，付出的所有心血，都是为了能让中国企业有一天可以自信满满说出这四个字——"中国品质"。

是为序。

杨钢<br>2006 年 8 月

· Wisdom of ZD-ism Management · 再版序 ·
## "中国品质"：眯眼看未来

我曾经在《第一次把事情做对》一书中说过：我是不愿回头看的，过去的事情算是翻过去了，不能让它影响以后的工作和生活。我把这种做法叫"按删除键法"。但现实中，我们每每还是会"回头"。这次出版商催促我再版，修订本书，我同样纠结了大半年之久，并反复问自己：真的有此必要吗？它和我正在写的新书具有显著的区别吗？如此这般反复纠结，最后我得到了答案：无他，恐怕对读者和零缺陷粉丝们是不负责的。

让我最终下决心再版的原因其实很简单：该书市面上已经断货，出版社的库存也已经清空，近来却不时有公司或读者在寻觅此书，我辗转得知之后，除了欣喜，内心更有深深的触动。此外，近年来，我在与各类企业的接触中，不止一次听到友人跟我说他们认为本书简明而系统，很适合作为管理者的教材。这让我进一步清楚了企业在进行零缺陷管理实践中的需求，以及该书的定位。

另外，大卫·克劳士比先生谢世的消息让我感到深深地哀痛，我决心让此书尽快与广大殷殷期盼的读者见面。

恩师菲尔·克劳士比先生曾经在自传中这样评说比他小四岁的弟弟大卫·克劳士比：小时候，吃晚饭的时候四处寻找大卫变成我的一项工作，因为"他有可能在捉青蛙，也可能真的在做一些有创意、有意义的事情，不过每次都会忘了回家的时间"，"在他之前我还从未遇到过这样优秀的少年"。

有趣的是，我们之间的互动关系也是因为他对绘画和音乐的爱好（他太太玛西亚 Marcia 就是画油画的）。大卫尤其致力于零缺陷趣味化和通俗化的尝试，他性格喜静，喜欢与家人在一起，退休后一直住在伊利诺伊的一个幽静的小镇，著书、写专栏，专事零缺陷思想的传播与启蒙工作，过着隐士般的惬意生活，令我无比神往。我几次想去看他，终因杂事缠身未果，便不甘心地想邀请他来中国为"质量大师班"讲学，但他自嘲"谁敢为我的身体担保呢"，失望之余，我也只得作罢，当时大卫已经七十有四了。

虽不能见面，但我们经常就一些问题隔空交流，尤其对于零缺陷和六西格玛、ISO 9000、精益制造以及质量奖模式之间的关系，这些交流的结果则是他催促我抓紧把书写出来，以告知中国读者"零缺陷的真相"。不仅如此，大卫还很快把为本书撰写的序言发给了我。

如今，回想起这一切，唯有唏嘘与遗憾啊。因此，本书的再版修订也算是对这位尊师与同仁的纪念吧。

当然，本书初版面世已经七年了，站在中国企业实践者的角度进行回望，该书还是留下了不少遗憾。比如，七年前出书的目的是为了中国企业的"品质启蒙"。如今，更多的企业管理者们则希望本书能够起到指导实践的作用。

所以，此次再版，不仅源于市场与读者的需求，也关乎这些年来我本人理论与实践的深化、提炼，最后则要归功于与新的出版者达成了共识，制订了新的出版计划。

细心的读者一定会发现，本书的写作风格与老版书相比，变化颇大，颇有"时空交错"的立体味道，而且强调互动、对话的讨论形式，比较直接，读起来也轻松活泼许多。当然，这种新的尝试，如果能够得到读者的认可，哪怕是批评指教，我都倍感荣幸啊！

作为学习与实践零缺陷管理的指南，本书紧扣"企业如何打造百年老店"这条主线，围绕"第一次就把事情做对"的核心理念，倡导企业首先要能"做正确的事"（方向、战略）；其次是"正确地做事"（方法、战术）；最后是"第一次"就成功（竞争力、效能）。

本书还解释了 ZD 管理的基本逻辑：*知—行—果*，以及三大要素：*理念认同、行动直接和结果清楚*。在书中"解惑、传道、授业和行动"等篇章，为读者们一步步展示出"ZD 管理"的奥秘。

透过后视镜审视未来，虽然雾气弥漫、形象虚幻，但你总会发现云开雾散的"真相"及海市蜃楼般的胜景。毕竟，某天某时，我们也将成为未来故事中的主角。

所以，我真诚地欢迎大家踏上零缺陷大道，践行伟大的理念。

杨钢

2013 年 7 月 1 日

· **Wisdom of ZD-ism Management** · 目　录 ·

## 引子　ZD 之缘起

撬起质量的支点 //003

又一位"偶像" //004

"零缺陷"诞生了 //006

## 解惑篇　为何是 ZD？

### 第 1 章　与大师对话 //011

零缺陷：神话与现实 //011

破解质量"谜题" //022

要点概览 //028

### 第 2 章　ZD 质量风暴 //030

一场质量"战争" //030

一个质量"迷圈" //032

一条主线：面向未来的质量之路 //037

要点概览 //041

## 传道篇　何为 ZD？

### 第 3 章　直面管理挑战：逼问中国企业"你是谁" //045

"做而论道，道而行之" //046

需要的解决之道："完整性"原则 //048

系统整合：荡起利益的秋千 //050

变革管理：通向卓越之路 //057

要点概览 //063

### 第 4 章　"失落的文明"：卓越改进背后的故事 //065

跳出传统智慧的"黑匣子" //065

"洞穴寓言"影响你的思维模式 //068

质量改进的"症结"何在？ //069

要点概览 //076

### 第 5 章　发现质量"真相"：铁打的营盘流水的兵 //078

某质量管理的语言：是警察还是保健医生 //079

质量部门要不要对质量负责？ //082

要点概览 //089

### 第 6 章　展开"质量光谱"：重思质量管理 //091

质量的本质是管理 //092

质量光谱——让组织清醒过来 //098

用管理的语言解构质量问题 //100

要点概览 //102

### 第 7 章　"完整性"哲学：翻开管理者的字典 //105

管理者字典里的"三要务" //105

创建质量文化的目的——无火可救 //107

非此即彼的迷思：零缺陷与其他工具 //112

零缺陷与 ISO 9000 //113

要点概览 //121

## 授业篇　开启 ZD 模式

### 第 8 章　基础：所有的工作都是一个过程 //125

"质量链"工作模式 //126

过程作业模式 //129

何为要求？ //131

要点概览 //134

### 第 9 章　前提：沟通要求、说到做到 //136

质量即符合要求，而不是"好" //137

要求是多变的，符合要求是不变的 //142

有效沟通的秘诀 //144

如何帮助客户成功 //149

要点概览 //157

### 第 10 章　系统：预防致富，救火破产 //159

为什么预防产生质量？ //159

为何检验不能产生质量？ //162

如何进行系统预防？ //164

从控制点前移入手 //169

为什么人们不愿做预防？ //175

要点概览 //182

第 11 章　准则：第一次把对的事情做对 //184

工作准则："差不多"就是差很多 //184

双重标准：99.99%＝? //190

对待错误的心态：Yes or No? //195

"无威胁衡量"的力量 //202

要点概览 //206

第 12 章　衡量：第一次没有做对产生的代价 //209

发现企业背后的"隐形工厂" //209

为什么做"质量成本"很难成功？//217

为什么要计算 PONC？//219

PONC 的计算方法 //223

要点概览 //226

## 行动篇　开始启程吧！

第 13 章　建大厦：理念震撼世界 //231

零缺陷理念大厦 //231

文化变革的零缺陷模型 //235

质量战略如何驱动盈利 //239

要点概览 //248

第 14 章　"管住嘴"：找准努力方向！//250

管理者应该扮演什么角色？//251

从客户着手 //260

从质量开始 //264

从要求抓起 //269

要点概览 //273

## 第15章 "迈开腿":释放潜能与激情! //276

ECR:与管理者沟通的工具 //276

如何让员工把问题说出来? //281

如何帮助员工成功? //286

如何帮助供应商成功? //288

要点概览 //291

## 第16章 "甩掉肉":开始新工作方式! //293

让质量成为一种习惯 //293

零缺陷行动五要务 //298

如何构建改进行动系统? //306

给质量颁一个奖吧! //316

要点概览 //320

# 尾声　ZD-ism 思想的演变 //323

原版后记・//337

再版后记・//341

• WISDOM OF ZD-ISM MANAGEMENT •
Prologue: The origin of ZD

·引子·ZD 之缘起·

## WISDOM OF ZD-ISM MANAGEMENT

真正可怕的，并不是那种人人都难以避免的一念之差，而是深入习俗、盘踞于人心深处的谬误与偏见。

——弗朗西斯·培根

当你改变了看待事物的方式，你所面对的事物也就改变了。

——韦恩·戴尔

与既有的现实斗争，你永远不能改变什么。想要改变，就建立一个全新的模式，让现有的模式变得过时。

——理查德·巴克敏斯特·富勒

如果一个想法在一开始不是荒谬的，那它就是没有希望的。

——阿尔伯特·爱因斯坦

## 撬起质量的支点

无形的决定有形的。表面上看我们的衣食住行，全都是商品与服务的形态。但究其实质，这些有形的东西是由什么决定的呢？是的，质量，品质！如今各类组织间的竞争已经成为质量优势的竞争。正如阿基米德说过，给我一个支点，我就能撬起整个地球。那么，质量世界是否有这样一个支点，如果有，它应该是什么呢？

我有幸聆听过克劳士比大师的诠释，深知零缺陷对于世界的意义。我曾经在《质量无神》[①]一书中写道："零缺陷诞生：世界由此改变。"

1960至1961年间，潘兴导弹的前六次发射都很成功，但第七次发射却失败了。在导弹的第二节点火之后，引爆了导弹第一节顶部的射程安全包。发生这次事故，是因为为了降低成本，用PVC线（聚乙烯氯化物）替代了胶皮导线。由于它不是关键设备，所以，在日常物料变更会上无人对此替换进行核查。不幸的是，这次发射是马丁公司首次在全美新闻界和美国国防部高级官员面前展示他们的导弹。

当时，克劳士比坐在观礼台上，正好和一些新闻界的人坐在一起。当天空被巨大的爆炸照亮时，坐在他旁边的一个人立刻站了起来，习惯性地拍了拍屁股上的灰尘。他看到克劳士比胸前的标牌，微笑着对他说："不必担心，菲尔，这种事是常有的。"

"可它并不是一定要发生的。"克劳士比面容憔悴地说。

他却平静地笑着，不以为然地望了望克劳士比。

那件事以后，马丁公司逐步将质量提上了日程。一天下午，总项目经理找克劳士比谈话："我们在导弹送到卡纳维拉尔角去发射之前，通常会出现几个错？"

---

[①] 杨钢，质量无神，北京：中国城市出版社，2003.

"平均会有10个缺陷，大多是小毛病，但不时也会出大问题。"克劳士比解释道，"我认为，之所以这些缺陷不可避免，是由于AQL①的观念和现实的要求。"

"你的意思是说我们这里有问题？"总项目经理边说，边用手指了指自己的头。

"没错。我们必须放弃修修补补的习惯做法，进而习惯防患于未然的做法。但在目前的质量观念上，这根本无法做到。"克劳比说道。

"那么，就按你说的去灌输和建立正确的观念吧，我和其他的执行官都会全力支持你的。"经理面带微笑地说道。

经理看到克劳士比惊喜的样子，很快收敛了笑容，并半认真半开玩笑地说："好吧，就让我们努力去做吧。不过，要是质量再得不到改善，就唯你是问。菲尔，到时候我会亲自把你送交华盛顿或是巴尔的摩公司总部的。"

克劳士比后来回忆说："那时，当我意识到自己有被开除的危机时感到十分震惊。那次谈话之后，我开始强烈地认识到：商界就如体育界一样，你的过去对你未来造成的影响甚微。而你现在能做出多少业绩才是关键的。"

发射台上那位嘉宾的态度及项目经理的暗示，深深地触动了克劳士比敏感的神经，他感到有一种动力在催促他去做他早该做的事——改变质量管理的方法，而不仅仅是发一下牢骚。"多少年来，我不止一次地抱怨过传统质量控制和质量管理观念陈腐，但我从未采取过任何实际行动，所做的仅仅是否定而已。"克劳士比默默地想着，"到了应该选择我终生生活方式的时候了。我需要挑战，需要动力来推动自己不断前进……"

## 又一位"偶像"

想到这里，克劳士比感到心头发热，仿佛有一种无形的东西牵引着他。他不由得走出工厂大门，绕着工厂的围墙走了一圈又一圈——大约有3英里吧，而且

---

① AQL, Acceptable Quality Level 的简称，译为可接受的质量水平。

是在当地 9 月的酷暑中……

突然，他心头一震，仿佛触电一般，他意识到自己才是问题本身——当公司需要第一次就把事情做对的时候，自己却仍然在使用 AQL 标准。因此，*问题绝不是出在工人身上，而是出在管理者提供的工作标准上*。想改变这一点，管理者就必须进行变革，努力追求"零缺陷"，而绝不能是"差不多就够了""差不多就行了"这样的质量水平……是的，关键就在"零缺陷"上！

想到这里，克劳士比的眼睛都发亮了，他明显感到自己的心跳加速，脸上滚烫。他太兴奋了，忍不住跑了起来。他想赶快回到办公室把刚才的想法记录下来……噢，不，还是先与大家分享吧。

当时，路过的员工用惊奇的目光看着他在烈日下奔跑，但他浑然不觉自己有什么奇怪的地方。

他刚回到办公室，就立即召集全部的高级经理们过来开会。他坐立不安，感到口渴，开始不停地喝水，然后在屋里来回走动。

经理们全都到了，他们看着眼前这位"一反常态"的头儿，不知到底出了什么事。

"你们都坐下，不要紧张。"克劳士比意识到了自己的反常，很快镇定下来，然后向他们讲述了自己的经历。大家的表情逐渐轻松起来，但当他们听到"零缺陷"的字眼时，眉头一个个都皱起来了，很多人脸上露出了茫然的表情。

"我知道你们在等什么！"克劳士比哈哈大笑，随之做了进一步的解释。很快，下属们就沸腾了，有人甚至冲上去拥抱克劳士比。最后他们一致要求克劳士比写一份解释"零缺陷"概念的报告，以便他们能进一步学习。克劳士比愉快地答应下来。他们才笑着离去。

回家的路上，克劳士比特意绕到吉姆先生的办公室，想简要地向他介绍下自己的想法。

吉姆先是微笑着听着，突然，他从椅子上站了起来，用手"啪"地拍了一下桌子："这正是我们一直想要的！"他脸通红，快步走到克劳士比身边，重重地拍了下他的肩膀，并要求克劳士比第二天一上班就把关于这个概念的报告给他，好让大家可以制定一个具体的实施方案。

"不过，菲尔，你应该有思想准备，那些质量权威和学者们是不会喜欢你的！"吉姆很有预见性地说，"但是，我坚信，你一定会在质量管理这一领域出名的，并因此受到尊重，甚至还会永远地被当成人们的'偶像'。这是你的荣誉，菲尔！"

这是1961年9月里极为平常的一天，但是对克劳士比来说却是永生难忘的一天，对整个质量管理界而言也是有着非凡意义的一天。

短短的一下午，克劳士比恍如隔世。他回到家后，径直走到桌前坐下，面对摊开的纸和笔发起了呆。妻子吓坏了，以为克劳士比生病了，可当她了解情况后，立刻热情地拥抱他，然后交代孩子们不要打扰他们的父亲。她知道，克劳士比将要进行深入地思考了。

## "零缺陷"诞生了

不知在桌前坐了多久，克劳士比终于提笔，洋洋洒洒地开始对"零缺陷"进行阐述：

由于日常生活经验的限制，我们接受了这样一个事实，那就是：人非圣贤，孰能无错。于是，"人总会犯错的"这种信念就深深地根植于人们心中了。

的确，人总是会犯错的，特别是那些每天都期望犯一些错，而且不以犯错为耻的人更是如此。但如果换一个角度，我们是不是可以这么说：他们不过是接受了一个标准，正是这个标准要求人们：想被归入"人"这一类，就必须犯几个错误。

问题马上出现了：每个人是否都有一个既定的犯错率？在他们所做的每一件事中，他们是否必须以同一比例犯错？比如，兑现薪金支票。我们能不能假定会在工作中犯5%的错误就每年少兑支票金额的5%给顾客呢？人们会不会有5%的时候忘了交个人所得税？人们每个月是不是总有几次回家时会走错家门呢？

如果以上假设都不对，那么，出错概率一定是人们根据某一特定事件是否重要确定的一个函数。人们总是对一种行为的关心超过了另一种。所以，人们学着接受这样一个事实：在一些事情上，人们愿意接受不完美的情况，而在另一些事情上，缺陷必须为零。

*错误由两个因素造成：一是缺乏知识，二是缺乏关注。* 通过一些可靠而真实的方法，知识可以被测定，缺陷也可以被改正。但缺乏关注则只能靠人自身来修正，只能通过人们对道德与价值观进行精确地再评估了。*漫不经心是一个态度问题。如果有人能关注每一个细节，极其小心地避免犯错的话，那么就可以踏实地行走在"零缺陷"的大道上了！*

> "零缺陷管理及时地带来了对于我们努力地削减浪费的支撑——不管怎样，她已经成为联邦政府的推进项目了。我认为生产无缺陷的材料——第一次就把工作做对，其最佳的意义之一就是为我们所花掉的每一块钱获得最大的价值。"
> 
> ——林登·约翰逊，美国前总统

• **WISDOM OF ZD-ISM MANAGEMENT** •
**Dispelling Doubts Chapter: Why ZD?**

·解惑篇· 为何是 ZD？·

## WISDOM OF ZD-ISM MANAGEMENT

人非生而知之者，孰能无惑？惑而不从师，其为惑也，终不解矣。

——韩愈《师说》

物有本末，事有始终，知所先后，则近道矣。

——《大学》

领先的日本厂商们未经多少讨论就悄然地调整为一种新的企业战略……他们还信奉另外一个全新的理念——同样是颠覆性的，它们正在放弃戴明及其全面质量管理理论，转而采用基于另外一套原则和方法的零缺陷管理理论。

——彼得·德鲁克

获得质量，其实就是要理解其背后的哲学，质量的本质是管理，而不是技术活动；质量并不能通过应用一些现有的规定或程序而获得。教育和培训是让公司与个人变得不一样的办法。当人们正确地理解了工作的要求，并且知道他们的工作如何适应组织外部的世界，他们才能有所贡献。

——菲利浦·克劳士比

我们不能用制造问题时的同一水平思维来解决问题。

————阿尔伯特·爱因斯坦

# 第1章
# 与大师对话

奥兰多冬园，清晨的阳光透过云层，柔和地洒在薄雾笼罩的维多利亚湖面上，湖面波光粼粼。不远处的克劳士比大厦巍然耸立，红墙在阳光下更显艳丽，绿树环绕其间，为这座建筑增添了一抹生机与活力。

在大厦的阶梯教室里，克劳士比学院的月度师生见面会成为众人瞩目的焦点。来自世界各地的学员们怀揣着求知的渴望和对大师的崇敬，聚集一堂。他们的脸上写满了期待与兴奋，渴望一睹克劳士比先生的风采，聆听他那充满智慧的教诲。

## 零缺陷：神话与现实

在见面会上，克劳士比先生与学员们进行了深入的交流。他以平易近人的语言，耐心解答了学员们在学术和实践方面遇到的困惑。他的答疑解惑深入浅出，既有理论的高度，又有实践的深度，让学员们受益匪浅。

**学员**："零缺陷"起源于什么时候？

**克劳士比**："零缺陷"的概念是我于1961年提出来的，它是"第一次就把事情做正确"的另一种提法。当时我担任"潘兴"导弹系统（其位置在现在的佛罗里达州奥兰多的洛克希德-马丁公司）的质量负责人。我在自己所在的部门里宣布了这一政策，并为此写了一篇论文。结果这篇论文在整个公司及客户那里被争相传阅。

**学员**：为什么你认为有必要这么做？

**克劳士比**：在那以前，质量管理一直建立在（AQL）这一工作标准之上的。AQL是质量控制当中的一个至关重要的部分，是一个统计系统。它假设每个过程都是由各种变量组成的，因此，总会出现一定数量的不符合要求的情况。AQL的思想，是对将会出现的不符合要求的数量进行预测，然后根据这个数字制定相应的计划，以便生产足够的产品来达到这一要求。最典型的AQL是2%的缺陷率。我一直认为它既不科学更不经济。

自从进入质量控制这一行以来，我就一直被"不符合要求是难免的，必须限制在一个可接受的范围之内"这样一个承诺所困扰。要计算出这个数字，并且努力回答"什么才是'足够好'了"实在是一件烦重的工作。

在马丁公司，我曾在材料评审部门工作过。材料评审的任务是挑出不符合要求的材料，确定其是否可以修补，是否可以"继续使用"，或者应当报废。这一系统在由美国政府发布的并在各行业得到广泛使用的Mil-Q-5923（不符合要求的材料控制）中有详细的描述。不符合要求的材料源源不断地送过来，材料评审部为此不断地召开会议。

同样的概念在业务手册、其他文件及行政领域同样有效，只是没有盖章、没有值班日记罢了。

有一天，我接到上级命令，必须将材料回收处的面积扩大一倍，同时新增两位质量工程师，以满足工作量的需要。这时，有人提出了一个好办法，将装材料的推车推到车间，这样材料评审委员会（MRB）就能在检验区旁边就近开展评审工作了。这种修补错误的方式有点像酒店的客房服务。但我们的工作并没有像预期那样完成，因此，我决定，大家必须摆脱这种已经改变了方向的家庭作坊式的方式。

无须讳言，他们都以为我疯了。

**学员**：当你宣布自己的"零缺陷"理念时，大家有何反应？

**克劳士比：** 大体上有两种反应。质量专业人士，尤其是"领导人物"直截了当地表示反对，认为它不现实，而且代价高昂。在他们的想象中，一定需要新增成百上千的检验员，不停地为检验忙碌着。美国质量协会"控制委员会"甚至以布告的形式公开表示反对。

另一方面，我的上级领导们却很喜欢这一理念，公司的客户——美国国防部（DOD）——马上采纳了这一理念。DOD还开发出一个"ZD项目"工程，成立了"美国零缺陷协会"（American Society for Zero Defects, ASZD），以便将这一理念推广到全世界

**学员：** 它是否让你感到愉快？

**克劳士比：** 事实上并不十分愉快。这个概念看起来非常简单，以至于他们都不愿意考虑是否需要对管理政策进行一次大规模的变革。工人们的确是在做那些他们认为管理层要求他们做的事情，AQL在公司里随处可见。"项目"中提到，工人们必须提高他们较低的工作标准。我一直强调，管理阶层及质量专业人士并没有建立一个正确的工作标准。因此，情况就大不一样了。

我感到自己在管理阶层的思想当中发现了一片变革的海洋，发现生产力会因此获得极大地提高。事实上，*过去40年出现的经济增长，大多数都是由ZD理念引发的*。当时，管理层的意识当中只有激励，质量专业人士也只知道工作中存在的危险。

**学员：** 你认为它为何不能从一开始便引起企业界的重视？何以它目前又会风行？

**克劳士比：** 这个问题的答案可以写成一个长篇故事。我尽可能解释清楚。一个真正好的构想，是很难被所有人了解的。例如，世界上第一位想让医生了解未消毒的器具会传染疾病的约瑟夫·李斯特医生就被逼疯了。

那些把手上的污血随意擦拭在医袍上的医生，本身就是疾病的传播者，但当时这个观念，让整个医学界都不知所措。李斯特花了数年的时间才让有些人愿意心平气和地听他讲这个观念。当然，李斯特使用的方式可能也有问题，他一味强调自己的观点却不愿意提供证据和解决的方案。最后，直到他过世，医学界才逐渐认识到消毒防疫的重要性。

我跟李斯特医生是性格完全不同的人，可是在推动零缺陷这个质量观念时，却遭受和他相同的境遇。回到1961年，当时人们认可的企业工作标准还不如他们私人生活的质量标准高。他们在抱婴儿、付款和回家这些方面认为自己绝不应出错。然而在工作上，他们却认可"可接受的质量水平"、废弃品和偏差等。

当我提出零缺陷这个观念时——拙作《质量无泪》一书中有详尽的解说——许多人都深感兴趣，认为是一个激励员工的好主意。当时，美国国防部和我所服务的马丁公司为了把这个观念宣扬出去，还举办了许多场研讨会。短短的两年中，很多公司都开始在企业内部推广"零缺陷方案"。

那段日子里，我不断向整个企业界呼吁，零缺陷这个观念的落实，需要管理层采取一些必要的措施，可是我的呼吁却效果不佳。没有一个人肯真正听从我的建议，不仅如此，我甚至遭到一些质量专家的公开抨击，一些管理顾问和教师们在演讲和文章里也横加驳斥。他们认为零缺陷的说法简直是一派胡言。我提出反驳，说他们是刽子手，因为他们把故障率制度化了。然而，他们都把我看成疯子，可当时我的内心无比清醒。

就在这时，日本NEC公司有一位博士到佛罗里达州的奥兰多来看我，我得以向他阐明零缺陷的真正意义。他返回日本之后，便大力推行这个观念并按照我的要求落实到具体行动上。1988年的夏天，日本3750家企业的16000名员工代表齐聚一堂，庆祝零缺陷在日本实施20周年纪念。

虽然这些年来，零缺陷在美国的命运不佳，不过还是有不少企业很忠实地在执行着。我不时收到来自不同企业的信函，这些企业从1962年起即采用零缺陷的理念进行运作且卓有成效。的确，好的理念是不会被埋没的。

1979年拙作《质量免费》一书问世后，零缺陷理念才在大部分人们那里获得真正的理解，成为企业界关注的目标，越来越多的管理者明白了，零缺陷其实就是"第一次就把事情做对"（Do It Right The First Time）的另一种说法。对他们而言，这是他们清楚地把自己的要求传递给员工的一种方式。

目前，一些质量方面的专业人员和教师因根深蒂固的观念和执拗，仍对零缺陷抱着怀疑的态度。

传统的质量控制把产品缺陷划分为"重大的少数"和"零碎的多数"。"零碎的多数"缺陷经常被默许,它们被留下来毒害那些买到这些产品的顾客。但人们认为现在还不需要把时间花在解决这个问题上。但是,就真正零缺陷的角度来看,任何缺陷都是重大的,不容忽视的。

1962年到1979年,我自己独立创业的那18年间,我演讲了1500场以上,写了几十篇文章,与几百位企业家会晤,出版了4本著作,从没有错失一次为零缺陷观念做正确解说的机会,除了那些永远不接受他人意见和不愿聆听的人。渐渐地,这种解说开始发生效用了。不过,这条路依然漫长,行走起来依然艰辛。那些已经接受零缺陷理念的人们可能很感谢我的演说。但依然不是所有的听众都这样想。

有一次,一位质量界的老前辈从听众中走上台来,质问我为什么要不懈地四处宣传如此愚昧的观念。"我看你蛮聪明的,"他说,"很可能你根本就没好好听清楚自己所说的话。"

于是,我请他向与会者介绍一下他对零缺陷的看法。他侃侃而谈,提到对工人的激励,认为这种哄骗工人加倍工作的构想根本没用,而且使人们不愿使用真正的质量管理工具。我走向前,伸出手臂搂着他的肩膀,客气地说:"如果零缺陷就是这个意思的话,我也不会对它有兴趣。"但可惜的是,这句话对他没有产生任何作用,直到今天他仍然没有搞清楚,我根本上是和他站在一边的。

零缺陷理念从诞生之日起从未离开过人们的视线,只不过它的孕育期长一点罢了。虽然人们过去认为我过分渲染了它的效果,不过现在他们终于相信我没有言过其实。

从推动零缺陷这件事上,让我明白了一个道理,那就是一个好的理念,倘若不知道如何更好地阐述它,那就永远不要传播出去。历史规律是不容忽视的。回顾历史你会发现,没有一个理念能在一开始便被人们接受。所以,我的零缺陷理念也没有理由得天独厚。

**学员:** 现在,ZD在哪里?

**克劳士比:** 如今,在很多管理者心里,"第一次把事情做正确"已经扎下了根。例如，我在商学院给 MBA 讲课时，他们不问我有关 ZD 的问题，而是恭喜我。现在的高管们都不愿将重复工作当作必要。

大多数质量人员都勉强同意 ZD 可能是正确的，但是内心仍有许多保留。这是因为，他们并不十分了解管理，而且，他们固执地认为每个过程当中都不可避免地存在变量。

但是，ZD 绝对是一个健康组织肌体中不可或缺的组成部分。

**学员**：零缺陷是您教授的范式之一：如果不能提供"创造性的和持续地学习"，这种范式如何适应以"有计划地尝试和犯错的自由"为主的管理新感觉呢？

**克劳士比**：当一个人有计划地进行尝试和犯错时，他们必须首先确定：所有的衡量和行动都是正确的。我刚看过一部攀登世界最高峰珠穆朗玛峰的探险影片。登山者花费数月精心准备，以防不测。很多企业家常常失败的原因是他们的跳跃思维。而周密的研究则要求所有的设备用零缺陷来校准。

**学员**：您教授的另外一个范式是：第一次就把正确的事情做对。当全部社会心理学和神经语言学的研究都表明失误和错误是人类学习过程的一部分时，您如何证明观点的合理性？

**克劳士比**：当你试驾新车时，如果发现车辆出现的问题层出不穷；如果就餐时，发现食物是冷的或是馊的，我怀疑你是否会轻易原谅这些。

足球队取胜的关键是犯最少的错或不犯错，为此，他们进行持续的训练。其实这就是学习如何不犯错误的典型行为。虽然这并不容易做到，但却并非不能实现。

**学员**：希望大家做到完美是否合理？

**克劳士比**：作为人类，我们大家都不可能达到完美。但是，我们的工作却可以做到没有缺陷，这正是"完美"的意义所在。"完美"显然是与结果相关的。所有的工作都是一个过程，而过程则是由不同的业务和关系组成的。只要大家理解了这些，工作就能做正确。

我们在做任何事情（包括装配零件、做煎蛋饼、停车甚至是制作面包）的时候，都得经过一个过程，最终达到相应的目的。每个要求的实现，都离不开一件件小小的工作。只要理解了整个过程，我们就能很好地推进这一过程，然后尽可能对过程进行改进。

质量的定义是"符合要求"。在这里，我们讨论的是集中精力进行预防，而不是返修或补救。显然，前者的意义要大得多。

**学员：**完美的工作需要花费更多时间，你如何解释？

**克劳士比：**我一直不明白，为什么人们总认为把事情做正确花的时间会更多。他们没有注意现实生活中往往是那些不能一次就做对的事情反而更浪费时间吗？每天有好几百万人将车开到加油站，正确使用自己的信用卡，加好油，关好油箱门，然后驱车离开。他们不希望油溅出来，不希望加油站起火甚至爆炸，一旦这些可怕的事情发生，不仅这些人会花费更多的时间善后，也会连累很多相关人员。再比如，预订酒店或旅馆的人必须第一次就将相关信息弄清楚，否则，事情全都会乱套的。想纠正一件错事，需要花费的时间更多。

因此，即使主观感觉第一次把事情做对需要花很多时间，但相较于做错事情之后的弥补与返工，完美的工作价值还是更大。

**学员：**完美的工作概念必定与创造性相抵触吗？

**克劳士比：**如果你的思想中存在这样的问题，那么你对 ZD 的理解就太狭隘了。ZD 讨论的主要是不折不扣地符合要求。

作为一名作家（从定义上看就应该是富有创造性的），我常常感到很吃惊，因为人们往往认为，创造性从某种意义上说是来自沉默或不由自主的爆发。创新是一件很难的事情，而且有一个过程：伦布朗特必须正确地混合涂料，海明威必须正确地拼写单词，爱迪生必须遵守物理法则（他发明的留声机，第一次试验就获得了成功）……因此，提供产品或服务的人，必须能了解产品或服务的内容，这些内容必须经过证明，而创造出来的东西必须是可以重复制造出来的。

每当在公众场合被问到这一问题时，我总是反问他们："你们当中有几个是工程师，或者在自己的公司还从事其他创造性的工作的？"很多人都会举手。接着，我又问他们当中有多少人能够按照自己所承诺的那样进行创造。

这时，没有一个人举手。

如果有创造性的人不坚持"符合要求"地工作，也不将它当成个人行为典范，那么，他们付出的努力就很难达到预期的效果。对创造性而言，ZD不是指第一次就发明出电灯泡，而是要保证发明过程的正确性。

考虑一下向顾客推销一套衣服的过程：第一步是展示和选择。选择之后就开始试穿，然后付款，接着考虑其他选择，再试穿，最后交货。这个过程包含很多要求，所有的要求都是通过一件件小事来达成的。

零缺陷过程的最终结果，就是把成功的客户、成功的员工和成功的企业呈现在大家面前。

**学员**：零缺陷是一个目标，还是一种真实存在？

**克劳士比**：两者都是。零缺陷明显的是个目标，不过它也是个非常真实的存在。许多事情都是照着计划发生的，只不过我们不是每次都能察觉到而已。举个例子，大家今天都到这栋楼的后面午餐，我们准时下课、帐篷搭好了，桌子也准备妥当，食物温热可口。我们吃完饭后，都按规定准时回到教室上课。课上，麦克风功能良好，灯也亮着，你们每个人都有座位，胸卡都在你们手上，每个人的姓名都拼写正确……

这就是人生中的真实零缺陷。所谓零缺陷，不过是把所有事情彻头彻尾地计划好的结果。

但实际中，之所以还会有问题冒出来，原因在于我们过去一直是被这样教育的：人不可能总是把事情做正确；现实生活中总会有事情出错等。但实际上，许多不符合要求的现象之所以会发生，只不过是因为人们预期它们会发生而已。这种预期变得如此寻常，以致人们都把时间花在学习如何修补而不是如何预防上了。

近来，有关改正行动和解决问题的课程都很火爆，而关于预防方面的课程却很少有人关注。在我看来，这是很匪夷所思的。最具讽刺性的说法，就是被大家熟知的墨菲法则："任何可能出错的事情，都将会出错。"此法则甚至还有个补充说明："墨菲是个乐观主义者。"

似乎遵行这种哲学可使生活好过很多，因为我们期望不多的时候，得到的也不会多，那我们就没有什么好抱怨的了。这是多么可笑的观点啊！

想改变这种观念是需要下相当大的功夫的，虽然有人已逐渐改变，但更多的人仍然在改变与否中挣扎犹豫着。我对这件事情的看法是：我不愿意为那些不是以零缺陷为经营目标的机构工作。

**学员：**为什么需要一个"零缺陷日"，而且要求大家签署保证书？

**克劳士比：**我曾经说过，*工作标准必须由管理层制定，且必须清晰明了，这很关键*。其实做这件事花不了多少时间。"零缺陷日"的启动使管理层不得不在大家面前陈述自己的立场，因此，他们的责任也就很清晰了。

许多公司的文化特点，都是喜欢在一些物质上做承诺，比如，发誓或保证完成任务等。很多企业还会在每年都举行一两次表彰大会，这也是一个好办法。当工作场所的气氛友好而积极的时候，人们工作会更努力，也更有成效。

在我们学院里，每年都会举行大约1小时的活动。活动中会介绍新的质量改进团队（QIT），并就取得的大部分成绩展开讨论。一些团队和个人将在活动中受到表彰，此时大家都感到非常愉快。

**学员：**为什么我们需要"不会导致误解"的工作标准？AQL不是挺好吗？

**克劳士比：**事实是这样的吗？美国汽车行业过去认为，每辆汽车有大约12处不符合要求是可以接受的，结果25年前，1/3的美国汽车市场被注重提供无缺陷产品的汽车制造商抢走了。

后来发现，那些挣得市场份额的制造商很多都是刚刚起步，因为承受不了重做的代价，他们格外注重第一次就把工作做到位。而人们购买他们的汽车是因为质量够好。很多美国公司现在将重心放到了无缺陷的工作上，但他们仍然在继续丧失更多的市场份额，因为客户们认为其他国家公司的产品标准更高。

克服不良习惯很难，很多美国公司仍未能改变公司的文化，做好预防工作。而且，重做以及为客户做好售后服务的工作的代价非常高。*那些未能认真对待质量的企业，付出的不符合要求的代价至少占公司收入的25%*。这就是成功和失败之间的区别，这也是为什么国外企业销售的汽车比美国制造的汽车价格更低的原因——他们做到了"一次做对"。

**学员**：在传统的企业文化中，大都是"救火队员"出风头并获得升迁。如果一个企业的掌权者皆因"救火"而获得升迁，如何才能赏识并提拔"第一次就把事情做对"的质量人？

**克劳士比**：通常那些必须经过一番挣扎才能爬上顶层的人都渴望有一种更好的升迁方法。他们都知道，即使成了"救火英雄"，"火"也只是被暂时扑灭而已，隐患依然是存在的。实际工作中，这些"救火队员"正是最早引进质量管理的人，是想要变革、改变企业文化的人。

举个例子。如果有一条河，河床内布满石岩和沙洲，一条船想顺流而下，为了按时到达目的地，可以有以下几种选择：

1. 接受船经常迟到、时间不准的事实；
2. 花大钱往河里多放一些水，这会增加支出，并降低获利能力；
3. 清理河床，除去那些障碍以便达成无缺陷的目的。

去除障碍会产生戏剧性的变化。所有"事后擦地板"的作业都消失了，大量的返工作业也没有了。客户也因接到符合他们订单的产品而大感满意。由于大家都在尝试确定自己的固定供应商，第一次就做对事情的公司显然胜算更大。

然而，改变经营方式却不是在工厂或办公室里就能完成的。通常即使这些人愿意，也无法只依靠自己的力量就达成目的，他们必须获得相关领导的许可。另一方面，那些以前一遇到生产停顿就大发雷霆的领导们，则必须使基层工作人员相信他们是真的想改变，换言之，领导必须真正以一种切合实际且写实的态度来见证一切。只有这样，员工才能去做他们该做的事。

当管理者能坚定自己的信念，真正相信自己一定要交给顾客无缺陷的产品和服务时，整个企业自然能从上而下地在不断改进中前进了。这样一来，管理者发现并提拔优秀的质量人也就不是一桩难事了。

**学员**：如果我打算在自己的企业里推行零缺陷政策，需要做些什么？是否要有"项目"才能进行推广？

**克劳士比**：关于这个话题，我在书里已经列出了几个案例。不过，这里我想提一些意见方针：

1. 希望你们企业的思想领袖能到质量学院来,在这里接受质量管理理念的熏陶,最终能完全清楚自己在企业中的角色。

2. 员工和供应商则可以通过两种途径接受教育:

(1)克劳士比学院准备相关课程,再由你们公司的培训部推动,帮助大家培养分析问题、解决问题及预防问题的能力;

(2)利用网络和线上进行交互式学习,以便所有人都能熟悉质量管理的基本哲学。

3. 当"第一次就把事情做对"已经成为一种政策后,大家就没有后路可退了。也就是说,没有所谓的"差不多就好"了。

4. 供应商们也必须参与到文化变革中来。可以通过向他们提供有关"计算不符合要求的代价"及有关零缺陷管理的音视频培训资料等方式,向他们介绍这一思想。当他们发现不符合要求的产品和服务会被退回或被拒绝的时候,他们会愿意参与学习的。

**学员**:根据您的经验,请问企业如何才能改变?这种改变是有明显区分阶段的,还是一次到位的?

**克劳士比**:改变似乎可以分为三个阶段,不管是人生或企业其实都是一样的。我认为拿戒烟这件事来做例子倒十分贴切,烟瘾是后天自我培养成的习惯(我很熟悉这点,因为我自己就抽了20年的烟)。

改变的最初阶段,是"形成信念"(Developing Conviction)。这是指一个人或一个组织的领导人发现了真正的问题,并决心对此采取行动。就个人而言,这个决心的产生可能因为厌倦了家人的唠叨,或真正对医生举的各个真实例子感到害怕;就企业而言,这个决心可能产生于顾客因产品不佳而拂袖离去的时候,或许还有其他的理由促使管理者下定了决心。但不管如何,这一阶段的特征便是下定决心要采取行动了。最初的行动就是对现状的判断,同时参考别人的做法,比如说,在我们学院,每天至少会有一个管理层的团体到访,看看我们是否能为他们做什么以及具体怎么做。

改变的第二个阶段,是"做出承诺"(Commitment)。很多人认为,改变理应到此为止了,其实这一阶段才是改变的起步呢!比如,有位酒鬼声称当天不喝酒，有位烟鬼答应一个小时内不抽烟，有家公司冷静地撕毁所有不合格品的放行表格……但这些并不表示他们已经改变了。所谓承诺，就是要以严肃的态度拿出行动来证明自己。在这个阶段，每个人都睁大眼睛注视着，有人怀抱期望，有人心存怀疑，大家都眼巴巴地观望着，要看看考验来临的时候，他们的承诺是不是能够兑现——管理者的诺言软化了吗？质量政策在压力下龟裂了吗？实现零缺陷后，管理层是不是还有人继续信守质量呢？

改变的第三个阶段，我们称之为"转化行动"（Conversion）。到此阶段必须有人拿枪顶着已经戒烟的人的太阳穴，才能让他再次抽烟了；或者必须以生命为威胁才能让企业有关人员同意使用任何不符合要求的方法。简单地说，已经转变思想和行为的人不会受欲望的驱使而去走捷径了，更不会走回头路了。他们开始怀疑问题是怎么发生的，为什么过去需要那么长的时间才能下定决心改变，才能决定采取新的生活方式。到此阶段，人生似乎已经变得更加顺风顺水了，已经转变的东西再不会出现了。

## 破解质量"谜题"

很多中国学员都来自大型国企或外企，大多身居要职，甚至是资深的质量专业人士，兴趣点也似乎都集中在诸如"质量技术""质量体系"和"质量改进"上。每当他们"不依不饶"地提问时，克劳士比先生总是宽厚地笑笑，然后简明扼要地说出他的观点。[①]

**学员**：我觉得包括我在内的许多人都被质量术语搞晕了，比如"质量保证"和"质量控制"。您能简要地解释一下吗？

**克劳士比**：在我看来，质量管理即预防管理的哲学，清楚认识这一点是至关重要的。质量保证是文字资料之类的东西，质量控制则属于衡量手段。

---

① 杨钢，质量无惑，北京：中国城市出版社，2002.

拿一辆汽车来说吧，质量控制（QC）就是所有的、告诉你汽车当前运动状态的仪器和仪表；质量保证（QA），则包括 ISO 标准，是告诉你所有部件工作原理的用户手册；而质量管理（QM）则告诉你如何操控汽车，你驾驶水平的好坏，你是否按要求定时更换了机油等。

组织的经营管理靠的是管理哲学而不是手册。手册不能经营公司，管理哲学则可以。

**学员：** 您为什么还会把 ISO 9000 视为一种"程序包"？

**克劳士比：** 因为它实际上就是一种组合，就像汽车生产商放在出厂车子里的手册一样，这对每个人而言都是相同的。

**学员：** 您不认为如果适当实施 ISO 9001/2 和 ISO 9004-1/2，最终产生的效果与运作质量保证体系和质量管理相似吗？

**克劳士比：** 它们仅仅是一种建议。如果它们被质量管理教育计划所支持，并能被我们的质量学院提供出来，那就是极有帮助的。但是，仅仅依靠公司自己的迅速学习是很难得到有价值的东西的。人们需要共同的语言和概念，以便去理解它。"适当地实施"意味着一个适当的教育计划。

**学员：** 在您看来，实施 ISO 9000 质量体系给公司带来什么好处？

**克劳士比：** *ISO 是聚焦于保健的书，是一种信息的集合。我认为，ISO 是作为支持者而不是煽动者存在的。在我看来，教育才是第一位的。*

**学员：** 使用 ISO 9000 的公司在生产力和降低成本方面所获得的最重要的收益是什么？

**克劳士比：** 当双倍使用一种适当的教育程序时，ISO 能减少甚至消除过程中可能发生的错误。但它本身却可能向雇员透露出这样的信息——管理者不关心他们。

我至今没碰到一位真正用心阅读过"ISO 套餐"的执行官。它总是被看成一本书，而不是治疗方法。

**学员：** 当公司许诺的好处与员工无关时，如何在质量程序中令员工保持工作热情？

**克劳士比：** *质量管理的目的是创建"可信赖的组织"。如果能够实现，员*

工彼此之间就能相互尊重。而"可信赖组织"的盈利会为全体员工带来收益的增长，员工的热情自然就被调动起来了。

**学员**：中国很多公司在获得ISO 9000认证后都不再搞质量控制了，ISO 9000能代替质量控制吗？

**克劳士比**：这真是个糟糕的做法。获得ISO 9000认证就像获得了汽车驾照。但有驾照并不代表你一定能做到安全驾车；另外，如果没有交通控制程序或工作人员（也就是质量控制），交通死亡率（产品不合格率）也会急剧升高。因此，如果管理者们轻信ISO 9000能解决所有的问题，我只能说这真是个愚蠢的想法。

**学员**：在您看来，ISO 9000的长处和短处是什么？

**克劳士比**：长处是，它包含一些好信息；短处是，管理者相信它是一本魔法书。

**学员**：在您看来，全球质量管理五个强国怎么排列？您怎么评价中国的质量管理？

**克劳士比**：质量，意味着履行我们的承诺。在日本，很多大型出口公司都是非常值得信赖的。但是很多中国国有公司，包括银行的质量管理都是较差的。总之，如果让我来排序的话，我的排行榜是：美国、加拿大、德国、日本和瑞典。中国处在第二页的底端，因为大多数管理者们不愿花时间去学习，也很难具备创建可信赖的组织的责任心。

不过，我相信时间会改变这一切的。历史的经验表明，到底谁能够笑到最后，这始终是一个难以解开的谜团。

有趣的是，许多中国学员更关心克劳士比先生与戴明博士、朱兰博士之间的区别。面对这类问题，他总会哈哈大笑，然后风趣地说：

把经验丰富的戴明博士和朱兰博士跟我放在贴有详细标签的"笼子"里——就像动物园里的动物一样——那是不可能的。我们大家都相信质量问题是管理层的事，也都相信预防才能产生质量，并且也都为人们不能立刻以理性、成熟的理念来处理事物感到不耐烦。

我从未见过戴明，但对朱兰有所了解。

戴明博士数年来都着重于统计学，并以此方法教导了成千上万的人；朱兰博士则以其质量工程方法而闻名于世。如果你照着他们所教导的方法去做，你会非常成功。他们都是为理念献身的人，值得尊敬。戴明博士和我时有书信往来。朱兰博士却似乎认为我是个骗子，这些年来从不曾错失可以骂我的机会。

不过，他们实际上都是搞质量保证和产品控制的。他们俩均比我大20岁，我们不属于同时代的人。

话虽如此，我们彼此在理念上的差异，并不完全是毫无意义的。我相信零缺陷是一个实际、合理，而且可以达成的目标。他们两位似乎也同意这点。在实行上，我总是把目标放在管理层，而非质量控制人员。这主要是因为管理层的人并不知道如何处理这个问题。因此，我们设立了所谓的"克劳士比完全质量管理制度"（Crosby Complete Quality Management System），提供质量改进的教育素材（针对每一个阶层），并提供统计工具、改正行动、供应商的管理，以及每一样可能用得到的东西。

另外一个较大的不同就是，我从事这个行业已有25年之久，其中有14年曾在一家多国、多元化经营的大型企业做资深主管；我不曾做过大学教授，不过公司内部每个阶层的代表岗位，从检验员到首席执行官，我都曾经做过。因此，我觉得我能了解负责执行工作的人的特殊问题和目标。比如，我们也教导统计方法控制，并提供操作软件。不过这样做时，我们都是先向管理层解说如何了解和使用这个方法，以便达成持续的改进。他们不需要学习如何制图或计算，却必须知道怎么使用它。如此一来，那些把我们所教导的方法应用在操作上的人，才有办法同管理层沟通。长久以来，管理阶层通常只学到在接到部属交上来的图表时，说"嗯"。

质量部门的任务包括帮助公司发展出一整套可以长久使用的经营策略，而且必须不断地更新。关于这一点，我可以举克劳士比学院为例作为说明。我们试图让一些公司重视质量管理。有一些公司，像强生、通用汽车、克莱斯勒以及联邦监狱工业，都已在我们的监督之下设立了他们自己的"质量学院",我们让他们的教师上6个月左右的课程,让他们学习如何在管理学院教学,然后再教他们其他课程。

因此,我们的业务是帮助公司为了更好的未来而改变企业文化;持续的质量改进,比仅仅提供质量控制的工具要重要得多。

尽管有人把我们三个人混为一谈,不过正如马克·吐温所说的:"就像是星光和萤火虫一样,虽都发出同样的东西,但全然不同。"
……

最后,话题转移到"质量革命"和"质量文化变革"上面来了。

克劳士比先生以直接的戒烟和减肥的故事,生动地传达出了一个清楚的概念,那就是:零缺陷,首先是个人的做人做事准则。因此,必须从自我革命开始。唯先改变自己,方可影响他人。

有一天,我突然感到心脏一阵剧痛,那一刻,我知道我遭遇了严重的心脏病。我的私人医生亚瑟闻讯赶来,他仔细为我检查后,语气严肃地对我说:"菲尔,我以前就告诉过你,要戒烟戒酒,可你总是不听。如果你继续这样下去,明年恐怕你只能睡在棺材里了。"

在那一刻,我深深地体会到了医生的警告如同圣旨一般,让人不敢轻视。于是,我下定决心,一定要按照医生的嘱咐去做。管理,不也是如此吗?首先,我们要根据政策给自己设定一个明确的目标,就像我当时告诉自己:"我要变成一个体重175磅的克劳士比。"

为了实现这个目标,我首先要了解自己当前的状态。于是,我站上了秤,看到数字显示我是195磅。这意味着,我需要减掉20磅的体重。我首先从戒烟开始,原本以为这会是一项艰巨的任务,但没想到,不到一个月的时间,我就成功地把烟戒掉了。这让我感到非常不可思议,因为我曾经认为戒烟是不可能的,毕竟吸烟给我带来了那么多的快乐。然而,当我下定决心并付诸行动后,我发现原来认为不可能的事情,其实是可以做到的。

戒烟成功后,我乘胜追击,开始减肥。当我成功减掉体重,穿上以前那些合身的衣服时，我感到非常高兴。更让我兴奋的是，当我笔直站立时，我能够看到自己的脚了。那一刻，我觉得自己仿佛焕然一新，神清气爽。

后来，当我感觉身体恢复得很好时，我开始环游世界。然而，半年后，我发现自己的体重又反弹了。面对这样的情况，我有些沮丧，觉得自己这次肯定不行了。这时，亚瑟医生只是淡淡地对我说："你倡导的是什么理念？"我下意识地回答："当然是零缺陷啊！"然后，我恍然大悟。

于是，我再次给自己设定了目标，并制定了详细的要求。我告诉自己，一日三餐要规律，每吃一口饭都要放下刀叉，饭后要散步，每次只吃盘中一半的食物。这些要求看似简单，但非常有效。我按照这些要求去做，成功减掉了5磅。

然而，当我减到某个程度后，体重就不再下降了。于是，我开始进行统计，试图找到原因。我发现，原来是因为我吃得太多了。这让我感到很困惑，因为我并不觉得自己吃得多。后来，经过仔细回想和观察，我发现原来是家里的饮食习惯导致的。虽然家里只有我和太太两个人，但太太总是习惯做四个人的饭量。这导致我们每餐都吃得过多。

找到原因后，我立即与太太进行了沟通。我们决定，如果孩子们要回家吃饭，他们必须在下午5点之前打电话回家通知。如果没有提前通知，我们就不做他们的饭。此外，我们还把家里的大盘子都换成小盘子，以减少每餐的饭量。这样一来，我又成功减掉了5磅体重。

然而，当体重再次陷入停滞时，我又进行了统计。这次，我发现自己经常外出应酬，在家吃饭的次数比较少。但每次外出应酬时，我都会吃得比较多。于是，我开始调整自己的应酬习惯，尽量减少外出吃饭的次数，并在家里坚持按照自己制定的要求吃饭。

经过这一系列的努力和调整，我终于成功地将体重控制在了理想的范围内。这段经历让我体会到，无论是管理企业还是管理自己的身体，都需要有正确的理念、明确的目标和有效的方法。同时，我们还需要不断地进行调整和优化，以适应不断变化的环境和情况。

……

掌声雷动。

当见面会落下帷幕，学员们依依不舍地离开了教室。他们纷纷表示，在轻松愉悦的氛围中，他们不仅领略了克劳士比先生的风采，收获了宝贵的知识和人生智慧，而且更激发了他们对学术探索和生活热情的追求。

## 要点概览

- "零缺陷"的概念是克劳士比于1961年提出来的，它是"第一次就把事情做正确"的另一种提法。
- 事实上，过去40年出现的经济增长，大多数都是由ZD理念引发的。
- "零碎的多数"缺陷经常被默许，它们被留下来毒害那些买到这些产品的顾客。但是，就真正零缺陷的角度来看，任何缺陷都是重大的，不容忽视的。
- 零缺陷理念从诞生之日起从未离开过人们的视线，只不过它的孕育期长一点罢了。
- ZD绝对是一个健康组织肌体中不可或缺的组成部分。
- 作为人类，我们大家都不可能达到完美。但是，我们的工作却可以做到没有缺陷，这正是"完美"的意义所在。
- 即使主观感觉第一次把事情做对需要花很多时间，但相较于做错事情之后的弥补与返工，完美的工作价值还是更大。
- 提供产品或服务的人，必须能了解产品或服务的内容，这些内容必须经过证明，而创造出来的东西必须是可以重复制造出来的。
- 对创造性而言，ZD不是指第一次就发明出电灯泡，而是要保证发明过程的正确性。
- 零缺陷过程的最终结果，就是把成功的客户、成功的员工和成功的企业呈现在大家面前。
- 零缺陷明显的是个目标，不过它也是个非常真实的存在。

- 所谓零缺陷，不过是把所有事情彻头彻尾地计划好的结果。
- 工作标准必须由管理层制定，且必须清晰明了，这很关键。
- 那些未能认真对待质量的企业，付出的不符合要求的代价至少占公司收入的25%。这就是成功和失败之间的区别。
- 当管理者能坚定自己的信念，真正相信自己一定要交给顾客无缺陷的产品和服务时，整个企业自然能从上而下地在不断改进中前进了。
- 当"第一次就把事情做对"已经成为一种政策后，大家就没有后路可退了。也就是说，没有所谓的"差不多就好"了。
- 任何组织的改变都要经历三个基本过程，"形成信念"是形成共识的过程；"做出承诺"是明确方向和工作目标；"转化行动"是主动转变形成新的工作方式与习惯。
- 人们需要共同的语言和概念，以便去理解它。"适当地实施"意味着一个适当的教育计划。
- 组织的经营管理靠的是管理哲学而不是手册。手册不能经营公司，管理哲学则可以。
- 获得ISO 9000认证就像获得了汽车驾照。但有驾照并不代表你一定能做到安全驾车。
- 组织的经营管理靠的是管理哲学而不是手册。手册不能经营公司，管理哲学则可以。
- 零缺陷，首先是个人的做人做事准则。因此，必须从自我革命开始。唯先改变自己，方可影响他人。
- 无论是管理企业还是管理自己的身体，都需要有正确的理念、明确的目标和有效的方法。

# 第 2 章
# ZD 质量风暴

## 一场质量"战争"

自我革命？谈何容易。问题也正在这里。因为传统的管理理念是以改变，甚至改造他人为关注焦点的，自己怎么能有问题，都是别人的错。所以，每一个新事物的诞生势必都会带来一场"风暴"，零缺陷自然也不例外，它开启了一场源于美国，波及全球的质量"战争"。

奥兰多。一个落霞满天的傍晚。

在离迪士尼乐园不太远的马丁公司佛州奥兰多分部，美国《时代》杂志采访组花了近一天的时间与高管们谈话并拍了无数照片，最后用 10 分钟的时间采访了时任公司质量经理的菲利浦·克劳士比先生，还让他与"潘兴导弹（Pershing）"模型一起拍了一张照片。

1964 年，克劳士比先生因为首创"零缺陷"概念而被美国国防部授予军方给予公民的最高奖励——美国杰出公民服务奖。

许多年之后，克劳士比先生自嘲式地说道[①]：

---

[①] 菲利浦·克劳士比，我与质量，北京：经济科学出版社，2005.

自从提出"零缺陷"后，我就成为"偶像破坏者（Iconoclast）"，成为那些质量界的老卫道士们口中的"怪物"。我不在乎他们的人身攻击，但他们从来不愿意动脑筋想想：我到底说的是什么。

记得1968年，我应邀在西班牙马德里"欧洲质量控制组织（EOQC）"召开的年会上演讲。就在那次会议上，我遭到了许多来自美国的质量界领导的攻击。他们反驳我的观点："不要再谈什么'零缺陷'了！如果让公司采用你这种工作标准，不但是一种浪费的行为，而且还会给员工们带来一份不可能完成的重任。"

其中有位前辈最为激动，我还没来得及回答，他就自行跳到了讲台上。

于是，我微笑着请他为我们解释一下什么是"零缺陷"。没想到他声嘶力竭地嚷道："还有必要解释吗？无非是一种激励员工的计划而已。通过让员工签署承诺书，以误导管理者相信他们一定可以生产出质量更优的产品！"

那天的场景，我终生难忘。它促使我思考：人们为什么不愿在否定一件事前多深入了解一下呢？为什么总做一些错事来证明自己是"人"而不是"神"呢？

这的确匪夷所思，也注定了这场质量战争将会是一场持久战。

2010年冬，北京。我出版了《质与量的战争》一书，将"质"和"量"分开解析，重新定义，并用"一根小划痕"的故事贯穿全书，揭示出了两种不同的哲学思想、管理原理和原则以及价值观。我在书中指出：

"一根划痕的故事"的背后，不仅是头脑中数量思维与质量思维的冲撞，数学和物理学与心理学和哲学的纠缠，而且是两种不同的决策机理与科学基础的博弈——基于质的，或基于量的。

……（对于质与量）这些不同的反应，其实透射出这样一个道理，我们总是忙于处理一些现象。而忽视了对这件事情本质或它背后原因的思考。我们有太多的管理者就是这样，只是单纯地把质量问题当作一件就事论事的事情来处理，而忽视了它背后所映照出的一个更加本质的问题。

那么，这个背后的原因，或者说这个更本质的问题到底是什么呢？很显然，如果我们谈的是质量问题，我们一定要知道一个最为基本的道理——质量的本意绝不在于我们如何宽容问题，也不在于我们如何妥协、如何折腾，更不在于我们如何不断地博弈。**质量的本意**，在于我们如何想办法去更好地根除问题产生的原因，想办法去预防问题的产生。当然，我相信许多人都认可这一点，但是，非常遗憾，大家并没有认真地去思考这个问题，往往便作出了许多错误的选择，悲剧就在于：**我们选择了错误，却不知道我们到底错在哪里**。[①]

## 一个质量"迷圈"

质量为什么陷入了"迷圈"？曾经有人问哲学家维特根斯坦：什么是哲学？维特根斯坦笑答：请你想象一个人被关在黑屋里的情景。他想逃出去，又是砸窗又是凿墙，到处找门，急得团团转；就在他筋疲力尽、陷入绝望之时，突然一转身，发现门原来就在自己的身后！这就是哲学。

这个故事给我留下了很深的印象，以至于我在思考"质量"时头脑中一直盘旋着如何冲出"哲学黑屋"的意念。多少次我都在问自己：质量真的陷入"黑屋"了吗？为什么陷入了"迷思"？

虽然很难说有明确的答案，但是，经历过一次次头脑风暴之后，我越来越清楚地意识到：离"哲学之门"越来越近了。

质量成为"迷思"，不是说她本身就是一个斯芬司之谜，而是说人们在思考她的时候迷失了方向；换言之，她本身没有什么大的问题，而是人们长期以来用糊里糊涂的说辞把她搞得迷惑不清了。有些人用"雾里看花"形容之，倒也有趣，但我更愿把她叫做"路边的野花"——好看是好看，可身世却多悲情，因为人们要么粗暴待之，要么对她羞羞答答。

---

[①] 杨钢，质与量的战争（第3版），北京：中华工商联合出版社，2024.

"这就是现实啊。"许多质量管理人员往往对此感慨良多,甚至包括不少称得上"质量大师"级的人物对此也是撇嘴耸肩者多,慷慨陈词者少。仿佛她生不逢时、命该如此。"住手!别再折磨她了。她原本就是明媒正娶的,不是小媳妇!"这时克劳士比站出来了,于是,美国的管理舞台上开始连续上演"放下你的鞭子"的活报剧,很快又换成了"质量不相信眼泪"的大片。质量革命也就开始了,且一发不可收拾。

质量革命,要革谁的命,革什么命呢?这就需要一场文化革命。自己先解放自己,革自己的命,拆掉幽闭的黑屋,沐浴诚信的阳光;然后再去革除画师的命,建立制度、通畅信息,春江水暖都应知。这绝不是什么"十年的媳妇熬成婆"的陈词滥调,而是基于对"质量"本身的省思,以及破除"质量迷圈"之后对质量的"未来的解决方案"的欢呼雀跃。

十余年来,很多企业盲目扩张,"做大做强",把质量挂在嘴上却打入冷宫,逐渐失去了客户的信任,透支了市场的信誉。客户的抱怨越来越多,员工的士气日渐低落,供应商越来越敢怒不敢言。所谓的质量事故、质量问题频频出现,而"救火式"的管理方式早已捉襟见肘了。

究其实质,就是执迷不悟,把"黑屋"当天堂了。美国企业的质量兴衰是最具代表性的。早在1979年,克劳士比先生的《质量免费》一书就在美国工商界引发了一场浩大的"质量变革运动"。但半个多世纪的质量变革,可谓风雨交加,一波三折。我们从克劳士比先生的总结中也可以清楚地读出他的叹息、无奈与希冀。

**20世纪50年代:** 那时的主要武器是基于现状的科学检测、可接受的质量水平(36)以及补救措施的质量控制。其结果是公司要容忍少量不符合要求的产品及服务。重点放在对不符合的产品及服务的评估上,以保证把绝大多数产品推给客户。

美国政府的文件"Mil-Q-5923"(不符合要求材料的控制)让这个做法变得合乎情理。挑肥拣瘦竟形成了一种家庭手工业。补救措施就成为处理不合格产品和服务的必需品。每个人都能卖掉他们的任何东西,顾客也习惯于关注产品和质量问题。因此,人们自然认为:质量即"好的质量"。

**20世纪60年代**：在这个时期"质量保证"得到了发展，其主要原因是美国国防部的质量保证规格：Mil-Q-9858。质量保证是以文件形式操作的，其结果是程序手册以及对检测和质量控制结果的评估。产品和服务符合要求方面虽未有改进，但企业却能够更好地了解事情在哪里出错了。主要的补救措施通常是重写程序，几乎没有任何形式的培训，也没有在教育上下功夫。新雇员对环境的了解不包括任何与质量及其需要有关的内容。

我的"零缺陷"概念——第一次把事情做对，在专业领域内被视为一种天真幼稚的想法。这时，质量还是"好的质量"。

**20世纪70年代**："质量管理"虽说被人们谈论，但从未在美国的制造业被描述过，因此，在与生产可靠产品的外国企业的竞争中很快失去了市场份额。

我曾做过十多次演讲并撰文强调：质量即符合要求以及树立预防哲学观念的需要。我谈了我们在ITT公司全球操作中所取得的成功经验。检测和程序帮不了任何人的忙，必须得靠管理哲学才行。就好像驾车一样：仪表、数据以及用户手册与驾车人的操纵哲学关系不大。质量依旧是"好的质量"。

**20世纪80年代**：企业经理们意识到：他们能够为顾客做一些事情，兑现产品和服务的承诺。我们的质量学院培育了数千名经理人员和数十万名知识及技能工人。他们现在对质量管理及其改进技巧有了一种共同语言。其结果是：他们抛弃了AQL政策，并着手学习如何第一次就把事情做对。这就要求确立清楚明了的要求并开办培训班。

这种做法带来了思想上的大转变以及一种全球标准的例行操作。这时，质量即"符合要求"。

**20世纪90年代**：一旦质量成为管理人员要考虑的一个正常内容，人们开始寻找一种不做太多的教育和工作就能产生符合要求的质量的办法。其结果是，"质量控制"以一种更为程序化的形式再次出现。虽仍有一种AQL，但今天则是要求66来取代20世纪50年代的36。这种做法降低了企业的诚信要求。

"质量保证"通过ISO程序组的推行而正式化。"质量管理"已成为这些努力的总题目，而忘记了其哲学部分是产生质量改革运动的根源。质量即"好的质量"又回到了原来的位置。

- **21 世纪**：MBA（工商管理学硕士）学院讲授作为一种预防哲学的质量管理，不重视 QC 和 QA。这帮人。他们能够区分主次，比过去十几年的管理人员更加全球化、知识化、更加老练。对他们来说，质量即诚信——"怎么说就怎么做"[①]。

……

2012 年，菲利浦·克劳士比先生的弟弟大卫·克劳士比作为美国著名的《质量文摘》杂志的专栏作家，发表了一篇颇受好评的文章《美国的质量危机：一个永恒的当下问题》[②]。

作为美国风风雨雨的质量变革运动的亲历者，大卫说到"美国质量"时的心情是难以平静的，甚至是恨铁不成钢。因为在他看来，虽然目前至少有 18 万质量人员（包括检验员、质量工程师、质量经理、黑带、废品交易商以及律师等）在努力为美国生产产品质量，但是美国质量依然"很臭"。因为任何一个人只要睁眼看看每年数以百万计的汽车，成千上万的婴儿用品、药品、洗衣机以及无法计算的汉堡包被召回或修补、报废，就会有同感的。不要忘了美国已经有超过百年的生产汽车的历史了。

他举例说，时光回到 1969 年，作为 ASZD（美国零缺陷协会）的理事会成员，他专门为尼克松总统准备了一个演讲的 PPT，题目是"美国的质量危机"。可惜当他到达白宫的时候，所发生的历史大事件把他关在了门外，但他坚信，从当年的尼克松到奥巴马，虽然期间经历了福特、里根、克林顿、老布什和小布什等多位总统，可他当年的 PPT 无须什么修改就可使用，因为人们对质量的认知没变，他的观点依然是正确的。

这的确是一件可怕的事情啊。大卫接着谈到他的亲身经历。他曾经在美国军

---

① 杨钢，质量无惑，北京：中国城市出版社，2002.
② 大卫·克劳士比在美国"质量文摘"网站（http://www.qualitydigest.com）上的专栏文章："The Quality Crisis in America: Unfortunately, an everlasting current issue".

队和三家大型公司做过质量领导，离开军队后他加入了电视鼻祖RCA（美国无线电公司），担任质量改进总监。让他意想不到的是，"这是一个自杀式的任务"，因为RCA的管理层并不关心质量，在他们心目中股市的价格远远高于产品的缺陷水平，他们就是这样被培训和成长的，不知道，也没有人告诉他们股价与质量水平之间的强关联性，更加不愿听到、相信"牺牲质量的利润意味着灾难"这类事情。

所以，当大卫花几百块钱印制了公司提升质量的小册子时，遭到了管理层的训斥，也就不足为奇了。如今RCA早已成为明日黄花，这当然要归功于"糟糕的质量和糟糕的管理"。不过，要命的是，这类事情绝不是个案，如今我们的身边不是依然比比皆是吗？

……

2009年，就在全球掀起学习丰田运营模式高潮的时候，这位质量楷模深陷"质量危机"，引发全球企业的震惊与恐慌……

2010年，具有125年辉煌历史的美国强生公司深陷质量危机泥潭，一年内竟然在全球大规模召回15次……

我开着老别克从收音机里听到一个震惊的消息：拥有101年历史的通用汽车宣布进入破产重组轨道……

与此同时，丰田汽车再次深陷"召回门"，全球召回的汽车数量已达800万辆，超过丰田去年781万辆的全球总销量，被中国消费者戏称为"召回之王"……

2011年，曾经的质量典范、手机中的"大哥大"摩托罗拉公司被谷歌收入囊中，接着便全球裁员20%关闭办事处以求自救；中国区员工怒掀反抗风暴，打出"反对暴力裁员"等标语……

2012年，又一个美好记忆被涂上了悲壮的色彩。1月20日，131岁的柯达公司申请破产保护，她的名字也在奥斯卡颁奖的前夕撤换了下来，变成"杜比剧院"……

同年3月15日晚，"315晚会"上爆出了人们心目中那个光芒四射的金色拱门麦当劳的惊人黑幕……当我告知美国同事黛博拉·舒玛的时候，她褐色的眼睛瞪得大大的，口中念叨着："Really? Oh, My God! Crazy!"

……

## 一条主线：面向未来的质量之路

"我一直认为，质量是政策和文化的结果，不是技术活动；只有当高层管理者们把它纳入工作议程中并亲力亲为的时候，质量才会产生。"

这是克劳士比先生20世纪90年代参与主编在美国20余家商学院广泛使用的《管理学：质量与竞争力》教材时所说的话。

这些年来，这段话也一直是我在国内工作的主题。我非常佩服彼得·德鲁克大师先知先觉的洞察力，他在其1993年的著作《管理未来》[①]之"日本企业的新战略"中明确指出："领先的日本厂商们未经多少讨论就悄然地调整为一种新的企业战略……他们还信奉另外一个全新的理念——同样是颠覆性的——要想在发达国家中得到领先地位，不能再靠财务控制和传统的成本优势，企业需要进行智力控制。同时，信奉这些理念的公司迅速调整了组织架构，它们认为：要在激烈的世界经济竞争中取胜，必须有效地缩短自身产品的生命周期——也就是说，通过合理的组织，系统地放弃自身的产品。它们正在放弃戴明及其全面质量管理理论，转而采用基于另外一套原则和方法的零缺陷管理理论。"随后，他又在1997年的著作《德鲁克论亚洲》里预言道："过去十年内，'日本管理哲学'之类的书盘踞西方书市；未来十年，相信与'中国管理哲学'有关的书将会成为畅销书"。

我认为这是历史赋予中国人的使命，更是一个伟大的国家崛起时呼唤背后支撑的理论的必然。于是，我一直努力地在服务企业的实践中不断进行观察、探求，尝试总结出"把普遍真理与中国实践相结合"的有效方式。

欧盟经济一直在崩溃的边缘挣扎，美国深受债务泥潭的拖累，日本则已经在苦海里挣扎了30年，似乎只有中国"风景这边独好"。而我深刻的担忧也正在这里。因为我们的企业没有经历过19世纪科学管理的锤炼，更没有经历过20世纪质量革命的洗礼，仅仅是凭借人口和资源红利所创造出的巨大的"中国机会"，是靠国人的聪明与勤劳快速积累起来的财富。换言之，大多数中国企业都是外强中

---

① 彼得·德鲁克，管理未来，北京：中国机械工业出版社，2009.

干，看似风光无限，实则气滞血瘀。就像"三鹿事件"之于乳制品行业那样，一个企业的倒下，带来的是整个行业的冬天。

我一直在思考这样一个问题："中国制造"是否必须踏着"德国制造"和"日本制造"走过的质量大道才能获得突破与升华？如果是，走惯了"数量大路"的国内企业如何能顺利转型，走上质量的康庄大道？如果不是，我们能否走出一条与众不同的、数量与质量兼顾的"中国制造"之路呢？

我曾在《质与量的战争》中提出"中国品质3.0"：漫长的20世纪属于美国人创立的"管理的世纪"，在质量方面经历了美国领跑的1.0时期，日本的崛起与美国复兴的2.0时期，并深刻地影响着当今的世界。如今，风水轮流转，中国引领的3.0时代横空出世，我们可以充满期盼地断言"质量世纪是中国的世纪"。

后来又在《质与量的未来》一书中提出了中国未来品质的"20字诀"，即价值引领，随需应变，人人担责，环环相扣，文化制胜。作为未来品质的解决方案，它构成了一个完整的模型。

克劳士比先生曾经在《质量迷圈》中提出了自己的未来品质的解决方案。他说："展望未来，我认为，除非那些在组织里负责确定质量的人开始认识到：质量管理是哲学而非技术活动，否则他们和他们的公司将被全球经济淘汰出局。20世纪中叶'财富500强'中的大企业都认为他们会免于激烈的竞争，质量是可以取舍选择的，他们认为自己是不幸的巨轮。但几乎所有的大企业都因此而经受了艰难曲折的时日，有的企业至今还没有复原。"[①]

我特意把克劳士比老师的一篇文章[②]摘要如下，以作为读者学习、领悟零缺陷的一条主线。

### 1. 缺陷率影响了成功

我认为，很多公司难以成功，浪费且不能充分利用其资源是唯一的原

---

① 菲利浦·克劳士比，质量迷圈：20世纪质量管理简史和未来的质量解决之道（The cycle of doing something about quality）.零缺陷质量文化高层论坛，2003.7.

② 杨钢，质量无惑，北京：中国城市出版社，2002.

因——改正因为服务出现缺陷而造成的不良后果,以及被接受的产品返工,这些均被认为是从事经营活动的正常成本。例如,在汽车业,购车后的最大花费就是保修。

这种状况得不到解决,也就影响了公司的成功。

## 2. 阻碍成功的"牢笼"

尽管我已经倡导了很多年,并依托克劳士比质量学院,培训了数以万计的高级主管、经理和员工,使他们学会了如何第一次就把事情做对。但是,很多质量专业人和级管依旧深陷一个无形的"牢笼"以自拔。

"牢笼"由"四面墙"、"天花板"和"地板"构成:

- "北墙"上写着"定义",如全面质量管理、ISO、波多里奇准则、Mil-Q-9895 等;
- "南墙"上写着"系统";
- "东墙"上写着"工作标准",强调事情不会永远是对的,所以我们得接受可变的标准,如 AQL 或六西格玛;
- "西墙"上写着"衡量",认为衡量质量的方法是指数或基准点;
- "天花板"上写着"用户",认为企业从来不知道用户需要什么;
- "地板"上写着"资料",但只有散乱放着的计划、系统、文章和书籍。

## 3. 基础在于需求

质量是哲学而不仅仅是方法。如果要理解质量,我们必须运用那些"基本"且不变的概念。

不论是公司还是个人,想要有价值,就必须了解自己的目的及如何实现这些目的。每个公司或个人都有一个相同的目的——为"需要"提供解决方法。"需要"就是我们为别人提供产品或服务的基础。

每个企业都有需求、要求和业务,所有这些都来自于管理层的管理行为。这些行为决定了企业能否成功,能否成为"有用的"和"可信赖的"。

### 4. 教育培训能拆除"牢笼"

质量管理的目的是营造一个能清楚界定所有要求，顺利完成每次业务，并使员工、供应商和顾客之间的关系融洽和睦的公司文化。而我们把阻碍我们实现这一目标的因素叫"牢笼"。实际工作中，教育培训则是拆除这些"牢笼"的好办法：

- **定义**："成为有用的"，这一要求必须得到正确的理解和执行，否则公司将不能良好运作。

- **系统**：管理不能依赖任何运作系统，因为质量管理是一种理念，或说一种哲学。例如，我们只能把 ISO 资料中有价值的信息看成质量保证的教科书，而不是质量管理的教科书。每个人都需要接受质量理念、哲学方面的教育，以帮助有助于 ISO 和相同信息资源的使用。但如果没有上述教育，很多人都不会严肃对待程序系统。

- **工作标准**：我们的目标是，每个要求和每次业务都能做对。"零缺陷"就是用工作体现"诚信"。

- **衡量**：所有的管理层最在乎的都是盈利，这就是衡量的方法。实际上，许多公司，包括那些非营利性质的组织花费了三分之一的精力在重做的事情上。

- **顾客**：要帮助他们获得成功而不仅仅是令他们满意。为此，管理者需要培训员工，帮助他们正确地理解生活。教育过程的目标是让大家在质量管理的理念或哲学上达成一致。

### 5. 成功的要领

- 成功的公司，是一个向顾客、员工、供应商和社区需求提供解决性方法的公司；

- 为使这些方法有效，管理层必须清楚这些方法的要点；

- 为满足三方要求，管理层必须界定员工、供应商和顾客各自应完成的事情；

- 质量管理是一种理念和哲学层面的训练和纪律，它能打造出一种舒畅的企业文化。

**质量管理是有目的地创建一种组织的文化——在那里，所有日常的业务工作都能正确地完成，而且所有的关系都能获得成功。** 这种活动的结果，就是使组织成为"有用的"和"可信赖的"，也是提升企业竞争力与利润的途径。

## 要点概览

❖ 质量的本意，在于我们如何想办法去更好地根除问题产生的原因，想办法去预防问题的产生。

❖ 悲剧就在于：我们选择了错误，却不知道我们到底错在哪里。

❖ 质量是政策和文化的结果，不是技术活动；只有当高层管理者们把它纳入工作议程中并亲力亲为的时候，质量才会产生。

❖ 每个公司或个人都有一个相同的目的——为"需要"提供解决方法。"需要"就是我们为别人提供产品或服务的基础。

❖ 我们的目标是，每个要求和每次业务都能做对。"零缺陷"就是用工作体现"诚信"。

❖ 质量管理的目的是营造一个能清楚界定所有要求，顺利完成每次业务，并使员工、供应商和顾客之间的关系融洽和睦的公司文化。

❖ 质量管理是一种理念和哲学层面的训练和纪律，它能打造出一种舒畅的企业文化。

❖ 质量管理是有目的地创建一种组织的文化——在那里，所有日常的业务工作都能正确地完成，而且所有的关系都能获得成功。

- **WISDOM OF ZD-ISM MANAGEMENT** -
**Preaching Chapter: What is ZD?**

·传道篇·何为ZD？·

**WISDOM OF ZD-ISM MANAGEMENT**

博学之，审问之，慎思之，明辨之。

——《中庸》

上士闻道，勤而行之；中士闻道，若存若亡；下士闻道，大笑之。不笑不足以为道。

——老子

永远不要怀疑一小群坚定的人能改变世界。实际上，世界一向是由这些人所改变的。

——玛格丽特·米德

启蒙是人从自我产生的不成熟中脱颖而出。不成熟是指没有他人的指导而无法理解事物。如果不成熟的原因不是缺乏理解，而是缺乏在没有他人指导下使用理解力的决心和勇气，那么这就是自我招致的。因此，启蒙运动的座右铭是：勇敢求知吧！有勇气用自己的理解力！

——伊曼努尔·康德

# 第3章
# 直面管理挑战：逼问中国企业"你是谁"

**质量本应是充满激情的**

曾经，有一个女学员对我说：杨老师，您真不像搞质量的，像个艺术家。我笑着反问：那你说说看，搞质量的是什么样？她摇了摇头：反正不像您这样。

我微笑着解释道：你认为搞质量工作是一项单调乏味，与美、与艺术无缘的工作，一定是黑着脸，在黑黑的房间里面，黑黑的车间里面，面对黑黑的设备，黑黑的生产线，用黑黑的手指头在黑黑的纸上写东西吗？错。搞质量的一样可以穿得漂漂亮亮，一样可以在漂亮的房间里面做着漂亮的工作。因为质量管理，其实是与我们每个人的生活紧密结合的。它不仅仅是关于产品的质量，更是关于生活质量的追求。质量管理实际上是一门充满热情的艺术，它总是与工作、生活和激情紧密相连。所以，**当我们谈论质量管理的时候，我们其实是在谈论一种生活态度，一种对美好生活的不懈追求。**

你们也许从中能够感受到零缺陷管理思想的秘密了吧。

中国有一句古话：形而上者谓之道，形而下者谓之器也。我相信，作为管理者对于各种"器"一定早已经如数家珍了，但是对于"道"却未必了然于胸。因为管理界流传着这么一句话说：管理无"定式"。但我要强调的是，千万不要忘了还有一句话：**管理有"定则"。**

我们身处这个巨变的年代，时时面对各种新的挑战，还有哪些管理"定则"依然有效呢？我们是否需要重新审视习以为常的工作过程、工作准则，以建立缺陷预防系统、衡量管理的代价，并通过管理创新的过程，以保证能够第一次就把正确的事情做正确呢？

## "做而论道，道而行之"

克劳士比管理思想的特点是："做而论道、道而行之，且一以贯之。"换言之，它不是坐在书斋或图书馆里冥思苦想出来的抽象原则，而是在"两手黑黑的"实践中体悟、提炼和总结的鲜活道理；然后再以此为准则指导进一步的实践，并在实践中加以修正、扩展和升华。正如一位伟人所说的那样，从实践中来，到实践中去。

我们说，世界上有三类人：第一类，叫做"蚂蚁搬家型"的人。蚂蚁搬家就是把东西从A搬到B，再从B搬到C。没有任何增值，只是在动作，重复同一套动作。好比有些人做学问，是天下文章一大抄，A说，B说，C说，就是没有自己说。这就是所谓的蚂蚁搬家一族。第二类，叫做"蜘蛛型"的人。这类人像蜘蛛一样把自己关在屋子里，像蜘蛛一样吐丝，自己编织了一个网，希望用这张网来网住别人。但实际上是网不住的。第三类，叫做"蜜蜂型"的人，他们确实像一只辛勤的蜜蜂，一生都在花丛中劳作，最后把甜美的蜂蜜奉献给大家。这类人的典型代表就是克劳士比先生。

我认为，我们每个人都应该做一个蜜蜂型的人，成为不畏辛勤勇于实践、不断从实践中总结提炼"真知"，并经过进一步实践产生预期结果的"做而论道、道而行之"者。

### 新挑战，"新"在哪里？

众所周知，20世纪80年代，中国企业才开始了市场化的运作，我们一直在努力向发达国家学习，尝试着各种不同的管理方式，但始终是在一个圈子里打转转，跳不出来，也没有取得什么引人注目的成就，甚至出现倒退的现象。到底什么原因呢？

在弄清楚原因之前，我们首先需要回答每一个门卫的"灵魂三问"：你是谁？从哪里来？到哪里去？

## 培训课堂

**杨钢**：这是最简单的问题。很多人在心情好的时候，有幸福感的时候不要谈这个话题，一般也不会谈到这个话题；在他心情不好的时候，在他受挫折的时候，他往往会问这个问题：我是谁？

我想找一个人来说说看。你觉得市场通过什么标准来评价你的企业（油田）是否成功？

**学生**：开采的油质量好不好？成本低不低？油价便宜不便宜？

**杨钢**：你的同事关心什么？

**学生**：人格或者说品质够不够好。是否具备一个好的形象，是不是给人一种诚信的形象。

**杨钢**：股东怎么看你们？

**学生**：怎么才能多分红利？

**杨钢**：员工又怎么看？或者说你们期望他们怎么看？

**学生**：我们的管理成功吗？管理上能做到头头是道，井然有序，员工才会放心。

**杨钢**：其他呢？客户和供应商评判你们的标准是什么？

**学生**：我想应该是诚信。

**杨钢**：那么，我们到底是谁？前面的问题集中在我们希望别人怎么看我们上，但我们实际上是什么样子的呢？

**学生**：我们就是我们自己。（笑声）

**杨钢**：这些问题看起来很简单，实际上我们每个人，尤其是企业的高层管理者都必须经常自问这些问题。

另外还有一个问题，一位中央电视台的记者曾提问过我：企业为什么要进行质量管理？

我对记者说，你这个问题，实际上是两个主题：一是企业为什么存在？如果问质量管理是为了企业的存在，那么可以反过来问：**先说企业为什么存在？然后再谈为什么要进行质量管理？**

所以，**如果我们不明白一个组织、一个企业为什么生存，那么谈论质量管理还有什么意义**。我们辛苦劳作，倾注毕生的心血都用来研究质量问题，可是竟然发现我们却忘了为什么要这么做，忘了一个最基本的问题：我们这个组织为什么存在？不免心生悲哀呵！

## 需要的解决之道："完整性"原则

所有的组织都有一个共同的目的，那就是提供一种期望或者是需要的一种解决的方案，或者是解决之道。那么请问：是谁的需要？

我们通常会听到这样的声音：客户的需要，员工和股东的需要，政府的需要，供应商的需要。现实的情况也正是如此。大家一开始更多地谈到客户，其次谈到股东和员工；在大多数情况之下，经过了提醒，往往到最后才想到了供应商。因为在你们的脑子里，供应商不是我们要考虑的范围；供应商是服务于我的，供应商是我让他们吃饭才有饭吃，怎么是需要我们去满足的呢？

**客户、员工和供应商，这方面组成了组织存在的基础**。任何一个组织都代表了三个方面的利益，缺一不可，相互平衡，否则无法可持续发展。

### "完整性三原则"

克劳士比先生在《完整性：21世纪质量观》一书中提出了一个著名的论断："**质量（Q）是组织的骨骼，财务（F）是组织的血液，而关系（R）是组织的灵魂。它们是一个整体，不可分割。这就是所谓的完整性**。"同时，提出了完整性的"**三个原则**"，即帮助员工成功、帮助供应商成功、帮助客户成功。认为它们"就像一顿营养均衡的美食：它们互为前提，缺一不可。"他认为："也许这些观念不像古希腊经典著作中那些概念一样具有独创性，但是他们将为现实世界中追求成功的人们提供一个舞台。这些原则既适用于个人也适用于组织，形成了一个完美的结合——就像一顿营养均衡的美食：它们互为前提，缺一不可。"[1]

这实际上是把一个组织当作一个"需要链"，只有确定了组织需要满足哪些方面的"需要"，然后才能一步步按部就班地开展工作。当然，如果你要进一步追问：一个组织怎么去满足那么多的"需要"？于是又回到了最初的问题：我们是谁？谁是我们的客户？我们的客户为什么会找我们？我们如何比竞争对手更有优势？

有一位管理学大师，第二次世界大战的时候从欧洲跑到了美国。他说：有一天，我坐下来，研究点问题，一不小心就发明了管理学。这个人就是彼得·德鲁克。他认为时常询问以上三个问题，有助于决策者和管理者们弄清楚组织存在的目的[2]。

**管理的理论就是这样，简单，往往具有实效，而招式越烦琐越容易走火入魔。**真理都是朴素无华的。思考"我是谁"，就是给自己定位；思考"客户是谁"，就是给客户定位。

**如何满足需要？**

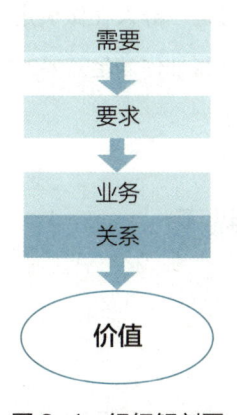

图 3-1　组织解剖图

这里有张图（如图 3-1 所示），基本上可以视为一个组织的解剖图，或像管

---

[1] 菲利浦·克劳士比，完整性：21 世纪质量观，北京：中国人民大学出版社，2006.
[2] 彼得·德鲁克，管理实践，上海：上海译文出版社，1999.

理顾问那样，用一种结构化的思维模式去捕捉一个企业背后的逻辑关系。

企业顾问具备类似于医生的能力，他们精通于诊断企业在客户、员工及供应商三大关键领域的需求。一旦识别出这些需求，他们会将这些需求逐步细化为具体的要求。随后，他们会基于这些需求，逆向思维，深入剖析企业当前的要求是如何从客户端至客户端有效传递的。企业的业务流程复杂多变，但顾问们并非关注于文本的细节或修辞的华丽，而是聚焦于企业是否能够将需求全面且精确地转化为要求，并识别其中的潜在偏差。紧接着，他们会评估企业是如何将这些要求具体落实到业务操作和各方关系中的。最终，顾问们会审视企业是如何产生并传递价值的——这不仅包括客户和股东，还包括员工和供应商。

之所以我们强调"三个需要"的重要性，是因为它们构成了企业的稳固基石，同时，由于这些要素始终处于动态变化之中，难以捉摸，因此它们成为决定企业竞争力和生命力的关键分水岭。

但问题是，如今"这三者的性质已经发生了改变。比如客户，我们再也不知道谁是客户。有时客户不是最终用户；对医疗产品来说，有时客户不是病人和医生，而是药剂师。我们必须明白谁是决策链条中的关键决策者，谁是最主要的决策者。然而在社会性网络的情形中，有时是一群人在做决定。这是一个很大的改变，也是一个比较新的变化。"因此，也就使得如何满足需要的问题变得更加困难，也更加迫切。

## 系统整合：荡起利益的秋千

### 两大工作的要素

工作的两大要素，业务和关系，它们是不可分割的。如果说业务是指做事，那么关系就是指做人。我们前面所说的满足需要的方式，实质上就是指做人和做事的方式。而研究做人和做事的方式，或者是处理做人和做事的学问，就是管理哲学。

在深入研究业务和关系之前，我们首先要对组织的系统结构有一个清晰地了解。因为我们所要满足的需要涉及三大方面，因此，第一步就要针对某些问题进行战略性的思考，比如，确定法人治理结构，组建董事会，股东的利益，资源的分配等。其次，要确定公司的组织结构与战略方向，建立经营管理团队，制定战略规划，然后利用人力、技术、财务与IT等资源，通过生产与服务的过程达到预期的结果。最后，为了确保我们到底是否实现了目标，一定要建立一个组织的防火墙：评价和改进的系统，以判定我们的战略、计划与政策是否实际上转变成预期的成果，如果有差距，就驱动其自我改进。

如此一来，我们前面谈到的那个"基本架构"就变得有血有肉了；而穿上衣服，也就变成组织架构图了。细心的人会发现，它正是国际流行的"质量奖管理模式"，即"卓越绩效模式"的原型之一，亦即在克劳士比学院指导下风靡全球的施乐版的"世界级质量管理模式"。（如图 3-2 所示）

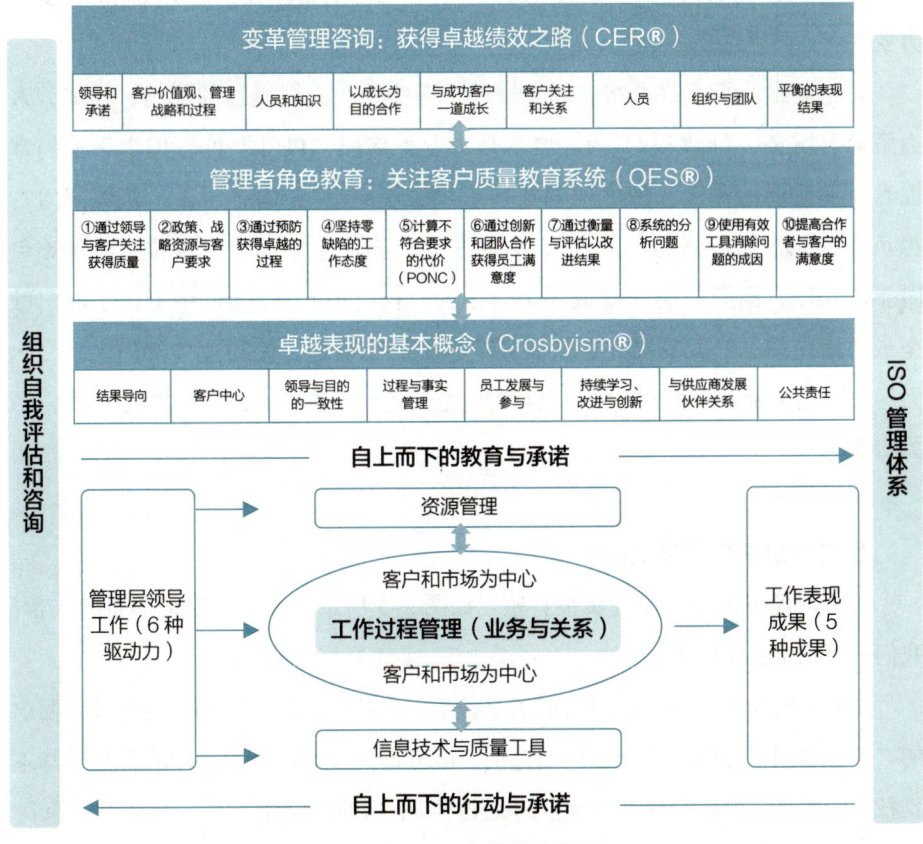

图 3-2　ZD 变革管理模式

**系统的整合**

就上述组织的系统而言，企业内部诸多的"管理体系或系统"，比如，内控系统，质量、环境、职业安全等管理体系，以及其他的体系行业管理体系等，本质上都是可以整合在一起的，也必须整合在一起。

如果每个职能部门管一个系统，那么系统之间的矛盾必定会存在，无异于彼此消耗，浪费资源，形成无规则运动的"布朗运动"现象。所以，当你站在整个组织的角度来看这个问题的时候，就自然会希望内部面对的只是一个系统。换句话说，一个完整的系统在有效运行的组织才是健康的。

问题在于，一个完整的组织系统是包含三大协同互动的流程的，好比中医所谓的"任督冲三脉"——任脉，相当于核心业务流程，是主血的，主现金流的；督脉相当于业务支撑流程，是主气的，冲脉相当于战略流程，是主性别的，要么男要么女，必须选择。

如此类比，便一目了然。你会发现，那些处在支撑流程的部门，比如，人力资源、财务、行政和IT等，原本是为业务部门"供气"的，但由于他们掌握着企业重要的资源，加之他们往往是"管理部门"，国企叫做"机关部门"，担负着各项指标考核的"大权"，久而久之，积淀千年的"官本位"心理难免时不时作怪，渐渐就会演变成一个个小的"权力中心"，无形中形成了部门壁垒或"诸侯割据"的局面，也就破坏了系统的完整性，使得业务部门"少气无力"——因为血到了而气没到，自然气血不足。唯气到血到，方气血充盈，活力满满。

**我们的组织是这样的吗？**

正所谓理想很丰满，现实很骨感。如图 3-3 所示，大家不妨扪心自问一番：我们的组织是这样的吗？

这是一家秋千公司。客户的需求是秋千，但销售部门订购的、营销计划要求的、工程部门设计的、生产部门制造的、服务部门安装的都是一个看似秋千却不是秋千的产品，最后交到客户手上的完全不符合客户的需求。

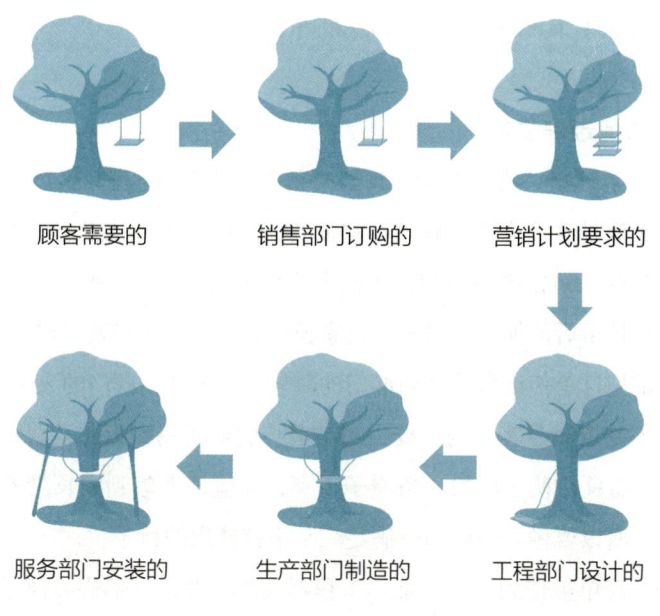

顾客需要的　　销售部门订购的　　营销计划要求的

服务部门安装的　　生产部门制造的　　工程部门设计的

图 3-3 "秋千"的故事

## 师生对话

**杨钢**：我特别希望大家根据自己企业中的案例进行演绎。为什么会出现如图 3-3 所示的情况？

**学员**：看完图，我的内心深受震动。我们是一家从事房地产业务的公司，大家都知道，客户对房子的要求无非是价格低、质量好。但我们销售部门采取的方法比较复杂，可以分为意大利式的、美式的等，而客户是不是关心这些呢？营销计划也很复杂，比如年营业额要达到几个亿，但实际上很多计划较难实现。至于工程设计，往往照搬外国模式，再根据现实情况进行一些修改，也不管顾客的需要。至于其他部门，也都或多或少地存在一些"本部门的事、本部门做主"的情况。

**杨钢**：谢谢！（掌声）其实不仅仅是房地产企业，几乎所有的公司都存在这样的问题。一家优秀的 500 强企业，他们的理念很好：满足客户需要、超越客户需要。每个人都有这样的理念，每个人都把理念化成了现实，但最后却走偏了？为什么？我们不妨一起来思考一下。

### 好理念为何走偏了？

企业接到了订单，客户提出：我们要秋千。销售部门看到订单后非常开心，他们的使命是满足客户需要、超越客户需要，所以一定要让客户高兴。但怎么才能让客户高兴呢？销售部门想到，小孩子荡秋千的时候需要家长在后面推，不方便，如果能在秋千后面加一条绳子，把家长解放出来，客户就一定会高兴。

当销售部把订单传给营销计划部门的时候，营销计划部门的人笑了，他们说，我们的理念不是要满足客户的需要，超越客户的需要吗？为此，营销计划部门达成了共识：不能只在秋千后加一条绳子了事，而应该考虑到家长带着孩子排队等秋千的不便，所以要做一个能同时满足三个小孩使用的秋千。

接下来，订单被传到了工程部。工程部人员一看，牙都快笑掉了，说营销计划部门的人都是书呆子，只需问一句话就能让他们目瞪口呆，请问：客户真正的需要是什么？当然是安全。于是，工程部门决定设计一个非常安全的秋千——放在地上的秋千。他们觉得这才是客户真正需要的。

订单终于到了生产部门。生产部门一看，哈哈大笑。他们说：秋千不挂起来能叫秋千吗？他们才是最了解客户的。于是，他们决定把它挂起来。

最后的服务部门在安装的时候傻眼了，秋千根本荡不起来，为了解决这个问题，服务部门只好把树砍断，找来两根树枝把秋千勉强固定住。客户当然非常不满，于是，投诉、返工、罚款……接踵而来。

在整个过程中，大家都有非常优秀的产品与服务理念，具备国际化的视野，可为什么没能满足客户需要？表面看来，这好像是个简单的案例，但实际上体现了我们缺乏竞争力的大问题。

### 竞争力的缺乏

竞争力的缺乏体现在哪里？首先，我们要弄清楚一个问题，秋千订单我们赚到钱了吗？没有。我们的钱花到哪里去了？大量的钱都花在不必要的地方。这是什么原因造成的？克劳士比先生曾说："很多公司难以成功的唯一原因就是浪费且不能充分利用其资源。他们没能花时间去深刻理解成功所需要的理念。"

因此，这种**思想上的缺陷必然会导致行动上的偏差，而行动的偏差，必将带来巨大的浪费**。

一项针对全世界优秀企业所做的统计表明，在制造业，不必要的花费占据销售额的20%~25%，而服务业则高达营运成本的30%~40%。多么可怕的数字！它们可都是额外的、不该花的，要远远大于绝大部分企业的利润率。**这不得不引起我们的深思：第一次就把事情做对才是最便宜的，可又为什么这么难呢？**

当然。也有的**企业，一旦发现了思想上的缺陷，便立即采取措施，果断进行补救，绝不放任自流，从而获得了绝境重生的机会**。巴马派公司就是如此。

麦当劳公司曾是巴马派公司最大的客户，却也另谋他途，那是在1985年，公司的总裁是马克蒂小姐，当时公司存在严重的营运危机。

巴马派公司位于俄克拉荷马州的突桑市，是个私人企业，专门从事于派饼的产品制造。公司有卷酥饼、胡桃饼的生产线，专卖便利商店，另外产品还有饼干、丹麦酥饼、肉桂卷、松饼和派皮等。公司有50年以上的历史，员工有400位。

### 麦当劳事件威胁巴马派公司的生存

差不多有20年之久，巴马派公司每年都要为麦当劳生产30亿个水果酥饼。这项生意会是巴马派公司最主要的收益，但是此时他们的关系却已恶化了。

据马克蒂的说法，此项商业关系有三大问题：派在煎时会裂开；卷酥饼内的水果减少了；外皮容易脱落。

麦当劳发出了最后通牒，巴马派公司不得不表示他们正视这些问题，以免因产品质量问题而失去这个客户。

### 快速补救

"那时，我只想要雇用一名较好的质管人员，并加强其他质管人员；反过来说，也就意味着我们仍然以同样比例制造有问题的产品，可是我们就是不会丢弃劣质的东西。"马克蒂说道，"我知道我的临阵磨枪是不能解决问题的，可是我也不知道下一步该怎么做。"

### 《质量免费》

有一天她在书店看到一本书，作者是克劳士比。由克劳士比质量学院出版，此学院也是世界最大的专门从事质量管理、组织变革方面的教育机构。书名是《质量免费》。她在周末看完整本书后，星期一上班时，她就知道该怎么面对问题了。

"我拿起了电话，打到位于奥兰多的克劳士比质量学院，告诉他们我公司的问题。他们把我转接到一位有糕饼经验专业的业务负责人那儿。他懂得食品制造业，所以我们可以沟通。"马克蒂说道："我们谈论并且对公司迅速地做了一番核查，决定了我们正处于需要密切注意的阶段。很显然地，那意味着公司在垮台前应立刻修正问题之所在。

"然而，要下定决心来从事于质量改进方案是件很难的决定。原先，我想只要花一大笔钱来拯救危在旦夕的公司就好了。最后我决定，只要钱花在刀刃上，能改变公司的状况就好，所以，就这么决定了。"

一旦这态势建立了，一个更正行动小组随之成立，以解决巴马派公司与麦当劳之间的产品问题。一本过程手册也随之而印刷，对所有的工作过程须知都详尽地刊列着，以利员工遵循。

麦当劳的管理阶层也被要求参与，亦步亦趋地来参与质量改进方案。起初，他们对此方案的"学术性"印象深刻。然而，他们采纳了"让我们看看此法是否有效"的态度。这个方案真的生效了，非常好。

麦当劳的劣势竟然成了耀眼的优势。抱怨戏剧化地降低了许多；巴马派公司与他们最大的客户麦当劳又恢复了往日密切的关系。

### 实际的节省不止百万

从利润观点看，巴马派公司的改变真是不同凡响，PONC（不符合要求的代价）从380万美元降到150万美元。

马克蒂说:"这可是实实在在的一百万美元啊! ……销售增加了200万美元,从前的客户都回来了,又有盈余了,我们步入正轨了。"

## 变革管理:通向卓越之路

没有人在道理上反对变革的,可一旦落实到现实的层面就会困难重重的。不仅需要正确的理念,更加需要强大的领导力。当年,从粮店起家的三星集团在老板的三子李健熙接掌后,不再容忍烦杂而平庸的业务竞争态势,更加不能容忍跟随日本企业屁股后面跑的经营策略,依然打起变革的大旗,像海尔的张瑞敏砸冰箱那样,他也以质量为突破口,用大锤砸碎不合格的产品以震撼员工的心灵:"我就是要羞臊你们!给我拿出好的产品吧。"当人们不解地问他:变什么?留什么?他说出了那句广为流传的话:"除了老婆孩子,什么都可以变!"于是,也就有了今天的三星。

### "通往世界级卓越表现之路"

显然变革是痛苦的,它意味着既得利益的失去以及资源的重新分配。但要想获得持续的成功,企业必须像百年的常青树IBM那样,与时俱进、随需而变。因此,所谓变革,就是正本清源,就是创新与超越:一要还原,二要突变。前者是时时记住"回家的路",后者则像发射航天火箭那样,脱一节就跨越一次。

变革管理的路有许多条,也未必都能够通到罗马,但基于零缺陷管理的欧洲质量奖模式[①]却被欧美卓越企业广泛使用,被认为是一个企业通过质量获得持续的竞争力的基本套路。实际上,它也应该,而且已经成为许多中国优秀企业"通往世界级卓越表现之路"。当然,如果非要做一个对比的话:美国质量奖的模式比较"资本化",受华尔街的影响较大,日本的戴明奖则"现场化",更偏重于"控制与改进";而欧洲质量奖模式比较"人文化",非常在意人本的力量以及社会责

---

① 美国质量奖相比,欧洲质量奖更强调员工和社会责任,尤其是质量教育的核心内容QES,正是克劳士比学院教授的基本思想。因此,也曾是该在北美的唯一委托代理机构。

任的担当。因此，它们的管理理念和基础也是形同而神异的。

如图 3-2 所示，我们可以看出，它是一种基于质量管理的企业价值管理与运作的模式，包含基本概念、原则、成长路径与评估标准以及运作模型，核心思想是如何第一次就把正确的事情做正确。如果用开车来形容的话，它强调的是驾车人的思想与方向，而不是停下来背诵交通规则和维修手册；它强调通过教育领悟基本的概念、实践管理者的角色，而不是坐等外部咨询师摇着变革之船来到自己面前；它强调的是领导的驱动力量，而不是盯着战略目标时眼前浮现出的人们自觉自动、前仆后继地攻城拔寨的胜景；它强调的是如何建立业务和关系"一次做对"的"绿色通道"以获得卓越的成果，而不是醉卧资源、技术和工具的扁舟漫不经心地遥指"杏花村"……

现在我们再换一个角度来看。这部车已经上了高速公路，它的目标是永续地获得卓越成果为企业创造价值；为此，它必须确定自己的角色：QES® 之中 3 个 E（Evolution/ 进化，Education/ 教育，Execution/ 执行）并跨越 10 个"里程碑"；同时，对照两张"管理地图"（质量奖标准和 ISO 9000:2000 标准）进行自我评估，不断地用教育和培训进行加油、用领导力提供动力，从而高效低耗地转动 Cerosys® 之轮（CER 运行系统，其中：Culture/ 文化，Efficiency/ 效能，Relationship/ 关系），最终将整个组织带向"有用的和可信赖的"境界。

但企业难掩对"卓越绩效"的渴望，虽然"与生活中任何事物一样，绝大多数商业机构的经营表现不过介于平庸与优秀之间，真正做到卓越的只是极少数"。因此，当美国人吉姆·柯林斯的《从优秀到卓越》一经面世便立即成为全球畅销书。问题在于，"卓越绩效"不是目的，而是手段，更是一个过程。一个不断挑战自我，从平庸到优秀、再从优秀到卓越并持续保持卓越的过程，也是一个从不成熟到成熟的"质量管理成熟度"的发展过程。

但为什么，并非所有追求"卓越表现"的组织都能够达到真正的卓越。何故？就在于他们"向外表示"的方式上。

### "三种卓越表现的模式"

美国商业哲学家汤姆·莫里斯博士对东西方组织的运作模式进行了深入研

究，总结出了三种实现卓越的模式。

首先是"竞争求胜模式"，它基于古希腊、罗马和欧洲的传统思想，主张通过竞争来追求卓越。这一模式鼓励人们以利己和敌对的心态去争取胜利，认为卓越就是超越他人。然而，这种模式可能导致人们过于关注竞争而忽视其他重要的价值观，如合作和共赢。

其次，"比较成长模式"融合了东方传统思想，如儒家、道教、印度教和佛教的智慧。它强调个人的成长和发展，而不是与他人竞争的结果。该模式注重内在的提升和超越，而不是外在的胜利。然而，这也可能使人们过于以自我为中心，忽视与他人的互动和合作。

最后，"协力合伙模式"起源于美国金融服务业，并在医疗保健和部分企业中得到应用。这一模式认识到人与人之间的差异和互动关系，强调合作与协调的重要性。它涵盖了积极和消极两个方面，要求我们在追求卓越的过程中平衡和整合各种关系。

所以，结论是：协力就是与他人搭档，集聚众人的力量与智慧，彼此尽己所能、尽其所能；真正的卓越表现是同我们与相关利益者的关系、合作方式密不可分的。换言之，协力模式并不只是追求卓越的一种方案，而是任何真正的成就所不可或缺的组成部分。事实上，组织的卓越表现在本质上，就是协力互动的业务和关系的成功。

如果说组织的构成、形式以及运作模式涉及组织管理，那么，对目的和理想的内在渴求并因此释放能量、产生结果，是"做人"的表现，而为追求和实现目的所设定的目标就会形成巨大的推动力，这实际上就是在"做事"。把做人与做事结合在一起，研究如何"以做人的规则做事、以做事的结果看人"的道理，就是管理哲学了。生活和工作都是需要哲学指引的。可见，"卓越绩效"取决于管理哲学，它是做人与做事的结果；而其中做人，往往是起决定作用的。

于是，我们就必然地把眼光从组织的目的转向"人的目的"了。这才是一个每一位管理者所要研究和实践的大课题：透过组织表面的荣华，思考现代商业生活的内在基础，从而抓住组织的灵魂，永续地获得卓越的表现。然而，这又是一个在理论上最难的、在现实中人人都想回避的问题。但答案非常明确："卓越绩效"

取决于组织的目的,而组织的目的最终取决于人的目的或人性的需要。

**卓越绩效是什么的产物?**

企业一直在追求卓越的表现,但是怎样才能获得它呢?它到底是什么的产物呢?起初,很多企业领导都强调纪律和控制,以求得生产效率,后来发现不灵了,便开始制定很多方法去激励员工,以期员工提高绩效水平;再后来又觉得不行了,开始创造一种符号、一种准则以激励人们产生绩效;再次失效之后,终于开始痛定思痛,于是恍然大悟:其实在那些卓越绩效组织的背后隐藏着一个清晰的规则,即无形的决定着有形的。虽然表面上看,总是有形的在决定着无形的。

那么,哪些是有形的,哪些又是无形的呢?有关组织现实存在的都是有形的;而有关组织的心理、价值观、信念等看不见摸不着的都是无形的。虽然有些组织也有自己的报纸、电台、符号、统一着装、企业准则和口号等,可是员工还是行动迟缓,预期绩效还是没有达成。为什么会如此?

有学者还发现一个规律[①]:以上两者在一个多世纪以来,基本呈现出"三十年河东,三十年河西"的规律——人们首先从财务和物理的角度出发思考组织及其管理;进而发现在正式组织后面隐藏着的非正式的组织,在物理背后隐藏着的心理层面的东西,在数学逻辑背后藏着的情感逻辑。且令人吃惊的是,这些"隐藏的东西"往往比台前的东西更有影响力。

如图3-4所示,我们可以清楚地得到解答。表面来看,经营管理活动决定着经营的结果,但实际上,有六种"文化要素"在决定着经营管理活动的成败或有效性,其核心的要素就是企业固守的价值观和信念了。这正是卓越的企业文化能够影响经营绩效的原因。

如果说"卓越表现"是有形的话,那么,它是由无形的"文化"所决定的;但表面上无形的"文化要素",实际上又每时每刻都在受到那六股"塑造力量"的影响。所以,管理的逻辑正好反过来了:要想获得企业的卓越表现,有赖于人们

---

① 肖知兴,东张西望,北京:机械工业出版社,2011。

成功的业务和成功的关系；成功的业务和成功的关系是受到企业中六大"文化要素"的强烈影响的；而通过六股"塑造力量"的有效运用，就可以改变企业的"文化要素"，成为"可信赖的组织"，完成"永续成功的"基业。

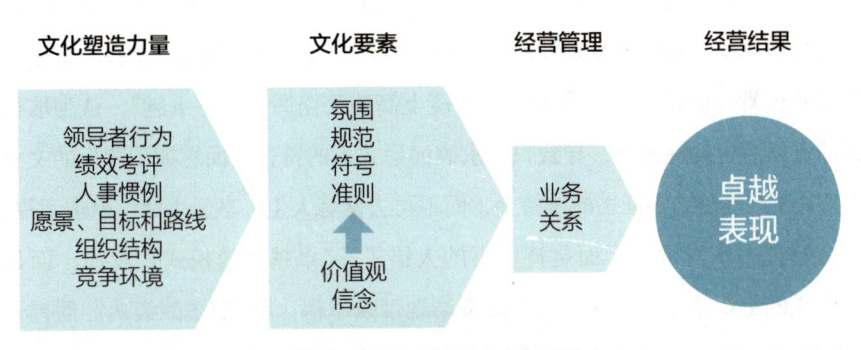

| 文化塑造力量 | 文化要素 | 经营管理 | 经营结果 |
|---|---|---|---|
| 领导者行为<br>绩效考评<br>人事惯例<br>愿景、目标和路线<br>组织结构<br>竞争环境 | 氛围<br>规范<br>符号<br>准则<br>↑<br>价值观<br>信念 | 业务<br>关系 | 卓越<br>表现 |

图 3-4　塑造文化的力量图示

经过长期实证研究的积累，我们观察到，领导者的行为一旦出现偏差，员工会对其真实意图产生怀疑，认为其言行不一；尽管部分领导者展现出高度的自律、卓越的能力和无私的奉献精神，但如果人事制度设计存在缺陷，员工的积极性和工作热情仍将受到抑制；另外，如果绩效考核制度不公平或频繁变动，同样会对员工产生消极影响；许多公司都在倡导平等、创新和团队合作的文化，然而，这些理念在实际操作中往往受到金字塔式组织结构的限制，难以得到真正的实施。因此，这些实际存在的问题会持续削弱员工的积极性，从而影响企业达到预期绩效的能力。

那么，为了获得卓越表现，我们要做什么？到底从哪里入手呢？那就是"第一次就把事情做对"，或者说第一次就把正确的事做正确。它包含四个方面：正确的事、正确做事、第一次和每一次。涉及管理的战略与方向、执行与效率以及效果与竞争力问题，或具体落实到两方面的管理：关系管理和业务管理。

关系管理的焦点在于诚信和信誉，也就是要动态地识别与满足客户、员工和供应商以及利益相关方的需求，以便获取资源，高效运营，保持盈利和可持续发展。而当我们处理业务时，管理的要点在于提升效率和效能，无论是开展销售、研发、采购、制造、物流和服务业务，还是从事各种财务、行政、质量、人力、

IT等工作，都要求我们的绩效表现必须比竞争对手做得更好、更快、更经济，也就是第一次就把事情做对、次次把事情做对。

这时，反观引领时尚的"质量奖卓越绩效模式"，可谓"让我欢喜、让我忧"。喜的是，质量管理已深度融入企业经营管理，建立了实现卓越的政策与方向，以及控制与维护系统，并达到了预期的"卓越"结果。这标志着质量管理在企业中找到了自己的位置。但忧的是，有人误以为能上高速公路即表现"卓越"，认为取得上高速的资格后可高枕无忧，导致只追求表面形式上的符合，而忘掉了背后的文化塑造；把关注点放在结婚证书的维持上，而不再去修炼人生、享受生活、追求幸福了。

结婚证书本身没错，而是持证书的人错了，"卓越绩效模式"没错，而是实施该模式的组织错了；**结婚证书不能自动地带来幸福，"卓越绩效模式"同样也不能当然地产生卓越的表现；幸福不是婚姻制度的结果，卓越表现也不可能是卓越模式的结晶。**

因为，**卓越绩效不是旅途的终点，而是一种旅行的方式。**

## 案例分享：行长的觉醒

在这个飞速发展的时代，银行业务正面临着前所未有的挑战和机遇。作为一家大型银行的主席，我一直自豪于我们的多元化服务和在行业内的尊敬地位。我们的员工众多，分行遍布，利润可观，客户忠诚。然而，一个偶然的机会，却让我开始重新审视我们的业务模式和服务质量，开启了银行业务新视野的探索之旅。

一次陪伴母亲考察安老院的经历，竟意外地让我遇到了一位对我们银行失去信任的老客户。她的直言不讳震撼了我，也让我意识到，尽管我们是一家表面上看起来成功的银行，但在服务质量和客户信任方面，我们仍有很大的改进空间。这位老妇人因为一位关键员工的离职和后续的疏忽，遭受了不必要的困扰，这让我深感不安。我决定亲自介入，解决这个问题，并以此为契机，对我们的银行进行一次全面的内部审视。

通过这次经历，我发现了我们银行在多个方面**存在的问题**：缺乏质量政策、员工培训不足、对职位要求的不明确以及管理层对错误的宽容态度。这些问题不仅影响了客户的满意度和信任度，也影响了我们的内部效率和员工的工作积极性。

为了解决这些问题，我们求助于克劳士比学院，开始创建"一个可信赖的组织"。这需要我们从根本上改变管理理念，建立质量政策，明确工作要求，并提供员工培训。最重要的是，我们需要改变管理层的观念，将错误视为改进的机会，而不是商业活动中不可避免的一部分。

这一转变并不容易，但我们坚持不懈。我每月至少带领其他行政人员逐一访问各个部门，亲自了解情况，寻找改进的机会。随着时间的推移，我们的努力开始显现成效。员工的工作积极性提高了，客户的满意度和信任度也在逐渐恢复。

我们的旅程还远未结束。在银行业务的新视野中，我们需要不断地探索和改进。只有不断求新求变，才能在这个竞争激烈的市场中保持领先地位。我们的目标不仅是成为一家利润丰厚的银行，更重要的是成为一家客户信赖、员工自豪的银行。

这次经历教会了我许多宝贵的教训。它不仅仅是关于如何经营一家银行的问题，更是关于如何在变化中寻找稳定，如何在挑战中寻找机遇的问题。我相信，只要我们持续努力，不断改进，我们的银行将能够迎接更加光明的未来。

## 要点概览

❖ 质量管理实际上是一门充满热情的艺术，它总是与工作、生活和激情紧密相连。所以，当我们谈论质量管理的时候，我们其实是在谈论一种生活态度，一种对美好生活的不懈追求。

❖ 管理无"定式"，但管理有"定则"。

❖ 克劳士比管理思想的特点是："做而论道、道而行之，且一以贯之。"

❖ 如果我们不明白一个组织、一个企业为什么生存，那么谈论质量管理还有什么意义。

❖ 所有的组织都有一个共同的目的，那就是提供一种期望或者是需要的一种解决的方案，或者是解决之道。

❖ 任何一个组织都代表了客户、员工和供应商三个方面的利益，缺一不可，相互平衡，否则无法可持续发展。

❖ 质量（Q）是组织的骨骼，财务（F）是组织的血液，而关系（R）是组织的灵魂。它们是一个整体，不可分割。这就是所谓的完整性。

❖ 完整性的"三个原则"，即帮助员工成功、帮助供应商成功、帮助客户成功。

❖ 管理的理论就是这样，简单，往往具有实效，而招式越烦琐越容易走火入魔。真理都是朴素无华的。

❖ 工作的两大要素，业务和关系，它们是不可分割的。

❖ 翻开西方管理学的历史，就不难发现一个规律：时间和人际，或科学理性与人文主义这两大主题或管理思潮的交替与融合。

❖ 一个完整的组织系统是包含三大协同互动的流程的，好比中医所谓的"任督冲三脉"。

❖ 思想上的缺陷必然会导致行动上的偏差，而行动的偏差，必将带来巨大的浪费。

❖ "卓越绩效"不是目的，而是手段，更是一个过程。一个不断挑战自我，从平庸到优秀、再从优秀到卓越并持续保持卓越的过程。

❖ "卓越绩效"取决于组织的目的，而组织的目的最终取决于人的目的或人性的需要。

❖ 在正式组织后面隐藏着的非正式的组织，在物理背后隐藏着的心理层面的东西，在数学逻辑背后藏着的情感逻辑。

❖ 第一次就把正确的事做正确，它包含四个方面：正确的事、正确做事、第一次和每一次。

❖ 结婚证书不能自动地带来幸福，"卓越绩效模式"同样也不能当然地产生卓越的表现；幸福不是婚姻制度的结果，卓越表现也不可能是卓越模式的结晶。

# 第 4 章
## "失落的文明"：卓越改进背后的故事

在实际工作中，我们往往会掉进一个"迷宫"，忘了来时的路，也不知道该走向何方，只能在迷宫里越走越远。很多企业消亡了，很多企业由大变小，是什么原因造成的？答案就是我们的"传统智慧"形成的"迷宫"。

### 跳出传统智慧的"黑匣子"

究竟什么才是"传统智慧"？先看一个简单的故事。

新娘子婚后急于表现自己的贤惠，主动要求给新郎做早餐。新郎很高兴。新娘把一根烤香肠放到了一个大小合适的盘子里，再把香肠切掉了一块。新郎很纳闷，香肠装在盘子里大小刚合适，为什么要切一块呢？新娘回答，做这道菜就要这么切一刀，自己是从妈妈那里学会的。

后来他去岳母家的时候提出要吃这道菜。只见岳母拿出一个很大的盘子，然后再把原本合适的香肠切掉一块。他追问岳母为什么这样做。岳母慈爱地回答："傻孩子，这有什么可问的？做这个菜就要这样做，我是跟我母亲学的。"

幸运的是，老太太还健在。他去拜访了老太太，结果令他豁然开朗：老太太说过去的盘子都很小，可香肠又很长，只有切掉一点才能盛在盘子里。答案就这么简单。

这就是所谓的"失落的文明"，也是我们所说的"传统智慧"或"团体迷思"①，是阻碍我们获得成功的"迷宫"。"切掉一点"在过去原本是一种成功的做法，我相信很多企业都有自己商海沉浮多年积累的宝贵经验，但时过境迁之后，这些经验是否还依然奏效呢？

**实验的启示**

我想跟大家一起分享两个很有趣的实验。

第一个实验是非常有名的跳蚤实验。

科学家准备好一个容器，抓一把跳蚤放到里面。会出现什么现象？显然，跳蚤会拼命跳。过一段时间，拿一个透明玻璃盖住容器口，进行观察记录。再过一段时间，我们把玻璃盖拿下来，再进行观察记录。这样会发现五种情况：第一种情况，跳蚤继续跳；第二种情况，跳蚤不跳了；第三种情况，跳蚤跳得有气无力；第四种情况，跳蚤跳出了容器；第五种情况，跳蚤死了——不是累死的，也不是憋死的，而是悲壮而死。

接下来，我们再看另外一个著名的实验——猴子实验。

在一个大型围栏中，放置了五只猴子，并在笼子的显眼位置上方挂了一串诱人的香蕉。当猴子们看到香蕉并跃跃欲试时，科学家会用高压水枪给予它们一定的"教训"。经过一段时间的试验，猴子们不再尝试跳跃摘取香蕉。这是否意味着猴子们已经学会了更为理智的行为，还是它们已经被环境所驯化？

随后，科学家进行了进一步的操作。他们将其中一只较为年长的猴子替换为一只新猴子。新猴子对环境一无所知，看到香蕉后立刻展现出本能的跳跃行为。然而，它的这一行为立即引来了水枪的喷射，很快，新猴子也选择了放弃。

---

① 传统智慧或团体迷思（Conventional wisdom or Groupthink），皆为社会心理现象。前者为大部分人都认可的看法或观点，它包含了各种主观因素；后者为群体内部出现的一种心理现象：因为渴望和谐或统一而导致不理性或者功能失常的决策。

接下来，他们同时引入了两只新猴子。这两只猴子在看到香蕉后，也表现出了跳跃的意愿。然而，它们的行为却受到了其他猴子的制止。尽管如此，其中一只新猴子仍然选择了跳跃，结果导致所有的猴子都受到了水枪的喷射。这次经历让新猴子迅速认识到，跳跃并不是一个好的选择。

最终，他们将剩下的两只老猴子移出围栏，并停止了水枪的喷射。然而，令人惊讶的是，尽管已经没有了任何形式的惩罚，猴子们却依然不敢尝试跳跃摘取香蕉。"不许跳"已经成为这个猴子群体内部不成文的规则。

## 师生对话

**杨钢**：故事讲完了，我们来思考一个问题："透明的玻璃"意味着什么？

**学员**：代表游戏规则，暗指限制条件。

**杨钢**：但后来没有玻璃盖了，但跳蚤还是不跳。

**众学员**：习惯形成的行为定式，惯性思维，经验主义，从众心理。

**杨钢**：这是其一。其实整个社会，包括小团体都有自己的习惯定势。还有没有其他答案？

**众学员**：固有的制度、机制形成的"天花板"，惧怕风险、变化的普遍心态。

**杨钢**：大家有没有发现，我们提到的这些都是一些心理学范畴的知识，如条件反射、心理定势、惯性思维、心态等，而不是一些物理或化学上的原因。**当我们作为工程师的时候，面对机器、零件，需要的多是物理学、数学和其他学科的知识，而当我们成为管理者的时候，面对的多是业务和关系的问题，可能就需要更多的心理学和哲学的知识了。**

显然，透明的玻璃寓意着无形的组织制度、习惯和文化。怎样做到破旧立新，而不被旧观念、旧制度束缚住？我们总说要改变，但关键是变什么？怎么变？事实上，我们都知道路在哪里，可就是不愿意去找！

克劳士比一直强调，人类对世界的认识永远是有限的，再加上我们总在强调"人非圣贤，孰能无过"，于是，错误的出现就被认为是理所当然的了。果真是这样吗？

## "洞穴寓言"影响你的思维模式

我曾经在《第一次把事情做对》里借助一个西方思想的原型性的东西——哲学家柏拉图在《理想国》[①]里面讲的"洞穴寓言",来表现书中的人物在斯芬克斯岛的秘洞里寻找宝藏的故事。书中那个最后的探宝者汉唐(特意将这个角色安排成一名中国人)走出洞穴,找到了"宝藏":写在羊皮卷上的秘密——第一次把事情做对!这就是"柏拉图密码"。因为它实际上是在回答那个著名的问题:走出洞穴后的人该怎么办?

"洞穴寓言"是柏拉图借苏格拉底之口说的:有一群没有受过教化的人从小就住在洞穴里,面壁而坐,身体和头颈都被束缚着无法转动。身后有一堵矮墙,再远处是篝火:在墙和火之间有一条通道,人来人往,拿着各种东西,影子投射到洞壁上,就像木偶戏那样。久而久之,这些人就把眼前的影像当成真实的世界,而且还在努力地发现其中光影变化的规律。那么,请设想一下——柏拉图把问题抛给了我们——"如果他们被解除禁锢,矫正迷误,你认为这时他们会怎样呢?"后人又进一步去想:如果他们走出了洞穴又会怎样呢?

于是,果真有一个人挣脱了束缚,站了起来,循着火光走去,一路走着,最终走出了洞穴。他突然发现了:洞外面才是阳光灿烂、鸟语花香的世界。这时,他想到自己的家人和同伴还在洞里面。于是他又转身进洞,想把真相告诉他们,把他们带出洞来。那么结果又会怎么样呢?大家不妨猜一下。

### 错误的假设

现实中,我们常常被假象蒙蔽——天天面对光影,以为那就是真实的,但事实不是这样,光影只是光源的外在表现。当然,自古以来,我们人类对世界的认识永远是有局限的,但是如果我们又给自己一个假设,一个合理的,甚至"科学的"解释,又会发生什么情况呢?

数学证明,没有绝对的零,只有无限趋于 0。物理学证明,凡事物都有偏差,

---

[①] 柏拉图,理想国(第七卷),汉译世界学术名著丛书,北京:商务印书馆,1985.

只能持续减少偏差。而我们人自身对自己又有**一个先天的有缺陷的错误的假设**：人非圣贤，孰能无过。只有上帝是无所不知的，我们人一定是要犯错误的。

**一个对事理的假设，再加上一个对人性的假设，让我们产生了一种思维定式：工作中充满错误是理所当然的，让步和妥协是正确的。**20 世纪 60 年代，有一个人突然对此提出了异议：当你面对私事的时候，你就不会认为犯错误是可以原谅的了——领工资的时候，你不会希望少领 100 元；到医院看病的时候，你不会原谅医生开错药；吃饭的时候，你不会同意把菜吃到鼻子里……这个人就是克劳士比。他认为，在个人生活中，我们完全不允许错误地发生，但在工作中就认为出现错误在所难免。这种想法本身就值得商榷。他由此发轫，提出了零缺陷的管理思想，并在随后的岁月里将其一步步发展壮大。

因此，零缺陷管理思想，针对的是人本身。事物上出现的偏差也源于人的思想误差，也就是说，**人们在头脑中允许了缺陷产生，缺陷才会一直存在。**

记得麦肯锡咨询公司的老板曾这么说过：**企业倒闭最常见的原因不是因为对正确的问题提出了错误的答案，而是因为对错误的问题提出了正确的答案。**究其原因在于把决策建立在错误的假设上，最后一点点地把自己逼进了死路。用克劳士比的话说，我们应该注意的地方，不是把正确的事做错了，而是努力把错误的事情做正确。

所以，**要想消除事物上的缺陷，我们首先应该治理人头脑上的缺陷。**零缺陷管理是正本清源之法，从源头抓起；**预防必须从源头抓起，从人的思想开始，而不是采用工具。**

## 质量改进的"症结"何在？

对于很大部分企业来说，业务过程中的缺陷率制约了企业获得卓越绩效。很多企业希望通过质量改进获得业绩的增长。但质量改进对于企业究竟意味着什么？对于管理者又意味着什么？可能很多人对此并没有深入研究。

其实作为质量管理者，我们不得不注意的是：成功推进质量改进，需要先解决很多问题。我把这些问题叫病毒或病毒的变体[①]。换句话说，想做好质量改进就要先做好杀毒工作，我们不妨先来看看这些病毒：

**1. 把质量改进当作一个方案，而不是一个过程。** 两者有什么区别呢？打个形象的比方，方案好比生个孩子，而过程则是把孩子养大成人、成才。大家在实际工作中应用了很多时下流行的理论、方法和工具，QCC、TQC、ISO 9000 自不待言，Lean、6σ 以及"五大工具"也都尝试了。但只是把他们当成一个方案，而不是完整的过程，这就是为什么所付出的总是得不到相应回报的关键原因了。

**2. 所有的方案都是针对基层实施的。** 很多企业嚷着"我要减肥"，可具体怎么减呢？也很简单，让一线员工去减，而高层依然可以大吃大喝。企业领导要求"进入办公区域不得吸烟"，可实际上呢，员工不吸烟了，可领导照吸不误。

**3. 执行人员抱着怀疑的态度。** 在当今这个急功近利的社会，企业也都希望能找到一颗能使企业药到病除、包治百病的灵丹妙药。于是，他们尝试了许多的方法和工具，并且一直游荡于各个改进方案之间。但终究像狗熊掰棒子一样，没有实质性的收获。也就造成人们不再相信高层的决策了。

**4. 管理层没有耐心坚持到最后。** 试想一下，如果管理层总是急功近利，对现行的管理理念半信半疑，持有不信任、不坚定的态度，那么，企业怎么可能不在同一个泥潭里挣扎、折腾，浪费宝贵的时间和精力。

**病毒的变体**

质量管理携带着太多太多的病毒。大家不妨做一个简单的统计——从自己的企业里面随便问几个人：质量到底是什么？质量管理到底是干什么？你把人们说的全部汇总起来，就会发现无非是：质量是美好的东西，闪光的东西，漂亮的东西等。最后就概括成一句话：质量就是"好"。而好的东西是说不清，道不明，无

---

[①] 菲利浦·克劳士比，质量无泪：消除困扰的管理艺术，北京：中国财政经济出版社，2002.

法衡量的。

于是，各种问题或误解就产生了。

**生产和质量的对立**

有一家企业的生产部和质量部发生了对峙，原因何在？

这家企业是做标准产品的，过去每个批次产品的产量都比较大，在质量部门的把关下，生产活动还算井然有序。但随着市场的日趋个性化，企业接到的订单批量越来越小，非标产品越来越多。这意味着什么？意味着生产部门找不到可以"从一而终"的标准了。在这种情况下，如果大家还是用"好""很棒"这样的词语来定义质量，自然会出现"公说公有理、婆说婆有理"的局面——生产部门认为自己已经做得够好了，但质量部门还在摇头。无奈下，只能让上一级管理者评定。可糟糕的是，很多上级管理者的办法是"先交货"，"下不为例"！他们认为只要客户能接受，产品质量就是"好"的。

时间一长，大家都认为根本没办法对质量进行评估，企业各部门也会站在自身利益上思考问题，生产与质量部门之间的矛盾会不断加深，甚至势同水火。这是质量管理中常见的问题之一。这也正是为什么我的"一根小划痕的故事"[1]能够引起广泛共鸣的原因所在。

再者，我们常说质量是有经济成本的，尤其是一些生产企业，强调"一分钱一分货"，但事实是怎样的呢？

**质量和成本的矛盾**

质量和成本是不是成正比关系？

一家经营钢轴制品的企业，他们正在做一项改进：升级计量控制，确保操作者了解计算机技术并能正确校准所有的量具。改进完成后他们做了一个简单的统计，发现改进前和改进后的数据轴数是一样的，但合格率不一样。也就是说，改进前后企业的财务状况发生了变化。

---

[1] 杨钢. 质与量的战争（第3版），北京：中华工商联合出版社，2024.

老总恍然大悟，由于做了改进工作，产品的缺陷率降低了。这直接证明企业在质量上所做的改进，降低了企业成本，因此，**质量和成本之间是正相关的。**

某钢轴制造厂，生产高公差合金钢轴，他们开始了一项质量改进项目，以升级计量器具控制，目的在于：确保操作者了解正确使用计量器具的技术；正确地校准所有的量具。结果显示，如表4–1所示，这项改进措施，由于消除了不精确的测量手段所造成的错误和缺陷，提高了产品质量，降低了成本。

表4–1　质量改进前后对比

| 平均每批产品 | 之前 | 之后 |
|---|---|---|
| 生产轴数量（个） | 400 | 400 |
| 终检拒改的轴（均数）（个） | 26.4 | 4.4 |
| 退回的轴（均数）（个） | 18 | 0 |
| 轴的合格率 | 88.9% | 98.9% |
| 轴的合格总数（个） | 356 | 396 |
| 每批成本 ||| 
| 总人工、材料、机时和杂费（元） | 24480.00 | 24480.00 |
| 财务影响 |||
| 每个合格轴的总成本（元） | 68.76 | 61.82 |
| 每个合格轴的售价（元） | 106.15 | 106.15 |
| 总销售额（元） | 37789.40 | 42035.40 |
| 毛利润（元） | 13310.84 | 17554.68 |

- 对质量的影响：不合格率从11.1%降到1.2%
- 对成本的影响：每个合格轴的成本降为61.82元
- 由于削减了不符合要求的代价，结果增加毛利4243.84元

**质量与进度无关**

我们再来看另一个错误的观念：很多从事具体生产活动的人都认为只要严格执行计划表，能否准时发货就与质量好坏无关。但事实是：缺陷率的降低可以提

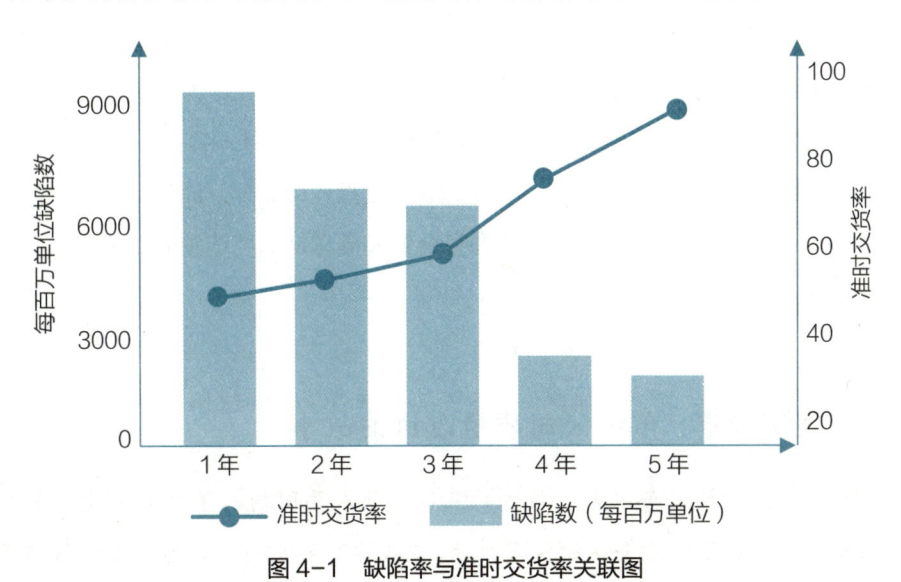

升交货的绩效。从以下案例中可以清楚地看到这点，如图4-1所示。

图4-1 缺陷率与准时交货率关联图

某电子产品制造厂，在五年中将每百万件产品的缺陷数从8700个降低到1500个，同时准时交货的水平从59%提升到94%。削减缺陷率与改进准时交货率，完全归功于质量改进的成果。

**质量与员工博弈**

有一种观点是：所有的质量问题都是一线员工造成的。因为实际工作中，很多质量问题都出现在一线生产上，大家就认为既然一线人员是直接接触产品的人，那他们理应对质量问题负责。因此在很多管理层看来，所谓的浪费就是返工、返修与报废，超时加班，所以有些企业计算质量成本时发现非常低，只占总成本的1%~2%，若按销售额也仅有千分之一，甚至万分之几。

有一家企业每年拿出1000多万元付给IBM公司，请后者为其做质量管理。该企业的财务总监对我说，IBM计算出他们企业一年的质量成本仅占销售额的2%，但他自己认为不大可能。这位总监觉得自己企业里有很多问题，质量管理成熟度也不高，质量成本怎么可能只有2%？我问他：如果你们的视野不能只停留在那些看得见的地方，则会是多少？他回答说：虽没有克劳士比说的20%，但至少10%！

有关质量成本与质量损失（PONC）的含义我们在后面章节会详加解释的。在这里，我们只能说：大部分隐形成本是在冰山之下的，一旦把问题和过程展开，就会发现那些额外浪费是何等巨大。**真相是，白领人员直接或间接造成的质量损失是基层蓝领人员造成损失的 3~5 倍！占了全部质量损失的 50% 以上。**[①] 一项实证研究表明：**全部质量损失的 75% 都隐藏在了管理视野之外，而它们基本上都与白领的损失成本有关。**[②] 如此，企业高管金领人员又是基层蓝领人员造成损失的多少倍呢？

## 案例分享：布尔公司质量改进的故事

七月末，肯特·布尔先生与他的三位合伙人共同踏入了克劳士比质量学院的大门，开启了一段全新的学习之旅。"从学院毕业的那天起，我们仿佛获得了一把解锁新世界的钥匙，"布尔丁先生满怀激情地说道，"我们开始摒弃那些陈旧的、无效的做法，取而代之的是一套全新的质量理念。"

### 成本削减：从小事做起

在布尔公司的皮革中心，行政部门是"质量改进过程"（QIP）实际应用的鲜活案例。其中，财务和人力资源部门的"改进行动团队"（CAT）尤为引人注目。这支团队对部门的运作进行了细致入微的审查，并着重于降低成本。例如，为了降低长途电话费用，他们组建了一个专门的 CAT，仅仅三个月内，长途电话费用就成功降低了 25%。负责该项目的零售部财务经理卡沃斯感慨道："仅仅是增强员工的成本意识，就能带来如此显著的变化，这真是令人难以置信。"

人力资源总监汉娜也是"质量改进团队"（QIT）的重要成员，她负责推动"错误根源消除"（ECR）或"麻烦消除系统"的改进。由于公司的大部分

---

[①] H. James Harrington（詹姆斯·哈灵顿），Poor-Quality Cost（劣质质量成本），ASQC Quality Press（ASQ 质量出版社），1987.

[②] Hawley Atkinson, Justifying a Quality Initiative to Top Management, Society of Manufacturing Engineers, Detroit, Mich., 1990.

生产人员都是西班牙人，因此确保系统的双语性至关重要。"员工们对新的系统形式越来越熟悉，使用频率也在不断提高。"她介绍道。事实上，原先近 500 种形式的 ECR 已经过时，其中 90% 已被淘汰，取而代之的是更加高效、实用的新版本。

### 全面评估：质量改进的助推器

皮革中心所进行的评估的数量，以及各领域（生产、运输、零售、行政）接受评估的对象的数量的确给人留下了深刻印象。事实上，在商品陈列室里，评估表格是公开展示的，客户们都能看到，"这样做是为了告诉客户，质量对我们来说不仅仅是一个词而已，它不是口头上的漂亮话。"博尔克解释说。

生产部门所进行的评估包括产量，或者每张兽皮事实上得到利用的皮革的数量。目标是至少对兽皮的 75% 加以利用；对真实的产量进行跟踪并做出评估。每张兽皮在进厂之前，相关信息都被录入了电脑，而且还贴上了条形码。原料进入生产车间的时候，刀具会通过接入计算机的电子仪器对条形码进行扫描，然后再通过这台仪器输入使用的具体型号的相关数据，以及从那块皮革上切下来的样品的数量。然后，系统会计算出产量，并且对刀具、家具型号，以及皮革种类进行实时跟踪。

另一方面，皮革中心的工作人员对评估和目标设置的重要性深信不疑，以至于很多工作人员都设定了自己个人的质量改进目标，例如减肥、戒烟等。事实上，公司将他们的名字以及取得的进步贴在办公室走廊上的"公布栏"里——员工们的突出表现以及有关质量改进过程的报告都会在这里向同事们公布，公司通过这种形式体现对员工们的认可和肯定。

皮革中心进行的所有评估都是 QIP 实施以来公司文化发生重大变化的另一个征兆。"这一过程的确改变了我们作为一家公司的整个工作方式，"迈克说，"以前，我们的做法是盲目地向各个方向散射，现在，我们在做出反应之前会多思考思考了，而且在做出承诺前我们还会事先对其进行验证。我们因此学会了真正理解各种数字。"

### 高层引领：从财务底线开始的改变

公司全体员工对肯特·布尔以及皮革中心其他管理层的承诺均表示高度认可与坚定信任。我们坚信，他们能够引领 QIP 走向成功，助力公司摆脱财务困境，实现卓越的转型。布尔先生坦诚地表示："我们对质量改进的承诺近乎执着。"他与合作伙伴们正面临着重重困难，但他们始终秉持着坚定的信念前行。例如，当差旅与娱乐开支 CAT 提出具体指导方针时，高层管理团队会立即遵循执行。布尔先生进一步指出："如今，我不得不自掏腰包来支付这些开支，因为我坚决遵守规则。若仔细审查（可允许的支出费用），我也会与其他人一样受到严格约束。"

显然，布尔先生对于"质量免费"的观念已经发生了深刻转变。他不再是那个对此漠不关心的管理者，而是成为 QIP 的坚定倡导者。他表示："无论身处何地，我都会抓住一切机会谈论质量的重要性。"他已经向组织外部的人发放了约 200 至 300 份"质量免费"的宣传资料，并坚信其有效性。他强调说："它真的很有效！"

在短短不到两年的时间里，皮革中心的 PONC 从 1900 万美元降至 900 万美元以下，资产负债表也再次恢复了健康。这些令人瞩目的成果不仅证明了质量改进的巨大潜力，也为布尔公司的未来发展奠定了坚实的基础。

## 要点概览

❖ 当我们作为工程师的时候，面对机器、零件，需要的多是物理学、数学和其他学科的知识，而当我们成为管理者的时候，面对的多是业务和关系的问题，可能就需要更多的心理学和哲学的知识了。

❖ 一个对事理的假设，再加上一个对人性的假设，让我们产生了一种思维定式：工作中充满错误是理所当然的，让步和妥协是正确的。

❖ 企业倒闭最常见的原因不是因为对正确的问题提出了错误的答案，而是因为对错误的问题提出了正确的答案。

- ❖ 要想消除事物上的缺陷，我们首先应该治理人头脑上的缺陷。
- ❖ 真相是，白领人员直接或间接造成的质量损失是基层蓝领人员造成损失的3~5倍！占了全部质量损失的50%以上……全部质量损失的75%都隐藏在了管理视野之外，而它们基本上都与白领的损失成本有关。

# 第 5 章
## 发现质量"真相":铁打的营盘流水的兵

为什么采购部门、生产部门、计划部门、研发部门总是和质量部门打架?如果现阶段我们企业的质量部门和其他部门之间没有矛盾,那又是什么问题?

**"克劳士比诘难"**

真相就在于质量部门——代表客户或者站在客户的角度来看待业务过程,而其他部门,比如销售部门,制造部门、技术部门、研发部门则更多地站在自己部门的角度上来看待问题。所以必定会产生矛盾,关键是我们要知道矛盾的焦点在哪里。

质量部门的人所要做的,就是要打破其他部门的条条框框,拉通"端到端"业务链条,把工作思路引到客户身上。这实质上是一项企业内部客户化的改造工程,不啻为一场质量文化的变革。所以质量负责人应该有很强的使命感,因为自己知道,整件事情对于企业的未来发展意味着什么。

但要成功地做到这些,挑战非常巨大,需要再次静下心来思考一下著名的"克劳士比诘难"之五大问题。

首先询问公司高级管理者:公司要不要质量?如果你得到的答案是"要"。那么,你就可以进行逼问了。

公司的经营管理工作想从质量中获得什么结果?

为获得这些结果，应该采取哪些战略举措？

如果你不跟你的领导谈这两个问题，就很难找到自己的价值定位。而一旦你找到了自己的位置，接下来就应该跟各位经理主管进一步沟通确认：怎样衡量工作进展情况，从而得知何时可获得那些结果？

最后，则是你和你的下属要天天思考的问题：怎么才能保证已经获得的结果会长久不衰？再就是要动员上上下下的管理者共同去思考和落实的问题：怎么才能保证我们会持续地获得进一步的结果？

但遗憾的是，大部分的质量经理和主管都在负责后面这项工作，像老黄牛那样只埋头拉车，不抬头看路，不知道公司想从质量管理中获得什么，也不知道公司会采取什么样的战略，只见树木不见森林；再则，如果不清楚怎么衡量所做的工作，又怎么能保证获得的结果会长久不衰呢？最终只能是不断地就事论事，按下葫芦起来瓢，天天忙着"救火"，却得不到别人的半句赞美。所以，大家一定要多花点时间研究一下"克劳士比诘难"。只有战略方向清晰，战术直接明了，实施的路径和流程才会变得简单易行。

## 某质量管理的语言：是警察还是保健医生

我们常讲，**质量人的内心必须充满使命感，但光有使命感显然是不行的，还一定要掌握质量管理的"语言"**。现在很多质量管理者走进了一个死胡同，这是很可悲的。当年克劳士比在马丁公司的时候，该公司一个非常有名的律师悄悄把克劳士比拉到一边说："你这么聪明的人，我实在想不明白你干吗要钻质量这个死胡同呢？"就这一句话，激起了克劳士比的雄心壮志——一定要做出点儿成绩来。

### 质量真是"死胡同"吗？

为什么说质量管理走进了一个死胡同，这缘于很多质量管理者们忽视了企业的前门——用户体验、客户需求、产品设计、员工潜能，而把注意力集中在企业的后门——生产制造、测试验收、售后服务上了。他们只会天天救火，每天修补，天天为解决问题而烦恼，陷入困境中。质管部变成了"警察局"，而不是企业的"医务室"或"保健科"。大家想，谁会喜欢自己身边总有一位虎视眈眈的警察呢？大部分人更愿意亲近有仁心的医者吧！

但有些企业说我们质量部门现阶段要做的应该是医院加警察的双重职能——坐在办公室是医生，到了现场就变成了警察。当然这要取决于你们企业的质量管理成熟度，但有一点是不变的，**质量管理的使命就是帮助整个组织成为有价值、可信赖的组织。**

## 师生对话

**杨钢**：这里有一个问题，我问一下大家：一家企业的产品是什么？你们怎么回答？

**学员**：我们企业的产品是手机。

**杨钢**：手机是一种具体的、可销售的产品。但如果我问你们企业"管理者的产品"是什么的时候，大家觉得应该怎样来回答呢？

**众学员**：降低成本，提高效益，构建好的制度。

**杨钢**：我们再抽象一点讲，"管理的产品"是什么？

**学员**：绩效、效益。

**杨钢**：仅仅是效益吗？

**众学员**：提供让客户满意的服务，保证组织的健康发展。

**杨钢**：能否进一步延伸答案？组织能够健康发展的目的是什么？

**众学员**：企业的质量，提高效益水平，客户满意，企业品牌。

**杨钢**：答案很多。自古军营有一句话：*铁打的营盘流水的兵*。如果把企业比作军营，显然我们都知道，企业的产品在变，人员在流动，设备会变，厂房逐渐折旧，那么，这些都是"流水的兵"。那么，企业里"铁打的营盘"是什么？

**众学员**：地产、厂房、组织。

**杨钢**：什么组织？这就是我们要思考的。**任何一个组织都应该建立一个**

"铁打的营盘",我们也称为"可信赖产品",它也是百年老店的精髓——产品可变,人员可变,设计可变,只有组织不能变。如何做到这一点,我称之为"质量人的使命"。

### 质量人的使命

"质量人"是一群什么样的人?不仅能专注于内部的质量管理,还能发现"洞穴"的秘密,然后回过头来告诉同伴:不要再被虚幻的现象迷惑了,要走出去。**那些能够把握时代脉搏和客户需求,并能够把人们带出"洞穴"的人可称之为"质量人"。**

想做到这一点,我们必须能和客户进行良性互动,面对时代的发展、科技的进步、网络智能的影响、客户意识的转变、市场变化的加速,能做到从容应对。想做到这些,我们就必须学会选择。选择什么?如图 5-1 所示,清楚地表明了竞争领域的演变、顾客的情绪与需求的变化以及管理重点的应变。

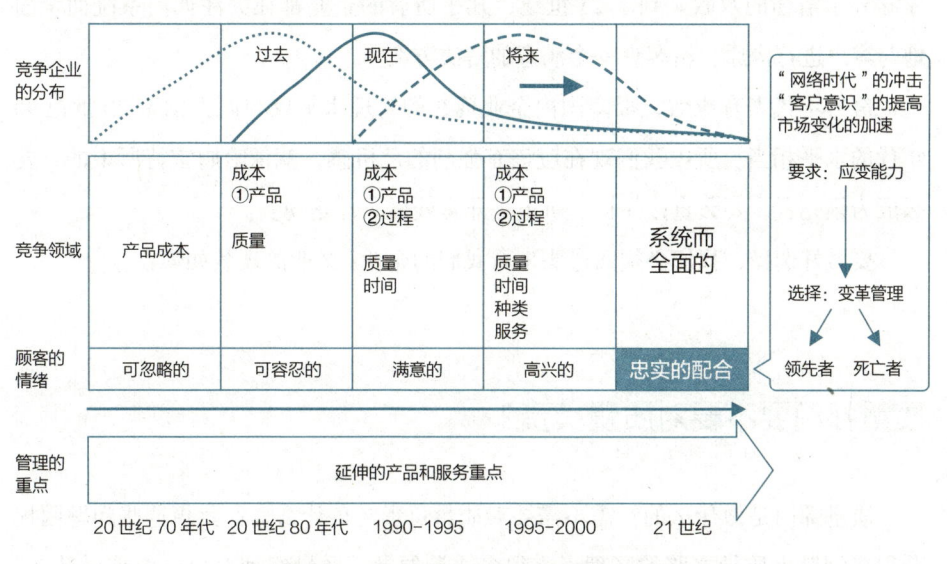

| 竞争企业的分布 | | 过去 | 现在 | 将来 | | "网络时代"的冲击<br>"客户意识"的提高<br>市场变化的加速 |
|---|---|---|---|---|---|---|
| 竞争领域 | 产品成本 | 成本<br>①产品<br>质量 | 成本<br>①产品<br>②过程<br>质量<br>时间 | 成本<br>①产品<br>②过程<br>质量<br>时间<br>种类<br>服务 | 系统而<br>全面的 | 要求:应变能力<br>↓<br>选择:变革管理 |
| 顾客的情绪 | 可忽略的 | 可容忍的 | 满意的 | 高兴的 | 忠实的配合 | 领先者　死亡者 |
| 管理的重点 | | 延伸的产品和服务重点 | | | | |
| | 20 世纪 70 年代 | 20 世纪 80 年代 | 1990-1995 | 1995-2000 | 21 世纪 | |

图 5-1 企业竞争领域及管理重点的变化

也许你心里在打鼓:这张图和我们谈的质量有什么关系呢?我有一个"品质口诀"可以作为它的注脚:"**抓品质即抓需求,品质即满足需求,价值即被需求,品质即价值。**"这是质量工作的核心,你应该熟记于心,我们在后面还会进行诠释的。

需要说明一下，这张图是美国企业站在20世纪80年代思考未来的质量竞争力时勾画出的。但对于一直在后面学习与模仿、跟随与超越的中国企业，同样可以读出许多意义，而且是不同的故事。

20世纪80年代，国内很多企业都是"皇帝的女儿不愁嫁"。遥想我2000年去上柴的时候，亲耳听他们说20世纪60年代根本不愁产品的销路；到了20世纪70年代，中国企业关注更多的是产量，想方设法地激励员工生产出更多的东西；到了20世纪80年代，很多西方企业在成本、质量方面进行了一些变革，但绝大多数国内企业依旧对客户的要求漠不关心。

20世纪80年代的时候，即使在首都北京，大部分企业也是没有"客户概念"的。那时候，我们在王府井用餐时，还看过服务员的脸色。到了20世纪90年代，由西方传入的质量、流程、质量成本、品牌、战略竞争来势汹汹，很多国内企业才睁开了懵懂的双眼。到了21世纪，几乎所有的企业都在关注如何系统而全面地与客户进行沟通，给客户一个满意的解决方案。

努力不代表有成效，很多国内企业现在的管理水平仅与西方国家20世纪90年代的水平相当。所以我们现在应该有强烈的危机感，就像哈姆雷特所说的，要么成为领先者，要么直接死亡。听上去非常残酷，却是现实。

要做好选择，我们必须回过头来看我们的企业：企业的现状如何？

## 质量部门要不要对质量负责？

质量部门是做什么的？需不需要对质量负责？负什么责？我想这些问题困扰着很多刚踏上质量之路的管理者。很多质量领导、质量经理对自己应该做什么，不该做什么，可能都还心存疑惑。而很多人，甚至包括企业的高管还认为："质量部门就应该对企业的质量负全责。"

"有所为"与"有所不为"的边界在哪里？这是令很多人头疼的问题。现实情况让我们更加烦恼——很多企业的质量管理者一直扮演着警察的角色，每天盯着企业里的小偷,防着大家违章。如果抓完小偷,罚完违章后,最后却要跟小偷一起被关进监狱,大家会怎么想?**发现麻烦的人,和制造麻烦的人一起接受惩罚,大家想想会导致什么结果?**

我每次说到这儿,都想跟大家分享一个克劳士比的故事[①]。

克劳士比先生当年到了ITT(国际电报电话公司)后,觉得该公司既然是一家长期盘踞世界500强榜单前十位的知名企业集团,其质量管理一定是一流的。但令人吃惊的是,他很快发现ITT的质量观念和其他普通公司一样,非常老旧和陈腐。克劳士比认为一定要敲打敲打大家,那他是怎么做的呢?

在一次ITT集团高管会议上,CEO吉宁让大家畅所欲言。话音刚落,市场总监就发言了,陈述完"政绩"后,他话锋一转:"但是,我们的客户还有抱怨,我们的质量还存在问题。"他的声音越来越小,但当时现场的79个人,有78个人的头转向了克劳士比。

### 问题的来源和出处

我在这里跟大家分享一下克劳士比的成功秘诀:**当你嘴里含着一颗珍珠的时候,不要随便吐出来,一定要在合适的场合、合适的时间、面对合适的人你再吐出来。**

当时,市场总监的话音落下,面对大家齐刷刷的目光,克劳士比心想:是吐珍珠的时候了。然后,不慌不忙地站起身来,手指着大家说:

"你们都不要看我!你知道我们质量人是干什么的吗?我们从来不设计一个产品,不制造一个产品,也不买一个产品,也不卖一个产品,我们只是帮助各位解决问题的。所以,不要指望我们每个人手上都有'金手指',所到之处所有问题都能解决掉。我可以清楚地告诉诸位,**根本就没有所谓的'质量问题'。我们应该换一种思维进行思考,从一个问题的来源和出处为它命

---

[①] 杨钢,质量无惑,北京:中国城市出版社,2002.

名，而不要笼统地把什么问题都归结为'质量问题'。

"换句话说，我们没有什么'质量问题'，有的只是销售问题、设计问题、工艺问题、采购问题、供应商问题、制造问题、安装问题、服务问题、行政问题、人力问题等。所以，我认为我们公司真正的质量杀手，就是在座的各位！我说完了。"

克劳士比坐下后，所有的人都低下高傲的头，不说话了。但从此以后，ITT公司在开质量会议的时候，没有人再提"质量问题"这几个字了，大家都开始谈论采购的原材料有什么问题，制造过程有什么可提升的地方，设计变更怎么获得改进等。

但大家要清楚，这样一来，并不意味着质量负责人就能置身事外了，相反，这种直击问题根源的做法对质量负责人提出了另一个要求。在此，我想问大家一个问题，一名质量负责人应该如何分配自己的工作时间？具体来说，一年中与大领导相处的时间是多少？与同事和下属在一起的时间呢？

## 师生对话

杨钢：优秀的质量经理是如何安排自己时间的呢？大家可以结合自身情况谈一谈。

学员：我们见大领导的机会很少，每年只有一次会议能见到他。

杨钢：大约占一年工作时间的多少呢？

学员：差不多5%。

杨钢：跟其他部门经理在一起的时间呢？

学员：差不多占47.5%。

杨钢：剩下的时间都跟你的员工在一起？

学员：对。

杨钢：我们常说，一个优秀的部门经理大都遵循"253"法则：20%的时间用来和高层讨论工作；50%，甚至60%的时间与各部门的经理在一起进行沟通和研讨；剩下 30% 或 20% 的时间花在指导下属的工作上。部门经理都应该学会怎么分配时间，而这也体现出一个人的工作能力，反映出他的工作方式。

**质量人的未来在哪里？**

质量人学习掌握了大量的工具与方法，并围绕着产品制造过程在一线加大检验与审核力度，增派人手，培训赋能，涌现出一批六西格玛绿带、黑带，也完成了许多项目，节省了许多钱，同时，公司也提升了质量部门的地位，选拔或外聘了优秀的质量经理或总监，并不断收获了许多政府荣誉，比如各级质量奖。但问题依然是问题，形式变了，真相未变。所以，大家希望寻求一条质量突破之路。

有的找到了个人职业突破的机会，坐上宝座后便唯恐掉下来，于是患得患失，不思进取，坐失企业质量变革的时机；有的则相反，找到了组织突破的机会，但由于个人权责的不匹配，而坐看春去秋来，落花流水；当然，也有的用项目节省的钱"误导"或"迷惑"了大家的眼光和心思，因而他们把对解决问题的关注转移到了"赚钱"上，或向管理层证明为此投入的培训费/项目费不仅没有亏，还有得赚。

但管理层很快从催眠中醒了过来：他们其实更关心问题的解决，而不是与质量"做交易"。于是吸引眼球的"质量成本"被冷处理了。于是，上上下下开始质问——要质量人何用？

是啊，质量人的核心价值何在？未来在哪里？如果依然是控制者、审核者、问题的解决者以及救火者肯定价值不大，即使努力成为培训者和教练，也是不会有未来的。因为如果不能抛弃传统的质量智慧与习惯，则无疑是玻璃器皿中的跳蚤，温水里的青蛙。

所以，问题就是答案。比如，为什么客户抱怨的问题即质量问题，因为客户的眼里只有质量，或他们只在乎质量，反过来，要让客户满意只有抓质量；换言之，客户能听懂的只是质量的语言，而非销售的语言、研发的语言、采购的语言、制造的语言、物流的语言，或人力资源的语言、财务的语言和行政的运营。这是显而易见的。

所以，这就意味着管理层的"三个必须"——必须把所有的语言统一到质量上面，必须用质量文化改造各种职能文化，必须用质量战略统驭以客户为中心的业务运营管理工作。这才是历史赋予质量人的机遇。但要抓住这个机会，必须先改变自我然后再推进质量组织的变革。

换言之，需要完成下面"五个转变"：

1. **转变理念**：从以物为本（围着产品/车转）转向以人为本（围着司机转）。

2. **转变焦点**：从产品质量转向关注工作质量和企业运营管理质量。

3. **转变方式**：由点到面，由制造到供应链，从供应链到业务运营管理的质量链。

4. **转变角色**：从业务的监督者、审核者与问题的解决者，转向业务的伙伴与专业教练，转向全业务链条的客户价值整合者。

5. **转变重心**：把工作的重心从组织推动群众性解决问题、参与质量活动或运动，转向领导、组织并推动整个公司质量文化的变革管理。

这才是质量人的核心价值的体现，也是质量人的未来所在。

## 调研发现

依据克劳士比中国学院的《质量人职场生存与发展调研报告》（2022）可知：中国质量人的群体特征、专业、晋级关键、受困状态、亟需提升的能力以及未来。

### 质量管理成熟度

接下来，我们要谈一个重要的内容。克劳士比基于其"过程作业模式"首创了著名的"质量管理成熟度"概念及其评估方格。从此，大家走出了认识的误区：原来管理不是好与坏的问题，而是成熟与否的问题；是组织由"不确定期"向"确定期"的五个阶段的成长与进步的问题，也是涉及组织领导的诚信度和组织健康度的问题。

世界各国、包括我们国家的质量奖模式或"卓越绩效模式"及其评估方式也都是基于这种成熟度模型设计出来的。卡内基·梅隆大学的软件工程学院正是基于这种模型，开发出风靡全球的软件业的"过程成熟度"模式，即 CMMI 认证[①]。它也影响了后来的许多管理模式和方法的应用与评估，比如，ISO 质量体系成熟度，精益生产成熟度，企业管理成熟度等。

克劳士比在《质量再免费》中说："**质量管理过程成熟度检查表将告知你原因，它使组织决定其所处的现状及前进的方向成为可能**。没必要那么精确，你只要能了解什么坏事在发生，以及如何改变方向去做好事即可。"

## 案例分享：质量管理的新境界

美国有一家拥有250人的私营企业，一直在行业里做得非常出色，突然有一天，企业高层得到一个情报：他们在南美、巴西的市场失掉了。于是，高层决定拿出一笔钱来进行技术革新和管理提升，并开始积极筹备上市。

公司 CEO 南希要求高管们找到一个可供他们学习的标杆企业，大家遵照执行。各部门经理很快拿回很多文件资料。南希对此很高兴。但两个多月一晃而过，公司里除了多了一些文件，大家的工作似乎还是按部就班，跟过去没区别。南希一筹莫展。在一次打高尔夫球的时候，南希偶遇克劳士比，于是赶紧询问后者能不能莅临他们公司，为他们做一个诊断。

克劳士比欣然应允，但要求南希先让高管们填写一份"质量管理成熟度评估表"。南希点头答应了。

到了约定的时间，克劳士比来到南希的企业，后者把高管们填好的评估表交给了他。克劳士比仔细查看，发现大家基本认为自己处在第二到第三阶段之间。看完后，克劳士比微笑着说："我对你们公司已经有了五点意见。"南希睁大眼睛表示不信，她觉得克劳士比连他们公司的椅子都没坐热，怎么可能就有答案了呢？但在克劳士比的坚持下，南希还是把高管们都召集起来开了个会。

---

① CMMI（Capability Maturity Model Integration）是"能力成熟度模型"的缩写，由美国国防部资助的卡内基·梅隆大学的软件工作研究所（SEI）牵头于1987年9月发布了一份能力成熟度框架以及一套成熟度问卷。CMM 自1987年开始实施认证，现已成为软件业最权威的评估认证体系。

大家落座后，克劳士比说出了他的五点意见：

第一，公司内部没有质量定义，大家经常就这个问题争论不休；

第二，采购部门的行事策略是，谁便宜就买谁的东西；

第三，售后和现场服务人员总在忙于应付那些有缺陷的东西；

第四，员工的士气比较低落，员工流动率高达25%；

最后，大家自我感觉都还不错。

大家的表情逐渐变得惊讶，最后财务经理打破了沉默："先生，我都怀疑您之前在我们公司当过卧底了！"

克劳士比笑了："其实以上意见全部来自你们给我的评估报告。并且，我已经为你们做了一个初步估算：你们每年浪费的金额高达600万美元。换句话说，要是能有效避免浪费，你们不需要上市也能获得足够的运营资金。"

散会后，在南希的带领下，他们开始重视起质量问题，按照零缺陷的管理模式，制定企业政策和目标，组建团队，不断进行自我激励。

半年后，在没有增加任何人力、物力的情况下，企业的税后利润提高了7.8%，员工流动率也下降到12%，销售额则翻了一番。

为了巩固成果并取得进一步成绩，公司在两三年后又推出了"成本改进分享计划"。计划规定，企业节省下的每一分钱都将按照一定系数分给大家。此后，企业的税后利润再次上扬，员工流动率在当月就降至3%，之后就一直在3%~5%徘徊。到了第四年，企业获得了美国质量奖。

从最开始下决心改进，到最后获得质量奖，这家企业用了短短四年时间，并且，四年内，员工的月薪翻了四倍！这才是质量管理的新境界！

你可以使用克劳士比的"质量管理成熟度评估方格"（QGGM）测试一下自己公司的质量管理成熟度，然后登陆"零缺陷"微信公众号，搜索"中国企业品质管理成熟度调研报告"进行对标，寻找差距，设定质量管理的目标。

## 要点概览

- 拉通"端到端"业务链条，把工作思路引到客户身上。这实质上是一项企业内部客户化的改造工程，不啻为一场质量文化的变革。
- 质量人的内心必须充满使命感，但光有使命感显然是不行的，还一定要掌握质量管理的"语言"。
- 任何一个组织都应该建立一个"铁打的营盘"，我们也称为"可信赖产品"，它也是百年老店的精髓——产品可变，人员可变，设计可变，只有组织不能变。
- 那些能够把握时代脉搏和客户需求，并能够把人们带出"洞穴"的人可称之为"质量人"。
- "品质口诀"：抓品质即抓需求，品质即满足需求，价值即被需求，品质即价值。
- 发现麻烦的人，和制造麻烦的人一起接受惩罚，大家想想会导致什么结果？
- 当你嘴里含着一颗珍珠的时候，不要随便吐出来，一定要在合适的场合、合适的时间、面对合适的人你再吐出来。
- 根本就没有所谓的"质量问题"。我们应该换一种思维进行思考，从一个问题的来源和出处为它命名，而不要笼统地把什么问题都归结为"质量问题"。
- 20%的时间用来和高层讨论工作；50%，甚至60%的时间与各部门的经理在一起进行沟通和研讨；剩下30%或20%的时间花在指导下属的工作上。
- 如果依然是控制者、审核者、问题的解决者以及救火者肯定价值不大，即使努力成为培训者和教练，也是不会有未来的。
- 为什么客户抱怨的问题即质量问题？因为客户的眼里只有质量，或他们只在乎质量，反过来，要让客户满意只有抓质量。
- 管理层的"三个必须"——必须把所有的语言统一到质量上面，必须用质量文化改造各种职能文化，必须用质量战略统驭以客户为中心的业务运营管理工作。

❖ 管理的最大妙处,就是突然有一天管理者能发现,所有问题的根源就是自己——一切问题都是管理的问题。

❖ 原来管理不是好与坏的问题,而是成熟与否的问题;是组织由"不确定期"向"确定期"的五个阶段的成长与进步的问题,也是涉及组织领导的诚信度和组织健康度的问题。

# 第6章
# 展开"质量光谱":重思质量管理

**企业为什么需要质量管理?**

企业为什么需要质量管理?或者说,质量管理能给企业带来什么?

第一,*质量管理可以影响经营管理*。其关键点是:如何在不增加资金和人员的情况下拓展企业能力?

第二,*质量管理影响企业资源*。质量管理可以有效地通过识别、分析和削减很多领域的PONC,实现优化企业资源的目的。这些领域包括:现金流、库存、生产车间、材料、物流、数据处理、工程设计、采购、销售、营销等。

第三,*质量管理影响员工*。没有质量管理,就没法提升个人价值,不能改进员工需求;也不可能由"要我做"变成"我要做",把外在压力变成员工的内在动力;更不能调动每名员工的积极性。此外,如果建设不好团队,员工满意度也会下降。

第四,*质量管理影响客户*。没有质量管理,想做到符合客户的要求,关注客户的质量改进过程,将客户期望转化为可衡量的要求……将非常困难。

第五,*质量管理影响供应商*。质量管理能帮助企业与供应商建立起良好的业务关系,提高自身战略竞争优势。

第六,*质量管理影响营销能力*。以质量管理为支撑,企业可获得各种认证与奖章,如ISO 9000、六西格玛等,进而提升企业品牌,提高企业的市场占有率。

纵观百年管理史,不由得要问一个明显的问题:**何以在管理学高度发达的今**

天，质量管理却一飞冲天，成为全球的"显学"，并上升为我们的"质量强国"国家战略呢？如果问题本身就是答案的话，则答案是：所谓管理学的高度发达，大都是表现在处理组织内部事务方面的成果，比如，成本、会计、生产、后勤、销售、行政、人资、质控、战略等等，无法靠自身的力量挣脱身上的枷锁，只有伴随着消费者的觉醒或客户意识的唤醒，员工的活力和潜力的激发，以及与供应商建立伙伴关系的战略价值，才日益形成了三股持续的变革力量，最终汇聚成推动一个组织建立可持续的质量竞争优势的强劲动力。

所以，克劳士比先生指出："质量管理就是以系统的方法保证有计划的组织活动能够产生预期的结果；换句话说，就是要有目的地、审慎地创建一种可信赖的组织文化，在那里：所有日常的业务工作每次都能正确地完成；企业与员工、供应商和客户的关系都无比融洽。"①

因此，我的结论是：质量管理是管理学头上的皇冠，而零缺陷则是皇冠上的明珠。

## 质量的本质是管理

历史上，为了成为可信赖的组织，我们使用过很多的方法：20世纪50年代到20世纪70年代，依靠的是成品检验，属于质量控制（QC）；20世纪八九十年代，依靠的是文件系统或程序，变成质量保证（QA-ISO 9000）了。这些都是为了实现可信赖的组织的目标。但实际情况呢？我们只能得出这样一个结论：无论控制、检验，还是文件系统和程序，都是非常有用的信息，但如果我们的思维和态度出了问题，它们都是无用的。

**质量即价值**

我们必须重新看待质量，重新思考和定义质量。为此，要首先破除"中国品

---

① 杨钢，质量无惑，北京：中国城市出版社，2002.

质"的四大"先天缺失症"[1]，即：即：认识上的缺失、结构上的缺陷、系统性的缺陷以及体制上的缺失。其中的"结构上的缺陷"，即用"三个层面说©"理论对质量进行解构、拆分后得出的结论。因此，它是对质量进行重新思考和定义的基础。（如图 6-1 所示）

图 6-1　三个层面说示意图

所谓"三个层面"，首先涉及的是**"物理"层面**。在这一层面上，所有事务均涵盖物理要素，例如设施、设备、物品、原料以及交通工具等。这些要素的共同作用直接关联到产品/服务质量。人们通常也自然以各项技术指标来评判产品是否达到预期功能，从而定义其质量。

接下来是**"事理"层面**，它涵盖了一系列管理制度、标准、体系，以及工作流程、程序和手册等。这一层面通常被称为流程质量。流程原本旨在为公司带来更大的功效和利益，但在实际操作中，面对不同责任和利益的考量，人们在处理事务时经常需要在质量、成本、交付和安全（QCDS）之间寻求"功利"的平衡。

第三个层面为**"人理"**，即以人为工作的主体，故称之为工作品质。然而，谈"人理"必然谈"天理"，正如中国古语所云："人在做，天在看"。王阳明又为我们揭示了这一奥秘——"天理即人心"。因此，当组织中每个人都全身心投入工作，致力于提升工作品质时，实质上就是在为自己积累功德。

**"三个层面说©"包含了三种品质：产品/服务质量、流程质量和工作品质。而**

---

[1] 杨钢.质与量的战争（第3版）.北京：中华工商联合出版社，2024.

它们是有机结合在一起，是不应该拆分的；它们作为一个完整的东西发挥着作用，所产生的效率、效果和效能，自然可以叫做品质/质量价值，换言之，质量即价值。

**新品质价值观**

一旦我们把质量定义为价值，从此质量就有了灵魂，有了智慧，就会展现在我们面前一幅崭新的品质价值观图卷。

零缺陷管理之所以是一种智慧，就在于它具备了智慧所必须的四大特性——**完整性、结构性、系统性和根本性**。为何如此说？因为古希腊哲学家对智慧的定义就是看其是否具备四大特性，缺乏任何一项，便无法拥有真正的智慧。

先说"**完整性**"——**组织的完整性**。我们在前面章节已经详加解释过：一个组织像人一样，是完整的、有生命的组织。那么，何为完整性的品质观呢？也就是如今许多人出口成诵的"1、2、3、4、5、10、14 和 20"。

❖ "1" 就是 **"一个中心"** ——第一次把事情做对，或第一次把正确的事情做正确，即正确的事，"正确做事"以及"第一次"。

❖ "2" 是 **"两个基本点"** ——成为有用的和可信赖的。这实际上是一个四象限的评价矩阵，客户是这么看供应商的，组织也是这么来看管理者和员工的。

❖ "3" 是 **"三个代表"** ——任何一个组织都要代表三者的利益或满足三个方面需要，即客户、员工和供应商或利益相关方。虽然处在不同发展阶段的组织有着不同的关注焦点，但是，忽视任何一个方面的发展，都将是不可持续的。

❖ "4" 是 **"四项原则"** ——作为工作哲学的四个原则，也有叫"四大定律"的，或者直接把英文"4 Absolutes"翻译成"四个绝对"。

❖ "5" 是 **"质量绩效"** ——五个方面的衡量指标，即除了常规的财务指标和生产率指标之外，还有客户忠诚指标、员工动力指标，以及社会责任或利益相关方的指标。这就是源于品质的所谓"卓越绩效"，也可叫做"品质竞争力"。

❖ "10" 是 **"十个规则"** ——"十规则"从"我"的自省与担责开始，到承诺与诚信结束，围绕司机归位这条主线，致力于提升人们的精神境界（走出"洞穴"）与心性之觉悟（"致良知"），张扬价值与美的人间正气，以诚信之人格作担保，意在达成"有价值和可信赖的"人与组织之理想。

❖ "14"就是风靡全球的**"十四个步骤"**——品质文化变革的过程。此过程可以简化成一个"4PS Solution"模型。

❖ "20"则是我提出的未来品质的**"二十字诀"**——也叫作零缺陷行动纲领之"五要务",即价值引领,随需应变,人人担责,环环相扣,文化制胜。

**再看"结构性"——"三个层面说"**。前面章节已经详加解释过,不再赘述。

**接着看"系统性"——"生命系统"的组织架构**。用IT企业的语言叫做两个"E2E",就是一横一竖两个"端到端"的大流程,活像一个"大十字架":横杠是从客户端到客户端的核心业务流程,竖杆则从最高管理者到普通员工的战略与执行流程。现实情况是:"端到端"变成"断到断"——掉链子了;"面对面"变成"背靠背"——事不关己了。

如何卸下这个"包袱"?华为公司的解题思路是,**用"双手"管控人性之恶**:一只手叫做"无情的流程"——严肃纪律,严格执行,另一只手叫做"以奋斗者为本"——重赏勇夫,大口吃肉。我则提出了**零缺陷"八字方针"**:针对核心业务流程,主张"环环相扣——不掉链子";针对战略到执行流程,主张"人人担责——不留死角"。通俗易懂,简单有效。

**最后来说"根本性"——品质"四项基本原则"**或工作哲学。它包含了四个方面:品质的定义是满足要求,预防系统产生品质,品质工作的准则是零缺陷,品质是用价值(PONC)来衡量的。

综上所述,**零缺陷智慧即是:从完整性到结构性,当需求碰到了担当,则产生了责任;从结构性到系统性,当责任担当遇到业务流程,则会形成预防;而从结构性到完整性,当流程满足需求,则创生出价值**。当然,这一切都必须在根本性的作用下,才有可能通过价值引领,进入"无限的游戏"中的生生不息的文化循环。

**质量是管理问题**

于是,这时再问到底什么是质量的问题,你会发现,自己头脑中已经有了一个明晰的思考框架,并接受一个新的观念:质量管理很简单,它不是技术活动,而是一个管理问题。

## 师生对话

**杨钢**：那么，管理问题又是什么问题呢？

**学员**：理念的问题。

**杨钢**：理念的问题是什么问题？

**学员**：态度问题。

**杨钢**：谁的态度？

**学员**：人的。

**杨钢**：质量管理的问题是人的问题，人的问题又是什么？

**学员**：思想和心智的问题。

**杨钢**：思想的问题好办，但是心智的问题却很难办。如果说质量管理问题是人的问题，就借用克劳士比经常用的家庭来做比喻，他说**管理一个企业和管理一个家庭一样，都是以人为本、以人为导向的**。

我们能否提出一种大胆的设想，即通过一套软件和技术，运用最前沿的科技手段来管理家庭事务，这样的尝试能否取得成功呢？进一步地，我们是否可以考虑邀请比尔·盖茨定制一款名为"夫妻美好"的软件，旨在确保夫妻双方避免争执，共同迈向白头偕老的美好愿景？然而，答案是否定的。有些企业错误地认为，仅仅依靠ERP系统、质量体系以及ISO 9000认证，就能实现企业的幸福与成功。他们将这些标识简单地挂在墙上，就自以为大功告成。试问，在现实生活中，我们是否见过有人将结婚证挂在墙上，期望与伴侣共度一生？答案显然是没有。那么，为什么企业会如此热衷于展示他们的ISO 9000认证，甚至大张旗鼓地进行宣传呢？

**质量管理的核心在于人，这是一个涉及人性的复杂问题**。要想做好质量管理，关键在于沟通。因此，我强烈建议质量经理应将50%~60%的时间用于与其他部门经理进行有效地沟通。只有打通这一关键环节，才能保证实现质量管理的目标。

### 管理是人的问题

质量管理问题归根结底是人的问题，沟通和交流是必不可少的。

可能不同的文化采取的沟通形式不一样，但结果应该是一样的——无非是工作哲学，也就是管理哲学，**管理哲学就是要第一次把事情做对。**

**要想第一次把事情做对，必须满足三个因素：有控制，有保证，有管理。**很遗憾，大多数情况下人们都没有正确的哲学，所以我们这两天就着重谈正确的哲学。我们可以用"开车理论©"来说明。管理思想必须建立在有效的控制系统之上，正如驾驶汽车时，控制系统包括油门、仪表盘等关键组件，它们为驾驶者提供了必要的操作指引。然而，仅仅依赖这些控制系统是远远不够的。那么，究竟谁来掌控驾驶呢？显然，仅仅依赖精美的仪表盘是无法驾驶汽车的。同样地，仅仅依赖熟记交通规则和用户手册也无法成功管理。即便将用户手册束之高阁，依赖经验丰富的老手辅助，也无法确保管理的有效性。

因此，**管理如同驾驶，需要人的智慧和判断**。请大家务必明确，这是一个至关重要的问题，它涉及管理的多个层面。

那么，控制系统、保证系统和质量管理各自扮演什么角色呢？我询问了多家企业，发现很多人对质量管理的理解存在误区。他们认为质量管理就是简单的检验工作，只要每天在现场忙碌，就能感到安心。然而，当问及管理的具体任务时，他们却认为只是忙于文案和体系建设。似乎在他们眼中，质量管理等同于体系管理。然而，事实并非如此。

**质量管理是整个企业管理的核心**。克劳士比先生也明确地指出："**质量管理是经营管理本身，而非某一个部分。**"1983年美国白宫生产力会议决议也谈道："**如果把质量仅仅被看作控制系统，它将永远得不到实质性的改进。质量不仅仅是一个控制系统，它更是一个管理功能。**"

所以，这就要求我们每一个管理者：首先，应该站在企业经营管理的角度去看质量；其次，要明白质量管理在企业中所处的位置；最后，不管我们是不是总裁，都要能做到像总裁那样思考问题。而一旦站在总裁的角度思考问题，你就会发现组织究竟需要的是什么，以及怎样提供需要，这才是真正有用的信息。如果企业每次遇到问题的时候我们都能这么做，我们自然就是"可信赖"的。

令人欣喜的是，一旦管理者们了解到了质量的本质，了解到质量管理的奥妙所在，他们便情不自禁地开始修订他们的管理政策，真正彻底地反省他们现有的管理方式，然后大家制定策略和机制，开始正式地做出承诺，采取行动了。

在华为公司，每一次我都会被管理者们这种激动的情绪所感染，所有的管理者一次次认真地重新审视他们的管理承诺和质量政策，然后所有的人共同宣誓。往往是由最高的管理者先带头宣誓，因为毕竟这种承诺是最高管理者的特权，接下来整个的管理团队一起承诺，最后全部参与的人都站起来承诺，有的人甚至以手按心，以表承诺的真诚性。

华为的总裁和总监们的确不失为中国最优秀的一帮管理者，他们聪明、朴实、有激情、敢挑战，往往针对某一个问题会展开激烈的交锋。

## 质量光谱——让组织清醒过来

我这里有一个"质量光谱图"。如图 6-2 所示，一个组织的发展就像升空的火箭——每到达一个高度，都需要适应不同的空间环境，需要一个新的推力。这也是为什么我希望管理者们能在每年新年来临的时候思考企业除旧迎新的问题。

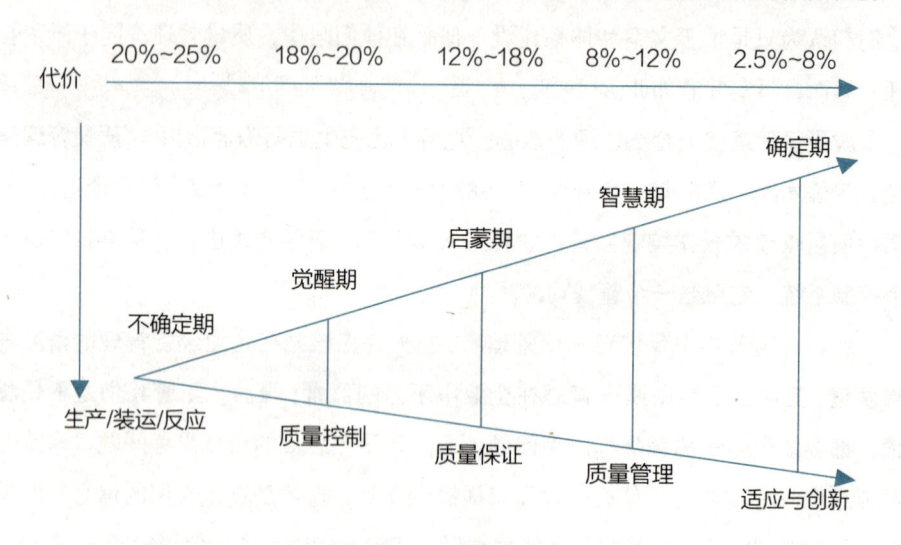

图 6-2　质量光谱

"质量光谱"在最开始只生产装运和反应,后来才有了质量控制。随着时代的发展,控制之外又出现了制度保证,也就是质量保证。现今更是进一步发展到了质量管理阶段。未来会怎样?企业应该会大力推广创新思维。

观察"质量光谱"的两个轴,你认为什么推动了整个光谱由左向右地移动?如图6-2所示中巨大的水平空间,我们简称为质量代价,通俗地说,就是金钱的额外损失。

很多处于"不确定期"的企业,质量部门要么隶属于生产部门,要么隶属于技术部门。其基本职能都是使生产顺畅,这个时候大家对问题的态度就是头痛医头,脚痛医脚,按下葫芦起来瓢,宁愿牺牲质量搞成本、搞制度。怎么做才能改变这种状况?

很简单,让组织清醒过来,这是一名优秀的质量经理的基本能力和责任所在。

## 师生对话

**杨钢**:如果整个质量部的工作目标就是四处"救火",那么怎么做才能改变这种状况?

**学员**:诊断,想办法让它清醒过来。

**杨钢**:没错,把它打醒,就是这么简单。不过要想让一个昏迷的组织,尤其是装睡的组织醒过来谈何容易啊。这个时期,企业的改进行为都是小打小闹的,属于兴趣所致的:报纸说ISO 9000好,我们就做ISO 9000;别人说六西格玛好,我们也做六西格玛;外面说什么,你就做什么。

等病人清醒以后,我们该做什么?给他治疗?这也就开始了"启蒙期"的治疗。你们会发现在"启蒙期"的代价非常高,高达12%~18%。处在"启蒙期"的质量经理的确在企业里有非常高的地位。此时整个质量体系也建立起来了。

治疗完了以后,该怎么办?

**学员**:休养,康复,看看效果。

**杨钢**:在哪里看效果?是观察室还是病房?这个阶段我们叫"康复期",

也是"智慧期"。病人在医院里进行观察，这时候的代价还是很高，高达8%~12%。其实第四阶段已经发生了不得了，质量管理经理已经成为公司的董事，或者是公司的经理，而且质量部门出台的一些文件都属于公司的政策性文件了。但整个管理还没有深入基层，大家还是按照老的行为模式来做，你说你的，我做我的，始终不能把"你要做"变成"我要做"，外在的东西没有变成内在，大家认为不是自己的事。

病人康复后，到了最后一个时期——"确定期"，也叫"健康期"。"健康期"代价还是很高，2.5%~8%，基本上还是呈降低的趋势。质量负责人此时已经是企业的核心人员了，比如克劳士比，是ITT公司的全球质量副总裁，"全面质量管理之父"费根堡姆博士曾是GE公司的质量总监，"质量绩效改进"大师哈灵顿博士曾是IBM公司质量副总裁。**质量负责人在企业地位的提升应该是质量管理成为整个组织中永久政策的要素之一，这绝不仅仅是一个人重要与否的问题。**

## 用管理的语言解构质量问题

一个顶尖的质量经理，他擅长把自己的工作内容，像财务经理那样，整理成简明扼要的报表。就像汽车上的仪表盘，直接摆在老板的办公桌上，让老板一眼就能看出质量的情况。这样一来，质量在老板心里就像财务一样重要，时刻都放在心上。现在你说，质量还重不重要？答案不言而喻。这就是做好质量管理的基本思路，让质量成为公司不可或缺的一部分。

> 著名的咨询公司麦肯锡曾经对全球160多家电脑主机厂、配套厂做了调查，得出以下结论[1]：该行业的平均销售利润率是4%。但处在不同时期的企业利润率是不一样的；同时，企业的销售增长率在不同时期也是不一样的，平均是8%。

---

[1] 德美尔布等，质量铄金，北京：中国大百科全书出版社，1998.

麦肯锡德国公司经过长期研究，最终发现：企业获得成功的唯一途径是对整个过程的完美驾驭及使雇员的心中怀着"零次品"的目标。研究同时显示，劣质企业的次品率一般是优质企业次品率的20倍。

此外，产品服务的质量直接关系着利润和销售额的增减。他们把企业实现卓越质量管理的路径分为四个阶段：生产检验阶段、质量控制阶段、缺陷预防阶段和零缺陷管理阶段。

处在不同阶段的企业，其销售利润率明显不同，分别为0.5%、4.6%、6.7%、9.1，平均值为4%；而在不同阶段企业的销售增长率也大为不同，分别为5.4%、7.1%、8.2%、16%，平均值在8%左右。

我希望大家能在工作和销售增长率、成本、利润率之间建立起一个关系网。要知道，建立关系是所有管理者最应该掌握的一门技巧，所以大家一定要重视这个环节。

## 师生对话

**杨钢**：现在我要问大家一个问题。质量光谱，也就是整个质量关系从20世纪50年代到21世纪的整个发展或说成熟过程，是什么力量促使它不断前行的？

**学员**：应该是竞争和成本。

**杨钢**：不错。竞争和成本的压力促使一个企业不断前进。如果ISO 9000:94版处在质量控制和质量保证阶段，那么请问2000版应该处在什么阶段？

**学员**：质量管理阶段。

**杨钢**：那六西格玛呢？

**学员**：管理创新和适应阶段。

**杨钢**：对，那零缺陷又处在什么阶段呢？如果把六西格玛视为数量哲学，你将很难认清它，因为它是属于质量哲学的。杰克·韦尔奇之所以成功，在于他把六西格玛视为工作哲学，否则，如果只在方法上用力，不给予思想上的重视，很可能失败。而"零缺陷"三个字，本身就代表了质量哲学。很多人，尤其是偏向理科思维的人，总会在不自觉地把它切割成"零"和"缺陷"两部分，再拼命找出二者之间的关系，这就是典型的数量哲学思维。

有人说克劳士比不应该谈零缺陷，应该谈三个缺陷。

我也曾多次询问学员：你在买手机的时候、吃饭的时候、买衣服的时候，你希望这三个缺陷出现在哪里？有人说出现在别人那里。（笑声）常规的思路是出现在看不见的地方。许多人笑着对我说：大家都是这样做的呀！我说难怪几年前在美国有人向我传授经验，买西装和皮包时，只要打开里面看一看，就知道是不是国产的。（笑声）

所以，不要提数量哲学，为什么提到零缺陷就在头脑中开始斗争，原因就在于我们人为地把它的含义割裂开了。

我曾经写过一篇文章《摸摸质量之象》，我在文中指出，很多管理大师的工作方式其实就像盲人摸象——仅仅站在自己的角度发表意见。克劳士比学医出身，还自己开过诊所，他站在医学的角度看质量，就把后者当成一个完整的、鲜活的生命体，从而提出了"零缺陷"的概念。零缺陷从提出到现在，争议一直不绝于耳，争议的焦点主要集中在数学派、物理派和生命学派之间的互相攻击，其实仔细观察就会发现，看似不可协调的矛盾只因为自己所处角度的不同。

质量的未来是什么样的？毫无疑问应该是创新——质量创新。我们不需要创立新名词，因为一个新名词的提出往往会带来争吵——随着对一个名词不断深入地理解，会延伸出很多理论派别。当我们返璞归真地回到原点，再联系企业实际，审视质量管理的真谛，相信会对我们的工作带来更多指导性意见。

## 要点概览

❖ 只有伴随着消费者的觉醒或客户意识的唤醒，员工的活力和潜力的激发，以及与供应商建立伙伴关系的战略价值，才日益形成了三股持续的变革力量。

- 质量管理就是以系统的方法保证有计划的组织活动能够产生预期的结果；换句话说，就是要有目的地、审慎地创建一种可信赖的组织文化。
- 质量管理是管理学头上的皇冠，而零缺陷则是皇冠上的明珠。
- 无论控制、检验，还是文件系统和程序，都是非常有用的信息，但如果我们的思维和态度出了问题，它们都是无用的。
- "中国品质"的四大"先天缺失症"即：认识上的缺失、结构上的缺陷、系统性的缺陷以及体制上的缺失。
- "三个层面说"包含了三种品质：产品/服务质量、流程质量和工作品质。而它们是有机结合在一起，是不应该拆分的；它们作为一个完整的东西发挥着作用，所产生的效率、效果和效能，自然可以叫做品质/质量价值，换言之，品质即价值。
- 一旦我们把质量定义为价值，从此质量就有了灵魂，有了智慧，就会展现在我们面前一幅崭新的品质价值观图卷。
- 零缺陷管理所以是一种智慧，就在于它具备了智慧所必须的四大特性——完整性、结构性、系统性和根本性。
- 零缺陷行动纲领之"五要务"，即价值引领，随需应变，人人担责，环环相扣，文化制胜。
- 零缺陷"八字方针"：针对核心业务流程，主张"环环相扣——不掉链子"；针对战略到执行流程，主张"人人担责——不留死角"。
- 零缺陷智慧即是：从完整性到结构性，当需求碰到了担当，则产生了责任；从结构性到系统性，当责任担当遇到业务流程，则会形成预防；而从结构性到完整性，当流程满足需求，则创生出价值。
- 管理一个企业和管理一个家庭一样，都是以人为本、以人为导向的。
- "质量管理是企业管理的纲"……质量管理是整个企业管理的核心……"质量管理是经营管理本身，而非某一个部分"。
- 质量负责人在企业地位的提升应该是质量管理成为整个组织中永久政策的要素之一，这绝不仅仅是一个人重要与否的问题。
- "零缺陷"三个字，本身就代表了质量哲学。很多人，总会在不自觉地把它切割成"零"和"缺陷"两部分,再拼命找出二者之间的关系,这就是典型的数量哲学思维。

❖ 质量的未来是什么样的?毫无疑问应该是创新——质量创新。

# 第 7 章
## "完整性"哲学：翻开管理者的字典

21 世纪的质量应该是什么样的？克劳士比专门针对这个问题写过一本书，书中提出了一个非常好的概念——完整性（Completeness），其副标题即"21 世纪的质量"。我们在前面章节已经谈过，质量包含了三方面含义：品质、财务和关系，即 Q-F-R。而衡量的标准就是成功的业务和成功的关系。

### 管理者字典里的"三要务"

大家可能发现 Q-F-R 是组织中非常重要的三个环节，当一个组织在这三方面都做得很出色的时候，它就是有质量的。所以，我们谈质量的时候，应该先弄清楚它含有三个方面的意义：

第一就是品质。我们更喜欢用"品质"来定义质量，其实自古就是这样的，后来才翻译成"质量"。质量和数量好像带点科学成分在里面，它们往往跟计量与控制联系在一起。我们谈的更多的是"品质"，显然是跟人品联系在一起的。我们常说："做质量先做人"，"产品如人品"，因为质量就是诚信。

第二是财务。一个组织如果没有财务，就没有造血功能，就缺失营养，所以财务是组织的营养。

最后是**关系**。关系是组织的灵魂。

**这三方面糅在一起，共同组成了企业 21 世纪的质量观**，它们是完整的。谈到"全面质量"，全面性往往是跟部分性是相对应的。很多人都把克劳士比叫全面质量管理大师，在 20 世纪的八九十年代，克劳士比特别讨厌听到"全面质量"这个称呼。当有人说："克劳士比，请你谈一谈全面质量管理吧。"他总是装听不懂。别人再问，他就会反问："好吧，你能不能告诉我：世界上有没有部分质量管理一说？"而对方在目瞪口呆之后往往能够理解大师的苦心。

## 师生对话

**杨钢**：克劳士比还有一句名言，我们大家一起来分享。他用了将近五十年的思考，得出这么一个结论：在管理者的字典里，或者是管理者的工作中，有三件非常重要的事情。请问应该是什么？

**学员**：人、财、物。

**杨钢**：答案可能会令很多人感到吃惊——第一是关系，一个感叹号，第二是关系，两个感叹号，第三是关系，三个感叹号。他说："我个人的成功，就是不同时期处理不同关系的成功。"

我们不难发现，克劳士比从人性的角度深入探究了质量，而许多权威人士则倾向于用科学的方法来解读质量。但考虑到我们正处于 21 世纪这个高度强调"以人为本"的时代，每个个体都必须从自身及组织的成长角度出发，全面审视工作。

**工作中的两大要素是业务和关系，两者是不可分割的。如果说业务是指"做事"，那么关系就是"做人"。满足两个要素的方式，实质上就是指做人和做事的方式。**而研究做人做事方式的学问，就是管理哲学所要研究的核心课题。

从管理的角度看，一个人即使专业技术再强，但与别人相处总是磕磕碰碰，或者有才却完全不能胜任团队工作，这样的人其价值只能为零。又或者，一个人的人缘特别好，处事非常圆滑，但是本身缺乏工作能力，这样的人对公司而言显然也毫无价值。显然，做人与做事的能力，或者说业务与关系同样重要。

所谓关系，需通过明确的要求来界定其范围和性质。这些要求从何而来？答案在于沟通。若未能准确界定要求，关系则可能陷入肤浅的泥沼。例如，有一学员向我表示："杨老师，我认为我公司的人际关系处理得相当不错。"为了更深入了解，我请他具体说明。他回答："我们有一批产品需要出库，但质量部长总是挑剔，最后我请他吃了一顿饭，问题就解决了。"我对此表示："这实际上是一种肤浅的关系处理。没有通过专业的沟通来明确双方的需求，而只是简单地通过非正式的方式来逃避问题，这样的做法并不可取。"

在日常生活和工作中，我们经常需要"经营"各种关系，无论是朋友关系还是婚姻关系等，这些关系的建立和维护都需要以明确的要求为基础。如果缺乏这一基础，任何经营活动都可能会陷入混乱。正如克劳士比先生所说：**培育关系的关键就是尊重，而建立良好的关系则需要思考以及积极地去了解对方，做一些有意义、有价值的事情。**

**成功的关系有赖于双方清楚地沟通对要求的理解。**显然，大家都愿意和成功的人待在一起。这也是我们常说的，可以通过了解一个人的朋友来审视这个人，因为人以群分嘛！一个组织也是这样，优秀的人总会聚集在一起。

## 创建质量文化的目的——无火可救

在零缺陷质量管理的框架中，构建企业文化是一项至关重要的任务。多年前，我接受了《人民日报》记者的采访，最终该采访以《创建质量文化的目的——无火可救》为题进行了发表。我认为这位记者展现了出色的敏锐度。他走访了东北和西北地区的几家大型国有企业，这些企业的领导者们纷纷分享了他们的企业文化——我们有专属的歌曲，有自己的广播，独特的文化体系，员工们经常组织各类活动，我们的企业文化充满活力……这一切促使记者开始反思"企业文化的真正内涵是什么"以及"它在实践中扮演了怎样的角色"，从而形成了这篇引人深思的文章标题。

克劳士比在其丰富的工作实践中提炼出**一个重要规律：90/10 规则**。这个规则揭示了一个事实，即我们每个人的行为，包括所有员工，都是基于10%的知识和90%的态度构建的。这是一个令人警醒的发现，因为它强调了知识本身并不能完全决定一个人的行为质量。为了进一步证实这一点，我们只需设想一下，如果一家公司决定将所有员工替换为拥有博士学位的人才，该公司是否能立刻跃升为行业的领军者？答案显然是否定的。因此，我们必须明确，尽管知识对于一个人的行为至关重要，但正确的态度同样不容忽视。

有这么一个广为流传的小故事。一个哲学家走在沙漠上，看见三个人在砌砖。他问第一个人："你在干什么？"那人回答："没看见吗？我正在砌一块砖。"又问第二个人："你在干什么？"对方回答："哈！我在砌一堵墙呢！"又问第三个人："你在干什么？"那人欢快地回答："快来看！我正在建一座宫殿！"

三个人虽然在做同样一件事，但他们对这件事的态度却截然不同。显然，最后的结果也一定会大相径庭。

现在很多人整日把"要努力工作"挂在嘴边，但我们是否可以扪心自问一下：什么叫工作？按时上班，准时下班是工作吗？当活干到一半的时候，我抬头看一下表，发现时间到了，"对不起，我得下班了。"这是一种工作方式；"一旦需要我加班，那请给我加班费。"这也是一种工作方式……很多老板提出了一个口号：岗位职业化。这也是很多企业对员工的基本要求。但仅仅凭借行政制度显然难以实现，最后还是得落在"文化"二字上。

**为什么必须要创建质量文化呢？**

人活着为了什么？人生的目的是什么？答案有很多。但是追问到最后，最多的答案还是幸福。而幸福是什么呢？有人说想吃什么吃什么，想睡就睡，这就是幸福。我们把这些叫人的终极幸福。显然，人活着的目的就是追求幸福。但是在追求幸福的过程中，人一定要有信念，一定要有价值观。如果没有，中国人称之为行尸走肉，那太可怕了。

面对急剧变化的社会环境，人们变得越来越无助。当我们无力获得自己的幸福时，就只能转向自我满足了。越来越多的人转向完善自我，越发地看重自己，越来越多人转为拜金。但拥有足够多的钱以后，很多人还是觉得一点都不幸福，各种社会问题都出来了，这是现状。

曾经有一次，我在某国际会议上同一位自称是中国 EMBA 创始人聊天。他对比了东南亚人和中国人对待工作的态度，指出东南亚人往往对金钱持有较为淡泊的态度，工作主要是为了满足基本生活需求，一旦达到经济稳定，他们可能更倾向于休闲。相反，中国人对金钱有着强烈的追求，这种追求使得他们在工作中展现出更高的积极性和效率。

尽管他的表述方式直截了当，但其背后的逻辑值得深思。**对于管理者而言，理解并满足员工的需求是提升工作效率的关键。而赋予工作更深层次的意义，则是一种有效的激励方式。**通过向员工传达公司的核心价值观，管理者能够激发员工的归属感和使命感，引导他们为共同的目标而努力。

为了实现这一目标，组织需要构建一套清晰、明确的价值观和工作标准。这不仅是塑造企业文化的基石，也是组织持续发展和保持竞争力的关键。

纳尔逊标牌公司就凭借着对质量文化的追求，实现了企业业绩及员工素质的提升。

## 案例分享：纳尔逊的质量追求

纳尔逊标牌公司在过去的十年当中为什么能够不断成长，并且获得成功？用他们自己的话来说："我们之所以能够获得成功取决于几个积极的因素，其中包括每个员工都对质量改进过程做出了承诺、质量及技术教育课程的增加，以及公司对员工的重视。"

纳尔逊标牌公司坐落于加利福尼亚州的洛杉矶市，员工人数 300 余人，生产的产品包括隔膜开关、标牌、图形覆盖图、透镜等。纳尔逊的质量改进过程始于 1990 年，通过与克劳士比学院的合作，该公司的高级管理层强烈希望将基于评价的质量系统变成强调预防和持续改进的质量系统。

"质量改进过程"（QIP）在整个组织范围内进行了重大的文化变革。"启动 QIP 之前，员工们为了避免受到责备，常常会隐瞒问题或工作上的失误。现在，一旦问题出现，大家就会把它当作对过程进行改进的良好契机。简言之，纳尔逊是一个充满乐趣的工作场所。"联合总裁汤姆和大为说。

QIP 给纳尔逊公司带来了重大影响：

◇ 在过去的十年间，公司收益额翻了三番。

◇ 员工流动率减少了四倍。员工为公司服务的平均年限达到了 10 年以上。教育和培训过程使得内部提拔的现象有所增加。每个生产总监在纳尔逊公司的工作都是从入门级的员工开始做起的。

◇ 客户们第一次就能及时接收他们发过去的零部件。客户带来的回报在过去的十年当中增加了 3 倍。

◇ 公司每月召开质量委员会会议，会上同供应商分享质量改进的成功案例。结果，供应商在质量和及时性方面的表现有所改善。另外，由于业务量扩大，供应商们也从纳尔逊公司取得的发展当中受益。

◇ 到纳尔逊的工厂参观的客户们通过墙上的数百张证书和奖状、墙上展示的各种衡量标准，以及大量写满员工赞誉的标语当中可以看到 QIP 的痕迹。

### 教育

纳尔逊的所有员工都接受了"质量教育系统"（QES）深入的教育。事实上，公司的座右铭是"公司的任何一名员工都必须接受有关如何理解质量，以及质量对他或她以及这家公司意味着什么的教育。"不过，纳尔逊对教育所做的承诺更为深刻。

1992 年，公司决定所有员工都必须具备英文的阅读和写作能力。因此公司对所有员工进行了测验，结果发现有 100 多名员工并未达到这一要求。所以公司从当地的一所大学请来一位老师，让他每周来两个下午，每次给这些员工上两小时的英文课。

到了 1995 年，最后一名员工也通过了英语读写考试。"员工们曾经告诉我，他们晚上上完英语课回家，儿子或者女儿还会给他们辅导家庭作业。员工们说，随着英语水平的提高，他们与孩子们的关系也得到了改善。"汤姆先生如是说。

### 错误成因消除系统（ECR）

在过去的十年当中，纳尔逊的员工提出了 500 多个 ECR，这些员工来自组织的各个不同层次（其中 455 个已经得到了解决）。这是改进过程的一个重要的组成部分，避免了日常工作中的许多麻烦。公司的每位员工都只需花很少的力气就能够同最高管理层一道，迅速发现问题、错误、浪费、机会，或者任何其他麻烦，并且很快找到解决办法。例如：

- 由于存在污染物，喷涂的零部件在最后一道工序往往出现缺陷，涂料部为此大伤脑筋。通过调查发现，这一问题的根源在于相邻的部门所使用的悬浮微粒状的润滑剂。启动 ECR 之后，冲床上新增了一个空气过滤器，这样就可以将超出填涂范围的涂料清除掉。现在，空气变得更清新了，涂料部也能够满足客户的要求了。

- 质量控制部遇到的问题是加工控制。很多工作都彻底杜绝了偏差。从前大家花时间尽可能确定客户的需求，有时会造成工作的延误。推行 ECR 之后，质量控制就可以及时满足他们的要求了，因为质量控制制造了一个新的标准。

由于公司想办法使 ECR 系统对使用者更为友好，因此员工们可以通过指定的语音信箱得到 ECR 的支持，只需填一张表，放到餐厅里即可。

### 大量节省

在过去的十年时间里，纳尔逊的质量成本从占销售额的 30% 以上，下降到了销售额的 18% 以下。这个数字的下降是公司能够在 1999 年 10 月成功地搬进面积为 11000 平方米的现代化办公区域的主要原因。

### QIP 演变

纳尔逊公司将 ISO 9002 融入了 QIP，于 2000 年 11 月第一次得到了认证。他们目前正在争取通过 AS 9100 的认证。

由于 QIP 级别领导每两年更换一次，因此 QIP 能够保持新鲜活力。这样有利于过程的进一步活跃。每两年他们就会举行"零缺陷日"庆典活动，庆祝改进过程取得的成果。当天工厂停工半天，所有员工乘车到达当地的一个公园，在那里享受美味的午餐以及丰富多彩的娱乐活动，并且在活动过程中重申自己的质量承诺。

汤姆先生感慨道："坚持 QIP 很重要。在推行 QIP 的最初两年，我们的 COQ 实实在在地发展起来了，员工们也能够更轻松自如地将新的问题提到桌面上来。自那以后，九年来我们的 COQ 出现了稳步减少。"

我们在纳尔逊公司营造了一种团队合作的气氛。我们实行透明式管理，员工们都能了解公司每月的财务状况。员工们可以在会议上提出自己对公司的任何疑问。我们的员工每年可以得到公司利润的 20%，员工所得奖金的多少根据公司的盈利情况决定，主要是看团队的绩效表现，而不考虑个人的表现。

纳尔逊标牌公司成为美国中小企业追求质量的真正楷模。

从纳尔逊标牌公司的改进与蜕变中，我们可以反思：我们为什么强调在一个组织中质量管理要形成一种文化？无非是在人和所追求的幸福之间搭起一座桥——这个桥就是组织文化，它包括组织的基本价值观和信仰。没有信仰，员工为什么要卖力干活？为什么愿意在企业里奉献一生？这是需要管理者格外重视的一点。员工得到了最终追求，自然会把工作视为职业。那么，再让员工认可职业操守，遵守规则，跟别人主动沟通，具备团队合作精神也就不是难事了。

因此，管理者要努力做到的就是赋予岗位以灵魂，把基本的价值观交到员工手上，然后就可以一步步地引导他们走下去。

要想征服一个人，就得先征服他的心；要让整个组织做到同心同德，就一定要建立起一个基本的价值观，这正是企业文化的核心。

## 非此即彼的迷思：零缺陷与其他工具

在一次和老友品茶叙旧的时光里，他分享了自己刚刚踏足那片"八百里秦川"大地的经历。那里的土壤条件得天独厚，农民们只需播下种子，便能够期待一个丰盈的收获。所以，基本上看不到那里的农民在摆弄庄稼——不像企业，天天围着产品转——而是把更多的精力放到松土、施肥和灌溉等基础工作上面。那么，这样的"土壤"对于企业来说，又意味着什么呢？

XJ集团是一家非常爱学习，而且善于总结经验的企业。他们的各个部门、各个下属机构都在学习和引进各种管理方法和工具，比如，ISO 9000、Lean（精益生产）、6sigma（六西格玛）、IPD（集成产品设计）和EVA（经济附加值）等。但让他们感到困惑的是，怎么才能把这些工具融合到一起？如何让它们共生共存，有效地应用到整个企业的战略规划和经营管理中去，并借此产生预期的组织绩效？

为此，他们的管理层专门召开了一个会议统一思想，最后达成的共识是：**零缺陷是企业的土壤。无论是ISO 9000、精益模式，还是六西格玛，它们都是美丽的花朵，但如果插在沙土里，则很快都会枯萎；只有插在零缺陷的土壤里才能迎来百花盛开的日子。**

## 零缺陷与ISO 9000

### 师生对话

**学生：** 今天讲的质量与ISO 9000究竟有多大的区别？怎么让这两者殊途同归？

**杨钢：** 我先讲一个故事。在ISO 9000:2000-CD2草案版刚出来的时候，克劳士比先生给了它很高的评价，还专门发表了一篇题为《论ISO 9000:2000版的有用性》[1]的文章。他说，ISO 9000终于把质量定义为"符合要求"，回到了正确的轨道。而当正式版出来的时候，又回到了老路，变成了"符合要求

---

[1] 杨钢，质量无悔，北京：中国城市出版社，2002.

的程度"。他为此非常生气。

因为在他看来，ISO 9000 只能算作第 2 代质量保证体系，第 1 代为美国国防部开发的 Mil-Q-9858 质量保证体系，克劳士比曾亲自参与过编写和修订。而它们最大的问题，是给企业的高级管理者们造成了一个假象，那就是：它可以解决他们头疼的质量问题，并可以给予他们符合未来的安全需要的产品和服务。同时，**它有两大缺陷或隐含着两大错误的假设：一是假设质量部门负责使某件事情发生；二是没有任何工作被要求必须正确地完成、一次作对。**

如此一来，就使人们在头脑中构建了并在现实中实现了一个"可接受的质量水平"的世界。结果呢，有问题的产品和服务却能够符合公司的各项要求。因为就算出现问题，只要改变程序而不是改变实际状况即可。

**学生：**那么，ISO 9000 如何才能正确使用呢？

**杨钢：**好问题。克劳士比先生建议，应该向财会人员使用"一般性会计准则"（GAAP）那样使用 ISO 9000。财会人员只是应用 GAAP 这种标准的程序和原则，衡量、控制和报告财会的状况，但在处理具体的财务工作时，却使用的是财务管理的原则和方法。ISO 9000 实际上也可称之为"一般性质量保证准则"，也应该像 GAAP 那样去贯彻执行。

**所以，它不是真正的质量管理，而是质量保证。如果说质量管理是怎么开车，则质量保证就是有关车主必须知道的一些操作指南和交规手册而已。**显然，了解并拥有这个手册并不能保证你把车开好。换句话说，ISO 9000 并不能单独地实现质量管理的目标，必须和以克劳士比倡导的"质量管理的基本原则"为基础的质量教育结合在一起，才有可能为打造可信赖的组织带来机遇。

有一个关于怎样从管理角度看体系问题的真实的故事。我有一位学生，他拥有两个日本博士学位，他受命管理 5 家日本企业在中国建立的工厂。他们的 ISO 9000 体系做得非常认真，认证公司也是严格把关，因此，产品在日本东京卖得非常好。不过，这位老总并不满足于现状，他一直在探索如何内销，进军中国市场。

有一天，他的下属来报告说，工厂生产出的很多笔杆上都有了一道不起眼的划痕。老总当时只是挥了挥手，让下属先下去。他心中想的是内销的大事，这道划痕似乎并没有引起他的重视。然而，半年后，当他走进工厂时，眼前的景象让他震惊了——所有的笔杆上都有划痕。

启发何在？即便拥有了详尽的体系和标准，如果管理者的内心没有建立起零缺陷的质量标准和信念，而实际上接受了 AQL 的数量标准，那么，在面对那些看似微不足道的小问题时，采取"让步接收""下不为例"的策略，就是一种妥协，在背离管理的初衷。当管理者为了省事而告诉下属："你们去做吧！"，**这并非真正的"授权"，而是在放弃管理的原则，将原本的原则变成可以任意妥协的交易。**因此，作为管理者，不仅要关注如何管理，更要站在组织的大局深入思考质量管理的本质。只有这样，才能真正理解质量管理的核心价值和意义。

所以，如果说零缺陷是一个完整性概念，ISO 9000 是规范性概念。零缺陷就是 5 条腿，ISO 9000 就是 2.5 条腿。我相信在座各位都是 ISO 9000 专家，都是体系专家。零缺陷是质量哲学，ISO 9000 是数量哲学，有 AQL、符合程度、让步接收；零缺陷是管理之道，ISO 9000 是管理之器，它们是完全不一样的。

如果零缺陷是一个完整性概念，ISO 9000 则是规范性概念；零缺陷是质量标准，是 0 和 1、符合和不符合的关系，可派生出是与非、善与恶、诚信等做人的价值观；ISO 9000 则是数量标准，是 1 和 n 的关系，可派生出 AQL、符合程度、让步接收等做事原则；**零缺陷是管理之道，ISO 9000 是管理之器**。显然，不是一个层面的事情。

## 零缺陷和精益

先说零缺陷和精益生产的异同：零缺陷是组织层面的，要求每个人第一次、每一次对的事情做对，追求客户价值创新与企业随需应变，致力于打造可信赖的组织；而精益生产则顾名思义，是从日企的"三现主义"（现实、现物、现场）延伸到了相关业务部门，从"工匠精神"聚焦到了工人，帮助他们最大可能地提升效率、减少成本，为企业创造价值。

如果非要进一步比较，则零缺陷采取的是科学和人文融合、软硬兼施的管理方式，而精益则强调硬性、刚性的东西；零缺陷是"端到端"的工作流，强调聚焦客户价值拉通业务过程，进而优化过程、确定要求、削减浪费、关注预防；而精益生产则是"产线一个流"，强调先后顺序排列工艺流，聚焦生产的QCDS（质量—成本—交期—安全），尤其关注安全、成本和交期。由于精益生产模式源于丰田汽车的TPS（丰田生产模式），因此该模式在汽车工业广为流行。

后来，精益生产变成"精益管理"，中国企业望文生义地把它与"精细化管理"划等号，并戴上了"追求零缺陷"的帽子。也就进一步加深了精益与零缺陷的误解。比如，**当年TPS默认前提有三个：有质量的工作、"丰田人"或丰田的家臣以及用现金流来思考问题**。而恰恰这三点在中国都不存在。输入（研发、来料等）的质量没有保障，一线操作人员不是主人公而仅是**生产线上可替换的零部件**，因此流动过于频繁，而且不懂何为现金流——只知道"产线一个流"，把质量交给了质量控制部门去考虑，工厂仅仅抓成本、安全和交期。相应地，**没有把人们的注意力从内部的运作上引到客户身上，没能聚焦如何一次做对，为客户排忧解难，反而把更多的资源和精力投向过去出现的解决问题上——是面向过去而非面向未来**。

另外，强调"三现主义"也容易让人们只待在车间里关注工具和手段，而忽视了最大的"成本源"——研发，甚至营销。统计表明，研发对成本的影响高达90%之巨，而制造/生产只占5%。是典型的扔掉了西瓜捡起了芝麻。

所以，**精益管理，核心还是在"管理"上，在管理者身上**。要折腾他们，而非工人，更不能让其省时化和"省心化"。相反，如果他们不费时、费心，就不可能取得成功——客户满意，成本优化。

因此，零缺陷，正是用来激活精益管理的利器——它让精益管理**走出车间，走进心间**：关注客户的价值，关注质量领导力，关注领导用心，关注自主管理，关注先"落心"后"落地"。这才是关键所在。

## 成功的故事

朱克明，TW集团主管生产的副总裁，虽然基于当前严峻的经济形势和技术发展趋势，认同与克劳士比学院的"零缺陷文化变革"项目合作，也参加了集团的高管研讨，但他并没有积极倡导和践行零缺陷，只是想先观望一下再说。

因为从他的内心还是比较迷恋精益生产的，认为它非常实用，而且工具非常强大，相比之下，质量文化变革显得很虚，各层级的教育和培训，也一时半会儿看不到结果。但是年初出现了批量的质量事故，造成了工厂巨大的损失，让我突然意识到：精益生产是否走偏了？于是，他自己亲自到所管理的工厂去摸底，看看精益生产的真实状况到底是怎样的。

他发现：精益生产是用事理层面的方法和工具解决物理层面的问题，确实有效，但是做的还是规模和成本，并不是像丰田公司当初那样是以质量为前提的；如果不能真正地像丰田那样以一线员工群策群力的智慧为根基，构建"働"的自动化，难免会沦为"就事论事"或把"5S"变成"打扫卫生"的困境；如果没有质量，所谓的一个流是根本流不起来的，靠检验层层把关，那是什么精益生产呢？目前几个工厂的状况就是如此。

所以，他认识到，要想治标又治本，必然用零缺陷管理思想把人们提升到人理层面，形成以人为本而非以物和事为本的生产经营方式。

这时候他回过头来，认真地温习在高管研讨中所学到的零缺陷思想，开始认识到：**表面上是产品质量的问题，但是这背后隐藏着流程质量和工作质量的深层问题。**所以，要想治标又治本，必然用零缺陷管理思想把人们提升到人理层面，形成以人为本而非以物和事为本的生产经营方式。他要求下属工厂跟着集团推进团队的计划去推行。

但是在这个过程中，新的问题又来了。因为工作品质或按照"三层面说"理论依靠人理去打通事理和物理，而人理靠的是教育，但是教育真的有这么巨大的作用吗？他还是认为没有具体的工具有效。直到有一件小事让他开始觉醒。

那就是生产线上有一个叫做刘春丽的操作工，有一次她因为做错了一块板子被侥幸放过很纠结，下班后又听说已经被发出了，她就主动地自己花钱到客户那里，跟他们的 IQC（来料质检员）一起把它找了出来，让客户也非常**感动**。她回来之后还主动做了检查，还要求罚她的款，扣她的工资。王强厂长把这件事告诉他时，他感到很吃惊，因为同时王强还告诉他之前她因为质检员王曼丽抓住她的问题，扣她的钱，她们两个好姐妹从此还翻了脸。

这种转变让他突然发现：**零缺陷的精髓就在于激发每个人的内驱力，让他们有一种羞耻感，让他们内心深处认识到错误的严重性，从而并自发地去更正激活他们的良心，大家才有良知有良行，而这种内心的觉醒和改变才真正是教育的意义啊。**

事实上，经过近一年的努力，公司取得了显著的成效：客户投诉大幅减少，人为事件得到有效控制，供应商合格率大幅提升，PONC 客户端损失和返工率均实现大幅下降。尽管面临原材料和员工工资上涨的压力，但公司的利润仍然实现了稳步增长。

实践证明，**零缺陷的实施需要耐心和细心，就像春风化雨般润物无声。与追求快速见效的精益生产相比，零缺陷更关心人的品质和成长与公司的质量和成功。**这种差异也体现了不同管理理念和方法的特色。

## 零缺陷和六西格玛

每个工具都有它的价值和意义。六西格玛也是一种很有价值的工具。它非常严谨，善于用数据说话。通用电气公司的总裁杰克·韦尔奇带领企业获得巨大成功和运用六四格玛这项工具是分不开的。

杰克·韦尔奇在通用电气推行六西格玛管理的重要推动者之一是原副总裁、后任联信集团 CEO 拉里·博西迪。两人关系紧密，博西迪首次向韦尔奇提出引入这一管理工具时，并未引起韦尔奇的兴趣，甚至韦尔奇对六西格玛这一概念一无所知。然而，随着时间的推移，博西迪通过实际的应用效果再次向韦尔奇阐述了六西格玛的优势。由于联信集团作为摩托罗拉的供应商，被要求采纳并实行基于零缺陷理念且适用于流程型电子企业的六西格玛管理。

经过实践验证，博西迪发现六西格玛已超越了传统的质量改进范畴，它能与公司的目标紧密结合，并在公司业绩上展现出显著的效果。此时，韦尔奇正在寻求一种能够显著提升企业竞争力的方法，他意识到六西格玛正是他长期以来寻找的利器。

1995年，韦尔奇把博西迪请到了通用电气公司高层会议上做演讲，开始在通用电气公司实施六西格玛管理战略。

通用电气公司开始实施六西格玛管理战略后，全面进行质量改进。到2000年，通过五年的实践，通用电气公司在六西格玛管理方面获得了巨大的成功，被公认为目前六西格玛管理战略实施最为成功的公司，通用电气公司也因此获得了巨大的经济收益。根据通用电气公司1998年年报财务部分显示：运营收入增长11%，盈利增长了13%，每股收益增长14%，运营资本回报率从1997年创纪录的7.4美元直线增长到9.2美元。

六西格玛管理方法最初在摩托罗拉公司得以实践，并在通用电气公司的推动下达到顶峰。杰克·韦尔奇的领导与宣传使得六西格玛在全球范围内得到广泛应用。随着时间的推移，不仅制造类企业，包括银行、电商和医院等各类服务型企业也纷纷采纳六西格玛管理，以优化其业务流程和提高服务质量。经过不断地完善和发展，六西格玛已经演变成为一套全面且高效的管理体系。

然而，值得注意的是，尽管六西格玛在全球范围内获得了广泛的认可和应用，但在中国企业中，其应用效果却不尽如人意。一些企业家认为，造成这种局面的原因在于缺乏像杰克·韦尔奇这样的杰出领导者。然而，仔细分析后我们发现，**问题的真正原因可能在于中国企业在实施六西格玛管理时未能充分考虑自身的特点和需求，从而未能找到最适合自己的实施路径。**因此，对于中国企业来说，如何更好地结合自身的实际情况，选择和运用六西格玛管理，仍然是一个值得深入探讨的课题。同时，一些专家和企业家也提出，零缺陷理念可能更适合中国企业的实际情况，有助于解决六西格玛在中国企业中"水土不服"的问题。

因此，明确区分零缺陷与六西格玛的不同点，对成功推行这两种管理方法具有至关重要的作用。

大卫·克劳士比先生曾经做过一个零缺陷与六西格玛的区别的列表，如表

7-1 所示。

表 7-1 "零缺陷"与"六西格玛"的区别

| 科目 | 零缺陷 | 六西格玛 |
|---|---|---|
| 目的 | 缺陷预防 | 缺陷管理 |
| 需要的理解力 | 人人皆知何谓零，人人都懂什么是缺陷 | 一万个人中没有一个人能够告诉你西格玛是什么 |
| 培训 | 对所有的员工都仅仅是规范的工作培训 | 对于非生产类的技术性西格玛职员来说也是昂贵的培训 |
| 对人力的要求 | 在大型的组织里，也许一个人就是一个协调者 | 需要额外增加黑带、绿带和其他职员的工作 |
| 运作成本 | 只是用于沟通工作标准，成本非常小 | 因培训和额外的职员薪资而造成成本高昂 |
| 概念 | 第一次和每一次都把事情做对 | 每100万次机会可以有3个缺陷 |
| 技术 | 领导力 | 标准的质量控制工具，外加解决问题的方法 |
| 工作标准 | 不接受缺陷 | 少许的缺陷是可以接受的 |
| 应用 | 应用于组织中的每一项工作 | 限于产品或服务的质量 |
| 员工参与 | 员工们可以识别问题 | 没有员工的参与 |

如表7-1所示，可清楚地看到：零缺陷强调预防问题，六西格玛则强于发现并彻底解决问题；零缺陷是群众运动（要创造一种信仰，让每个人养成一个习惯，落实到每个人身上），六西格玛是"秀才造反"（因为按照一定的比例，推动六西格玛的人必须是黑带大师，约占人群的1%，否则就不能推进，这就是所谓的精益推动秀才造反的模式）；零缺陷是文化变革，而六西格玛是方法创新（站在客户的角度，以项目方式重新审视过程）；零缺陷追求诚信度，六西格玛追求精确度。

**填补思想上的空白**

如果我们用零缺陷武装思想，在六西格玛的规范下做事，结果会如何？拿美国的GE来讲，翻翻他们的历史，20世纪六七十年代，甚至直到20世纪80年代，他们在做什么？在做零缺陷。后来才开始做六西格玛。翻开世界优秀的500强企业，从20世纪70年代开始到20世纪80年代末90年代初，这些企业几乎都在做零缺陷，可现在怎么不提了？记不记得电影《英雄》，最后秦始皇醒悟——人生有三种境界：**第一种是心中无剑、手中有剑；第二种是心中有剑、手中也有剑；第三种是心中无剑、手中也无剑。**

我们也可以说，西方企业的质量管理经历了三个阶段：无形无神、有形无神和无形有神。现如今几乎都发展到了无形有神的阶段。可对我们来讲，我们现在"手中也无剑""心中也无剑"，这就可怕了。

很多人会说克劳士比更强调人、思想和文化，对流程和绩效不关注。其实不是的，**零缺陷是站在人们普遍关注的流程和绩效的基础上，去关注人们常常忽略的人和政策的问题。**所以，零缺陷是对人们思想上空白的一种补充，帮助企业尽力"一次做对"，避免因忽略人和政策而犯错。为何这样说呢？

可以说，任何一种工具，都很注重流程。不管是 ISO 9000、精益模式，还是六西格玛，都遵循 4PS 模式。

**管理者应当深思的问题是：零缺陷作为一种管理工具，并非舍弃对流程和绩效的关注，而是将这两者作为基础，进一步强调政策和人的重要性。**企业为何频繁犯错？很大程度上是因为对这两个关键要素的忽视。零缺陷的核心价值在于提醒管理者，在注重流程和绩效的同时，不可忽视政策和人的作用，以规避潜在错误。

**"零缺陷"是政策和文化的结果。**如果我们关注企业的价值创造，不再纠缠于"零"和"缺陷"的游戏，不再满足于救火式的施水、施肥和喷药，而是为企业"松土"，改变员工的心智与价值观念，树立楷模与角色典范，才能步入"一次做对修正果，零缺无限春满园"的宫殿。

# 要点概览

❖ 质量包含了三方面含义：品质、财务和关系，即 Q-F-R。而衡量的标准就是成功的业务和成功的关系。

❖ 工作中的两大要素是业务和关系，两者是不可分割的。如果说业务是指"做事"，那么关系就是"做人"。满足两个要素的方式，实质上就是指做人和做事的方式。

❖ 培育关系的关键就是尊重，而建立良好的关系则需要思考以及积极地去了解对方，做一些有意义、有价值的事情。

❖ 我们每个人的行为，包括所有员工，都是基于10%的知识和90%的态度构建的。

❖ 对于管理者而言，理解并满足员工的需求是提升工作效率的关键。而赋予工作更深层次的意义，则是一种有效的激励方式。

❖ 我们为什么强调在一个组织中质量管理要形成一种文化？无非是在人和所追求的幸福之间搭起一座桥——这个桥就是组织文化，它包括组织的基本价值观和信仰。

❖ 要想征服一个人，就得先征服他的心；要让整个组织做到同心同德，就一定要建立起一个基本的价值观，这正是企业文化的核心。

❖ 零缺陷是企业的土壤。无论是ISO 9000、精益模式，还是六西格玛，它们都是美丽的花朵，但如果插在沙土里，则很快都会枯萎的；只有插在零缺陷的土壤里才能迎来百花盛开的日子。

❖ 当管理者为了省事而告诉下属："你们去做吧！"，这并非真正的"授权"，而是在放弃管理的原则，将原则变成可以任意妥协的交易。

❖ 没有把人们的注意力从内部的运作上引到客户身上，没能聚焦如何一次做对，为客户排忧解难，反而把更多的资源和精力投向过去出现的解决问题上——是面向过去而非面向未来。

❖ 让精益管理走出车间，走进心间：关注客户的价值，关注质量领导力，关注领导用心，关注自主管理，关注先"落心"后"落地"。这才是关键所在。

❖ 零缺陷的精髓就在于激发每个人的内驱力，让他们有一种羞耻感，让他们内心深处认识到错误的严重性，从而并自发地去更正激活他们的良心，大家才有良知有良行，而这种内心的觉醒和改变才真正是教育的意义啊。

❖ 零缺陷是站在人们普遍关注的流程和绩效的基础上，去关注人们常常忽略的人和政策的问题。

❖ "零缺陷"是政策和文化的结果。

- **WISDOM OF ZD-ISM MANAGEMENT** -
Teaching Chapter: Start the ZD mode

·授业篇·开启ZD模式·

## WISDOM OF ZD-ISM MANAGEMENT

知人者智，自知者明。胜人者有力，自胜者强。知足者富。强行者有志。

——老子

知者行之始，行者知之成。知行不可分作两事。

——王阳明

启蒙是人从自我产生的不成熟中脱颖而出。不成熟是指没有他人的指导而无法理解事物。……因此，启蒙运动的座右铭是：勇敢求知吧！有勇气用自己的理解力！

——伊曼努尔·康德

质量不是一种技术——无论这种技术有多么好。只有所有的公司管理人员——实际上是所有的员工，都将质量视为生命，关注质量的思想才能成为整个公司的习惯思维。

——汤姆·彼得斯

如果你接纳了一种工具，也就意味着你接受了潜藏在这种工具内的管理哲学。

——克莱·舍基

## 第 8 章
## 基础：所有的工作都是一个过程

### 工作过程

**质量工作必须是面向客户、面向业务的**。因此，当我们把质量定义为工作品质的时候，那么就必须从工作本身开始，把工作当成一个过程进行分析，才有可能提升工作的品质。事实上，我们所做的每一项工作都是一个过程。

而所谓**过程，就是由输入转换成输出的一系列的活动，或者产生结果的一系列活动**，并且每一个工作过程都与使用者和供应者或客户与供应商密切相关。如图所示。输入的是人、财、物与信息，输出的是产品和/或服务。我们期望过程结束时能够产生出客户所期望的正确的输出。同样，我们也期望从供应商那里获得正确的输入，以使我们的工作过程有序并有效地运行。

很多时候，我们的客户和供应商就是自己组织中的部门、小组或人。因此，了解我们的工作是一个输入与输出相契、客户和供应商相连的过程，是理解企业创建"可信赖的组织"的基本需要。

所以，克劳士比先生指出："我们把工作作为一个过程进行分析，并详细讨论工作过程，目的在于确认自己是否了解了工作要求。彻底了解工作要求，有助于我们着手改进工作质量。"

## "质量链"工作模式

一旦我们把企业当成一个整体来看待，就会发现它像人一样，是一个活生生的"生命系统"，也就可以看清一个基本的事实：**企业有三大流程——战略流程、核心业务流程和支撑流程，人也有三大脉络——冲脉、任脉和督脉，它们居然是一一对应的**。关于这些我在《质与量的战争》一书中有专题讲解。这里仅就核心业务流程进行阐述。

所谓核心业务流程，就是核心业务环节，从销售、研发到采购、制造、物流和售后服务的完整地创造附加值的过程，也是一个由客户端到客户端的价值识别、制造与传递的链条。我们把她叫做"质量链"。

**工作过程构成了质量管理的基本要素，所有工作皆可视为一个由输入向输出转化的过程，涉及工作者、输入者和输出者构成的价值链**。质量的存在与否，决定了这个过程能否为员工、供应商和客户带来应有的价值，进而影响他们的成功与否。

换言之，**质量意味着满足各方需求，实现多赢局面。反之，则可能导致多方受损，即便有短暂的成功，也无法持久**。

因此，在管理公司质量时，必须对所有管理过程进行分解，以确保清晰明确工作目标，并自客户端起始，实现无差错地传递与连接。

### 业务流程

每一项工作过程，都是更大过程的一部分，同时也可由较小的过程构成。例如，一个财务部门要准备一份年度预算。准备的过程包括许多较细节的过程，诸如"收集资料""分析目前收支趋向""运用目前收支趋向预估下一年度之需要"以及"写成报告"。

这些步骤中的每一步，本身就是一个过程；而每一步骤的输出，又同时是下一步骤的输入。为了分析一个特定的过程，我们必须先选取一个范围，作为分析的起点和终点。

**过程分析**

我们会发现，要进一步了解工作过程，必须选择较明确的范围。一个明确的范围，可以让我们清楚地定出过程中的两个组成因素：

❖ **输出**——向他人提供的商品或者服务，"他人"可以定义为内部的使用者和外部的客户。因此，为生产一种让客户满意的输出，关键因素首先就是要理解客户的期望，并把这些期望转化为要求。只有用相互之间达成一致、确认下来的要求，才能定义输出，并且让供应商设计出一种能够生产出满意的产品和服务的过程。

❖ **输入**——别人提供给我们的商品和服务，"他人"可以定义为内部的供应者和外部的供应商。关键因素就是供应商和客户共享清晰的、确认下来的要求。

## 师生对话

**杨钢**：当我们把工作作为一个过程去分析的时候，是先考虑输入，还是输出？

**学生**：输出。

**杨钢**：为什么先考虑输出？

**众学生**：以结果为导向。工作必须目的性明确。

**杨钢**：是的。一方面考虑我做这件事是为了什么，准备输出什么物资、什么信息、什么服务；另一方面要考虑谁来使用我的输出。当然，我们同时还应该考虑：输入什么物资、什么信息、什么服务，供应者是谁，对供应者的要求又是什么。

**学生**：老师，听起来这些步骤所体现的基本工作逻辑，与我们实际的做法和使用的工具正好反过来的。比如"乌龟图"，"SIPOC"（供应商—输入—流程—输出—客户）。

**杨钢**：好问题。这正是体现出零缺陷工作过程分析法与常规方法的区别。第一，体现出的工作主体不同，是支撑员工"我要做"而非"要我做"的自主性、主动性工作的工具；第二，分析的主体也是不同的，是团队和个人自己进行流程分析和根因分析的工具；第三，所贯彻的是质量管理的基本原理，比如，考虑输出，是以结果为导向；考虑谁使用我们的产品和服务，是以客户为中心；考虑过程中的要求，则是以事实和数据为基础的管理方式。

**学生**：老师，如此说来，我们岂不是在用错误的方式努力把事情做对吗？

**杨钢**：说得好，大家给他鼓掌。（掌声）。记得德鲁克先生说过这样的话：太多我们所谓的"管理"实际上只是让人们的工作变得更加困难。请大家想想看，如果我们不采用零缺陷的思考方式，传统的做法又是什么呢？我们可能会更多地关注输入的条件，依赖计划和指示来执行任务。然而，当结果出现问题，客户开始不满时，我们又该如何应对？通常，我们只能从后往前进行问题排查，试图找出责任的归属。在这种情况我们工作场景中，责任当然都是别人的。因为是你让我这么做的，你给我的输入就有问题，我怎么能给客户没有问题的输出呢？

听起来还蛮有道理，但在生活中你也许就不这么做了。比如，别人让你帮着买一张机票，或者帮忙买一杯咖啡。这时候你会怎么做？

**众学生**：问清楚要求，哪一类咖啡，要不要放糖，放奶。乘机人的时间、地点、航空公司、价格。

**杨钢**：问清楚输出的要求，之后呢？

**学生**：选择供应者，并提出输入的要求。

**杨钢**：没错，你首先要跟我聊天，询问我要什么产品、需要什么服务。一旦知道我的需求后，你是不是就要考虑能不能满足我的要求了呢？如果答案是肯定的，你会准备什么？杯子、咖啡、水，还有搅拌器皿等。但我拿到咖啡后，突然感觉不满意了，你该怎么办？

**学生**：具体分析哪里出了问题。

**杨钢**：正确。我们首先会分析问题是由什么原因造成的，按照以上的基本逻辑从输出开始往前推进。在这个过程中，要保证输出的高质量，就是要想办法让客户对输出的产品和服务及体验感到满意、高兴。而我们的输出是跟企业中的哪些部门联系在一起的？

**学生**：销售部。

**杨钢：** 不仅仅是销售部吧，服务部、生产部呢？除此之外还有哪些部门？

**学生：** 计划与供应部。

**杨钢：** 采购部、计划供应部，还包括我们的技术部与市场部。提供设施装备的部门算不算？

**学生：** 设备部也应该包括在其中。

**杨钢：** 是不是还应该加上人力和培训部？

**学生：** 培训部与人力资源部都算。

**杨钢：** 好，最后我问一下：质量部呢？这很有趣。通常人们一说到质量就只找质量部门，如今按照新的工作方式，负责质量的管理人员在会议上就可以让大家明白一个道理：既然让客户满意是整个企业的目标，那么我们所有的部门都应该携手努力。如果别人问，你们质量部门是干什么的？怎么回答呢？

当我们把工作当成一个过程的时候，我们缺的是什么？是不是一个企业内外部的总协调和沟通。之所以把体系、系统和流程交给质量部门，花那么多时间去做协调和沟通工作，就是为了帮助企业展开工作过程，进行过程管理，以最终获得客户的满意和忠诚。

这时，质量负责人的职业发展就由"品管"自然跨越到"总管"了。你只有，也必须学会当好"总管"，才能真正使整个公司成为有价值的、可信赖的。

## 过程作业模式

我们用于确认工作流程各个环节的工具，称为"过程模式作业表©"（Process Model Worksheet, PMW），如图 8-1 所示。PMW 是我们工作流程的规范，能够用于：核实当前我们对工作需求的认知程度，以及明确如何了解工作需求。因此，无论面临上述何种情况，PMW 都能帮助我们清晰地认识过程，从而实现改进。在此，核心关注点在于工作要求。

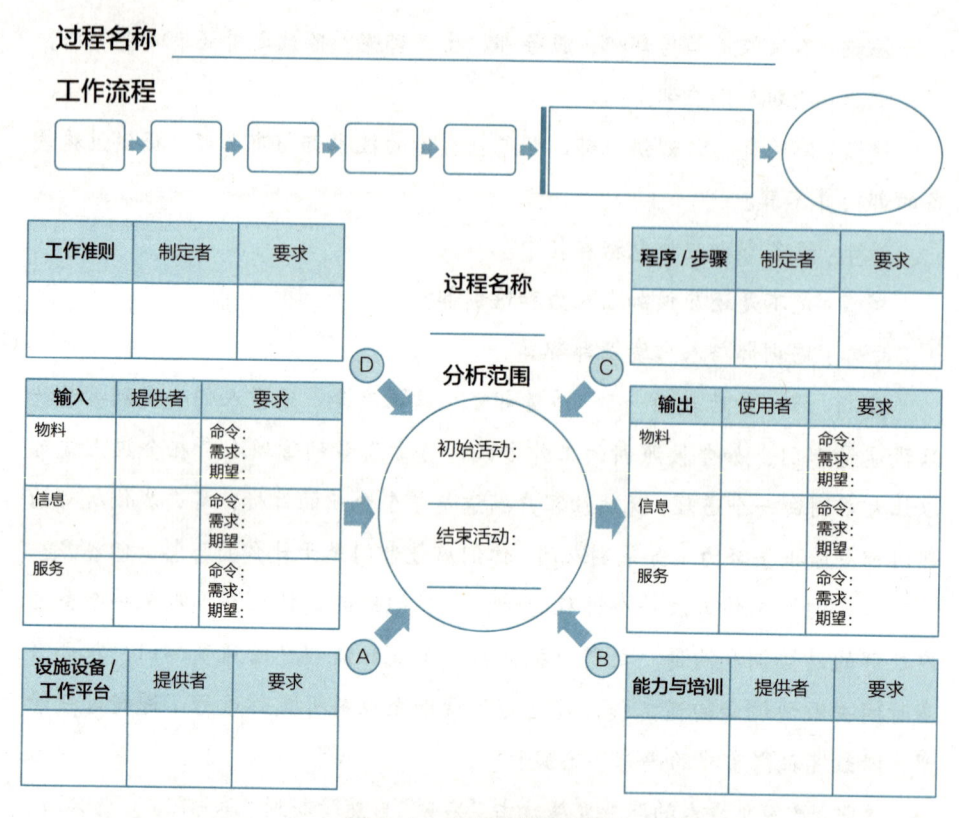

图 8-1　过程模式作业表

**如何使用 PMW？** 可分成两个部分：一是先按照"八步骤"逻辑顺序分析与确定核心的业务过程及其流程的各个要素；二是分析与控制过程输入的"四大类"要素，以达成系统预防的意图。

第二部分我们将在第 10 章讲系统预防时再加以展开，这里先谈"八步骤"的逻辑顺序：

①为工作过程命名；

②选出一个特定的分析范围（即从起始的活动到最终的活动）；

③确认输出；

④确认使用客户；

⑤确认输出要求；

⑥确认输入；

⑦确认供应者；

⑧确认输入要求。

在某些工作场景中，微调作业表的填写顺序可能更有助于清晰地辨识各个环节。例如，在从事研究导向的工作时，或许应先确定服务对象，再进一步确认输出结果。同样地，在输入端，也应首先明确输入需求，随后再确定供应商。然而，一个不变的原则是，作业表中的输出部分必须优先于输入部分完成。

重要的是，作业表的使用旨在提高我们对过程要求的认识。在这个过程中，使用者可以参与并共同确认输出要求；工作人员可以深化对过程要求的理解；而供应者可能需要参与并确认输入要求。

## 何为要求？

这是一个极为核心而又极易引起误解的问题。我们中文有需求、需要、欲求、愿望、期望、要求等说法，英文也有 Needs、Wants、Demand、Desire、Expectation、Requirements 等表述，它们都不同程度地具有显性的和隐性的成分。那么，要求/Requirements 是什么？它与其他表述又有什么异同？有人说：不用管那么多了，反正都要由客户来定义。这又会面临两大问题，一是客户也不知道如何定义，二是你基本上无法确认并转化成公司内部达成清楚理解的工作要求。

所以，我们必须首先把要求确定下来。所谓要求，就是对下列事项的描述：

- ✓ 输出 （比如黑咖啡，不要糖）；
- ✓ 输入 （新鲜的咖啡粉末）；
- ✓ 过程 （开水，舀一勺咖啡末放入杯中……）。

**与质量的"三个层面"相对应，要求也具有"三个层面"**，即命令层面——国家的法律法规、国家标准、行业标准、企业标准和国际标准等，需要层面——技术的、商务的、财务的以及法务等方面的要求，欲望层面——消费者、顾客或客户对购买或使用的产品、服务与体验的预期、欲求与渴望。可见，它是一个由确定到不确定的过程，由稳定到变化的过程。

事实上，企业的经营环境中，变化频繁。工作要求应该随着我们组织需要的改变而改变。新技术的突破，AI 科技的广泛应用，使用者、供应者以及组织创新的需要，必然造成工作要求的改变。政府的规定，比如环保、安全、标准、保密要求等，以及国际政治经济形势的变化，比如美西方的"脱钩断链""去风险化"等，也必然强制我们改变工作要求。此外，我们为了保持竞争优势，必须经常进行改变与适应。

工作要求也可能随着工作过程之改变而改变。要改进做事的方法，我们就必须调整工作要求，以便更确切地符合使用者的需要。比如，我们可能会提高对某一输出的要求，减少波动范围，树立更高的目标，以便后续的工作过程能更有效率地进行。

在改进的同时，我们可能会发现新的或原先未曾察觉到的使用者。这些使用者，各个都会影响我们的工作要求，因为他们每一位对我们的输出都有不同的期望。

因此，工作的基础即确定要求。这就意味着"五要"，即：要求要明确不能含糊，要在过程开始之前进行确定，要在要求确定之前进行商讨，要确保每个当事人都具有相同的理解，以及要监督其变化。

所以，我们确认了要求，并使每个人都明白要求，然后我们再达到要求。这就是质量。

## 师生对话

**杨钢：** 我们知道 ISO 9000 有一个质量管理的"八项原则"①。如果在你们的企业请管理者说一下，有多少人能回答上来？

**学员：** 我测过，基本没有人说全的。

**杨钢：** 所以呵，管理者都不关心，员工岂能关注呢？其实，"八项原则"根本不需要背。ISO 9000 里明确告诉"八项原则"的基础是已经从"要素"

---

① 2015 年 ISO 9001:2015 标准发布新版，原质量管理的"八项原则"改为"七项原则"。

改为"过程"了，你就把它放到过程管理模式中，就会自然长出来的。

**学员**：这倒还从来没有这么去想过。

**杨钢**：上一节中我们提到了，我们把一项工作当成一个过程的时候，遵循着"八步骤"的逻辑，首先要考虑输出，这就是"八项原则"中的第一条"结果导向的思维"。注意，不要拘泥表述和用词。其次考虑什么？

**学员**：输出的结果谁来用。

**杨钢**：是的。这是"八项原则"中的第二条"以客户为中心"。接下来要考虑你的客户对你的输出有什么要求，也就是第三条"以数据和事实为基础的管理"。然后还要考虑什么？

**学员**：输入。

**杨钢**：非常好，这也就是第四条"互利的供方关系"。第五条是"过程方法"。这个过程中，我们需不需要团队合作？

**学员**：需要。

**杨钢**：对，这就是第六条"全员参与"。剩下两条"持续改进"和"领导作用"不是自然生长出来的，是通用的原则。

所以，"八项原则"并不需要死记硬背。当你理解了"过程管理模式"的本质，就明晰地理解与应用"八项原则"，就能顺利地按照这一模式进行管理，更有效地完成各项工作，达到预期的结果。

## 成功的故事

一家东北的家具公司，它是全国第一个进口意大利喷漆设备的民营企业。采用的是前店后场式的经营模式。一开始，销售人员信心十足，这间店的生意也非常红火。渐渐地，销售人员越来越没有底气了，甚至不愿再推销自己的家具了。

原因何在？因为他们基本上做不到按时交货，拖延的时间越来越长，客户意见很大。老板急得要命，总是训斥生产人员。可他们已经非常尽力了，天天加班加点，上上下下都很疲惫，有牢骚也不敢发。这时又出现了更加糟糕的情况，返工的比例大幅度增加。人手原本就不够，这下岂不是屋漏偏逢连阴雨。

但管理者多次研究也没发现问题出在哪里。

老板急啊，找到我们寻求答案。其实，许多看似复杂的问题，答案却不复杂。我们就是指导他们用这个简单的过程模式作业表来解题的。

那位老板把全部管理者集中在一起，让大家思考每一个人的工作过程，并把流程图画出来，然后用连续打印机打出来。有5米长，挂在墙上。

就做了这一件事，问题出来了：第一是重复，第二是省略。就这么简单。

老板指着油漆过程流程图问大家："三遍手工再加一遍机喷。谁让你们这么做的？我们原来的要求是怎样的？"

生产经理回答说："一遍手工加三遍机喷。"

老板又问："谁让你们这么做的？"

没有人回答。大家你看我、我看你。

其中一个年长的工人说："嗨，这么做还不是为给你省钱嘛。你想啊，机器一开多贵呵，手工不是便宜嘛！"大家都笑了。

老板真的生气了："我来告诉你们什么叫省钱！看这里！"他用手指着流程图，"因为用手工，油漆不均匀，容易结疤，然后就需要有人进行打磨、重漆、修补或返工。你们看这些接下来的程序，不都是因此才有的吗？这样能不耽误时间吗？要是这样的话，我们买进口设备干嘛？不买不更省钱吗？"

所有人都不说话了。接下来大家严格按照"一遍手工，三遍机喷"的要求去执行，并取消了因此增加的打磨、重漆或修补工序，同时也取消了返工区。准时交货率由30%以下提高到了80%，返工率也因此下降了50%。

## 要点概览

❖ 质量工作必须是面向客户、面向业务的。

❖ 一旦我们把企业当成一个整体来看待，就会发现它像人一样，是一个活生生的"生命系统"……企业有三大流程——战略流程、核心业务流程和支撑流程，人也有三大脉络——冲脉、任脉和督脉。

❖ 质量意味着满足各方需求，实现多赢局面。反之，则可能导致多方受损，即便有短暂的成功，也无法持久。

❖ 之所以把体系、系统和流程交给质量部门，花那么多时间去做协调和沟通工作，就是为了帮助企业展开工作过程，进行过程管理，以最终获得客户的满意和忠诚。

❖ 与质量的"三个层面"相对应，要求也具有"三个层面"，即命令层面，需要层面和欲望层面。

❖ 工作要求也可能随着工作过程之改变而改变。要改进做事的方法，我们就必须调整工作要求，以便更确切地符合使用者的需要。

❖ 我们确认了要求，并使每个人都明白要求，然后我们再达到要求。这就是质量。

# 第 9 章
# 前提：沟通要求、说到做到

说到质量，就像说到"你"和"我"一样，好像谁都知道，可又没有谁能说得清楚。这就是问题所在。这么多年来，人们只是在现象和动作层面争辩不休，而几乎很少有人深入到哲学层面去思考问题。也难怪克劳士比讲，**质量的问题，不在于人们是否了解质量，而在于人们自以为了解了质量**。所以，我们必须先来谈谈质量哲学。

什么是我们的质量哲学？它实际上是由四个基本原则构成的，我们把它叫质量管理的"四个基本的原则"。

对质量的定义是我们交流的基础。在任何形式的沟通之前，我们都需要对所要讨论的内容有一个清晰、明确的认识。有一个广为流传的比喻，那就是每个人的内心都有一座小房子。当我说"我的小房子真漂亮"时，虽然大家可能都会点头表示赞同，但实际上每个人对"漂亮"的定义可能是不同的。这就像我们对质量的定义一样，虽然大家都在谈论质量，但每个人对质量的理解可能并不相同。

因此，在沟通中，我们必须首先明确我们对质量的定义，以确保我们的交流是基于共同的理解。

## 质量即符合要求，而不是"好"

什么是质量？我们一开始就会碰到一个难堪的问题，难堪到什么程度？2000年的时候，美国一个非常大的质量网站出了个题目：请大家谈谈质量的定义。最后网友给出的答案五花八门。我认为，质量管理之所以到现在都不能成为一门科学，最核心的原因就在于有关质量定义始终没有一个明确的说法。直到现在依旧是众说纷纭。

什么原因呢？克劳士比也曾经说过：TQM（全面质量管理）发源于美国，最开始是一个套餐，里面什么好东西都有，非常豪华、奢侈。但为什么在全球失败了呢？根本原因之一，就在于它唯独没有给质量下定义。ISO（国际标准化组织）也是一样的，我们前面提到过，在ISO 9000标准2000年改版的时候，CD2第二版草案公布时，给质量下了一个很清楚明确的定义：符合要求。为此，克劳士比给了它很高的评价。但正式出版后，质量的定义又退回过去了：符合要求的程度，而且明确地说可以用美好、漂亮、卓越等形容词定义。就这样，质量的定义变成"什么是好"这个问题。请问：什么是好？

### 师生对话

**学生**：老师，我们以前一直是按照ISO 9000的定义做的，麻烦很多。没想到麻烦的根源在这里！

**杨钢**：你的麻烦就在于会不断地为"什么是好"争吵不休。于是，问题变得更加复杂了。最后只能让步、妥协。

**学生**：就是这样的。

**杨钢**：那么，什么是质量，如何定义质量呢？我们来举个例子。

上次在昆明，碰到两件事。第一件事是中午吃饭的时候，我说不能吃辣。昆明一家饭店的服务人员就告诉后厨我不能吃辣的，还专门让服务员写了下来，菜里不放辣椒。可是等菜端上来，我一尝，怎么是辣的。他们说不可能，服务员说真的没放辣椒。我尝了一口，还是辣的。这时候他们的经理、厨师都来了，说保证没放辣的，这时候我觉得我有毛病了。

什么原因？厨师一解释我才明白，他们一般炒菜的时候，要放味精、盐、辣椒粉。辣椒粉是调料啊，可是他的调料对我来说就是一种折磨。所以质量是什么？不是"好"。如果我们把质量当成"好"，这就像一个人的口味一样，有人喜欢吃辣的，有人喜欢吃甜的，还有人喜欢吃酸的，大家都不一样。

那天下午上课的时候，我问大家什么是"好"，大家比较内向，都不说话。当时昆明市电视台在现场拍片子，编导就说："杨老师我能说一句话吗？"我说可以。他上台就说跟大家分享一个故事：最近给他的客户拍一个片子（他没说是广告片还是纪录片），他觉得拍得非常好，可是客户就是不高兴，还跟他吵了起来。他昨天跟客户讲，如果客户再不满意，可以拿着片子到云南省，如果哪个专家，哪个学者，哪家电视台的专家说不好，他都不要钱。可直到当天上午客户还是不满意。他很烦，让客户去中央电视台吧，他出路费，如果中央电视台哪个专家，哪个编导说不好，所有的钱他都不要了。直到刚才听到我说"质量是符合要求，而不是'好'"，他顿悟了，明白了，准备一会儿就出去给客户打电话，约时间再聊一下。（掌声）

那么请问，质量到底是什么？

**学生**：就是客户的要求。就像我们的公司生产的啤酒，品种非常多，加起来有几千个。但是都叫 QD 啤酒。这么多品种就是为了满足不同口味、不同地区消费者的需求。因为我是做质量工作的，我的理解就是要令客户持续满意。

另一方面，我们的品牌老化了，可能缺少激情，所以跟国际品牌竞争可能存在一定的缺陷，这就是我们要持续改进的地方。

我们企业在 1993 年改制之前，库存积压严重。当时一年的产量也就二十多万吨，但我们的库存最多的时候达到了三万吨。经过市场调查，有顾客反映啤酒的口味太多，难以选择。于是我们就把所有当地卖得好的啤酒都买回来，品尝后再作分析。就这样，经过努力，我们终于找到了市场的脉搏。开发出的一款新产品，自 1996 年第一次投放市场就售出了 5 万箱，不到一周就卖完了。

所以，我认为不同的消费者有不同的口味，我们一定要先考虑输出问题。如果只想着把"最好"的产品卖给顾客，迟早会被市场淘汰的。这是我对质量的理解，非常感谢大家。

**杨钢**：大家掌声。说得非常好。所以我们说：质量不是"好"，而是确定要求，符合要求。那么，怎么做到符合要求，能不能通过减少要求来实现？

**众学生**：当然不能！那就成了缺斤少两、偷工减料了。

**杨钢**：那么，能不能把要求增多呢？

**学生**：……

### 符合要求，不能"多"

有这么一个真实的故事。

有一家专注于电池制造的企业。假定他们的电池像装一杯水一样，国家标准规定只能装满。在日常的工作中，每一个员工都认为少了不行，但多了没问题。就如同我们前面讲过的，在秋千上增加绳索和木板，或者在购买菜品时赠送小菜，都是为了给客户带来额外的惊喜，是一种增值。

然而，当我到这家企业与他们的总裁交流时，他透露了一个令人担忧的问题：库存积压。我好奇地询问原因，他解释说：为了吸引和留住客户，我们不断延长产品的保修期，从最初的一年逐渐延长到两年、三年，现在甚至达到了五年。这意味着客户不必频繁更换电池，从而导致了库存的累积。

我说这不应该是客户问题吧。他马上说了一句：是呀，可是我们总觉得很冤枉。很多退换的产品都是客户自己弄坏的。

我说：这不对了，你怎么这么想，是客户自己搞坏的吗？

他说：你看往往是客户使用不当，或者说没有用就退回来了。

我想知道这是什么原因，便继续追问下去。我去了解了售后服务部门和现场的操作工人。最后有了答案。

原来工人们在现场的操作中都是按照国家标准去做的。标准要求不能少于多少，可没有规定不能多于多少。而在实际的工作过程中，工人们一直都认为，少了不行，多了没问题。管理人员也是这样控制的。他们还对我说，这样客户有一种占便宜的感觉。

但问题来了：客户在使用它们产品的过程中，需要往里面补充一种成分，而所用的设备是另外一家企业生产的。他们也是按照国家标准执行的，多了就补充不进去。

于是，客户自然就认为是你的产品不符合要求，就会退换，造成产品的积压。

这件小事再次告诉我们，质量是符合要求，而不是多，显然更不能少。

**符合要求，不能"变"**

符合要求，不能少，不能多。那么，能不能"变"呢？或者说，能不能另辟蹊径，"曲线"满足顾客要求呢？

符合要求，不仅不能做少，还不能做多，当然更不能由着自己的性子来。这是一种基本的管理思维和经营方式。对于我们每一个企业来讲，都是至关重要、决定成败的事情。

**因为质量不仅是符合要求，而且是一种要做我们答应做的事情的基本要求；实际上，它是一个组织能否第一次就做对、满足客户要求的能力。**

我们再来看一个现实的例子。

某一年9月1日，某研究所的市场部接到用户电话："要求×号合同产品提前交付，原因是××发射期提前，系统要求的齐套期也相应提前"。市场部随即口头通知计划部，计划部开始落实用户的要求。

计划部核查：此合同是5月中旬签订，合同要求11月底交付，共三种型号：X-1 6月份就入库了；X-2 开始封口；X-3 物料刚到，还在首件调试。

市场部：合同中规定是要下厂监制的，产品标准中写得很清楚，怎么就入库了呢？这可是重点工程啊，要按专项质量保证大纲控制的！

计划部：用户下场监制、验收等信息在合同里没有反映啊，哪儿写着是重点工程？合同中只有 J\S\L\D 项。

市场部：这不是为了保密吗？

工艺部：我们保证是按照合同要求生产的，可是合同中没有写必须要监制啊？

标准化：按规定客户特殊要求是可以写在标准中的。

计划部：合同文本中是有标准号，但我们看不到标准的内容。

设计部：噢，我们和用户商量后改了标准，标准化部门也在场。

标准化：一般标准经用户确认后，我们就发给设计部并归档，工艺部很少发放，近几年来好像只发过一次，是X-2单位的产品吧？

设计部：未移交的产品我们在下任务单的时候把标准带上，这产品早移交了，我们不管。

各部门：计划部你来协调吧！

计划部：……

关于这个故事，我们又应从哪角度去看呢？产品提前交付所引发的一系列事件，无疑凸显了企业经营管理中存在的不足。如果不是用户催货，这些问题是否会被忽视？如果问题确实存在，它们又会在何时以何种方式暴露？问题的根源到底在哪里？我们该如何采取有效措施来改进？

**质量即诚信**

我们前面说质量即价值，现在又说质量是符合要求，那么二者有什么区别呢？其实很简单，价值就是被要求，唯符合要求，方可创造价值。所以，质量说白了就是满足要求、创造价值，其核心就在于努力地识别要求、确定要求与满足要求。也就是做我们承诺或答应要做的事情，也就是说到做到；说到做到，就是诚信。

因此它属于一个组织经营管理的范畴。这就是为什么说"质量是一个组织的骨骼"，"质量管理是企业管理的纲"。

现在，我们再一次把眼光放到质量的定义上来。当我们谈质量的时候，要避免由里向外的"好"，而要密切关注由外向里的"好"。换句话说，站在客户的立场是可以谈好或不好的，客户一比较就知道谁好谁坏了。实际上，克劳士比用"是什么，不是什么"这种不是定义的定义，突出地展示一件事——质量是由客户来定义的——这正是现代质量观与传统质量观的重要分界线。

符合要求，在内部可以带来"一致性质量"，好处自然是成本降低、效率提高；对外，则是客户的"感知质量"——客户是否觉得"值"，物有所值，或物超所值，这是价值的体现。显然，这两者之间的"代沟"是客观存在的，有时候是深不可测。但这不恰恰给我们指出了方向吗？符合要求，从要求开始，采取符合行动；出现不符合，重新回到要求。

质量的定义就是符合要求，而不是好。"好、卓越、美丽、独特"等术语都是主观的和含糊的。一旦质量被定义为符合要求，则其主观色彩随之消散。任何产品、服务或过程只要符合要求就是有质量的产品、服务或过程。如果不能符合要求，就会产生不符合要求的结果。

然而，即使工作要求会不断改变，但符合要求永远不变。如果我们希望自己的工作具有质量，就必须符合工作上的所有要求。

符合工作要求可以让我们达到客户的需要和期望；这就是质量的定义，也是零缺陷管理的第一项基本原则。

## 要求是多变的，符合要求是不变的

做管理的整个精髓其实就是一个确定与满足要求的问题。而要求又是具有"三个层面"的命令、需要和预期，是多维的和动态的。

企业产品符合国家法律法规是不是符合要求？是，但是绝对不够。很多人说我们的产品符合要求了，但是进一步深入地看呢？符合国家的法律要求了，那有没有符合环保要求，有没有考虑客户的价格要求？有没有思考交货的及时性，产品的审美形式、适用性、情感、价值、可靠性等。

我只罗列了一点，其实要求非常之多，而且绝不相同。不同国家的人要求也不一样，不同地区人的要求也不一样。中国之大，这种区域变化不亚于一个国家，虽然我们都是中国人,但是差异很大,南方北方的人坐在一起可能就有不同的文化。怎么办?大家可能觉得这个太难,经常有人说:"杨老师,我发现要求是'动态'的!"我说:"对,要求一定是流动多变的。"

## 师生对话

**杨钢:** 何谓"符合要求"?

**学生:** 符合要求就是随着要求的变化而变化。

**杨钢:** 正确!这句话本身就是一句哲理。我们身处"百年未有之大变局",一切在变,就剩下"变"是"不变"的了。可什么是不变的呢?那就是哲学。克劳士比的管理哲学英文就叫做"4 Absolutes",直译即"四个绝对",其中第一条就是谈要求的。

想在变化中把握核心要求很难,不仅要具备很好的沟通能力,还要能妥善处理很多关系问题。什么原因使得"要求"不断改变?太多了,客户的喜好在变,法律法规在变,技术在变,国内外政治经济环境都在变。

希望大家记住一句话:要求绝对是多变的,但是,符合要求是绝对不变的。

可是,如何判定要求是否符合了呢?

**众学生:** 客户获得了满足;客户的需要问题被解决了;要求是产品本身的属性;要求也可以理解为客户期望的被满足……

**杨钢:** 综合大家的答案,要求其实就是对问题的解答。比如,你问,我们几点上课?我说9点。你继续问,在哪里?我说在305教室。你再问,我要做什么?我说翻到教材的第几页……问题不断出现,不断被解答,最后有的形成了规则,有的成为规范,有的变成操作手册,这些都是要求。

现在我们要做的一件事就是怎么进行要求的沟通?

在一个组织里要创建一种善于沟通的氛围很难,首先大家要有一种开放的心态。如果不开放,每个人都等着别人主动跟自己说话,能沟通得起来吗?

语言要明确,不要含糊。有一个理论,在我们的工作生活中,困扰我们的问题中超过86%都是小问题。但为什么很多小问题却得不到解决呢?

## 有效沟通的秘诀

通俗的理论是这样说的：我们每个人肚子里面都有一个小房子，当我们说漂亮的房子的时候，有人想到欧式的，有人想到像上海那种现代化的，有人想到北京四合院，有人想到可能是村屋等，每个人是否对房有理解？有人说漂亮，有人说是很漂亮，其实是不一样的。沟通就是这样，我相信质量，每个人都有自己的质量观。

沟通为什么难？如果把沟通画一个矩阵的话，怎么才能沟通，我不知道的，你也不知道，我们俩也不沟也不通。我知道的，你不知道的，我根本不愿意告诉你；你知道的，我也知道的，咱们俩不用说了；什么时候有沟通愿望？你知道我不知道，有了需要，沟通难就难在这里——往往自己知道的不愿意告诉别人，希望从别人那里得到东西，所以沟通最重要的就是先去跟别人讲，别人才会跟你去讲，沟通难就难在这里，不信你们自己画一画，想想自己是不是这样。

有这么一个故事：

> 有一家企业，有一天生产经理突然发现设备坏了，他就跟工程师开始对设备进行检修。检修过程中发现需要一个小扳手，刚好看到一名路经的员工，这位经理就让小伙子去仓库给自己拿一个扳手来。小伙子应声而去。
> 
> 原本3分钟就能往返的路程，小伙子足足用了十多分钟。当小伙子满头大汗地扛着一个巨大号的扳手回来的时候，生产经理傻眼了。
> 
> 短时间的沉默后，经理开始自我反省：自己并没有告诉对方确切需要，这直接导致了小伙子没能顺利完成任务。

我们在日常生活中经常会遇到这样的问题，由于要求不清楚、沟通的双方对要求的理解没有达成一致，进而产生很多问题。所以，当我们谈质量的时候，必须首先谈问题。

**用沟通扫走麻烦的雪球**

当要求不清楚、被省略或被遗忘的时候，就一定会产生问题。想避免问题的出现，就必须进行有效沟通，具体怎样做呢？这是困扰很多企业家的事。很多人认为，既然它这么普遍，是不是即使出现了也不必着急解决呢？

  我们的一家国内客户，在某年圣诞节的时候，收到了一家英国客户的采购订单，价值10万美元，对这家客户而言这是一个大单子。英国客户的要求是，因为自己这边要放圣诞假，对方也快放春节假了，所以，希望这家客户给自己一个单证，方便及时付款，否则，付款时间很可能会延后三个月。

  公司老总非常重视，要求财务总监认真制作一份单证。财务总监就告诉财务经理说：要做一个单证，还询问你知不知道是什么单证。财务经理说：不就是之前的那种单证吗？没问题。

  结果拿到单证后，英国客户、公司老总、财务总监均发现单证存在错误。但财务经理没人看了说：错了，不是这个单证吗？财务总监急了：不是这个单证，是那个单证。

  这次误解导致了高昂的代价。原本约定三个月内付款，结果却推迟了大半年。

  当然，每次沟通都有不同的主题，有轻重之分，还有时间上的限制。我得知道我要讲什么，用多长时间来讲这个主题。沟通的时候，我们要讲不同的主题，有时候彼此需要交换意见，甚至我们要共同讨论问题，不同的主题，不同的对象，不同的时间段，使得我们对某一个问题会产生不同的答案。

  当我们明白这点之后，如何进行有效地沟通呢？

**如何进行沟通？**

  有效的沟通大都建立在"互敬、互信、互利"的三个关系基础上，且遵循着L-Q-C（先听–Listen，再问–Question，后确认–Confirm）的规范。有了它们，很多难题就可以解决了。千万不要认为这是空话。

  我们有一家做压缩机的客户。有一次他们跟一个国内的西部客户做了一单生意。压缩机被送到了客户手里，开机正常运行36个小时就可以收尾款了。他们按照常规去了，工程人员和销售人员到客户那里一打开，机器不动。他们吓坏了，检查后发现机器没有问题，再一打还是不动。客户很着急，说行不行啊，不行我们就不要了。当时客户正好在做一个电力工程，基建作业即将完成了。

压缩机厂的工程师开始做工作："你们放心，我们用信誉担保，一定在规定的时间内提供出你要求的产品和服务。"但是这样也不行，于是生产经理、副总工，马上从上海飞过来，但是问题依旧没有得到解决。客户下了最后通牒，两天之内再解决不了，对不起，不但要退货，还要赔偿客户的损失。

这时他们就向客户提出："能不能把你们的业务骨干、研发人员加上当地相关的研究所的技术人员都请到一起，租一个酒店大家一起进行会诊，所有的费用我们出。"客户很高兴，说没有问题。于是他们马上去落实，就地组成了一个团队进行会诊。

很快，问题找到了，不是产品本身的原因——西部地处高原，在大气压的作用下，机器启动不了了。因为当美国人引进机型的时候是针对东部发达地区的，根本没有考虑西部地区的地理因素，引进的都是平原机，还没有提出高原机的概念。这时候他们突然发现，原来随着我们国家的发展，西部建设也加快了，于是他们返回上海后马上跟美国总部联系，要求引进高原机。

当然这件事这个上海公司的损失不小，直接经济损失都在100多万元，但是他们获得了更大的收益。由于这种有效的沟通，他们拿下了中国市场上一半的高原机，为企业带来了直接的收益。

这个案例中问题的出现，也是因为没有做好沟通工作。为什么沟通很难？大家仔细看看这张图片就明白了。（如图9-1所示）

图9-1 "听"

这张图片的含义很明确。西方人是这样解释的：上帝给了我们两只耳朵、一张嘴，就是让我们多听少说。但其真正的智慧则表现为理性的逻辑思维：正、反、合。也就是说，任何事情，听一面正的，再听一面反的，然后再说。这也很符合《易经》中的经典智慧："一阴一阳，为之道。"也契合我们耳熟能详的成语：兼听则明，偏听则暗。

什么是"聽"？即竖起耳朵倾听。然而，仅有耳朵还不够，还需遵循行为准则：十目一心——专注，注视对方的眼睛，真诚地倾听。古人造字颇具深意。《史记》中有一句名言，体现了中国人的智慧："百慕容在楚，楚亡；在秦，秦昌。非百慕容之过也，乃秦王'聽'之用之也。"这篇文章之美，关键在于"聽"。那么，为何如今人们不再重视"聽"呢？

很多组织里是怎么进行上下沟通的？开全体会议的时候，总裁说完，副总说，接下来是各级大小领导，领导们都说完了，散会！还有的领导在下属给他汇报工作的时候，他总在着急打电话。这叫"聽"吗？都不是啊！所以他永远当不了优秀的企业家，当不了大老板。你知道为什么吗？**"聽"的下面是个什么字？"王"，要想出人头地的人，想成功的人，一定是一个可以做到"兼听"的人。**但问题是，很多的企业管理者，很多的组织领导，为什么就不想当"王"呢？

克劳士比在书里常谈到，当你是一个普通员工的时候，你总在抱怨，埋怨你的上级、主管为什么不愿意主动与下属沟通。可是，当你有一天也成为主管的时候，你会比以前的主管更像一个主管——当你穿上西装，打上领带，成为一个标准管理者的时候，在一个组织里，你将是最后一个知道真相的人。这真的很悲哀。

为什么管理者不愿意了解这些真实的情况呢？要知道，一旦我们的沟通不顺畅，我们所谓的"让客户满意"就只能是一句口号。

### 什么是麻烦？

还有一个观点是这样的，麻烦与问题是两个不同的概念，**困扰我们 86% 的问题其实都是麻烦；并且，这些麻烦本来在基层就应该得到解决，但是为什么没有得到解决呢？**

## 师生对话

**杨钢：** 麻烦究竟是什么？

**学生：** 障碍。

**杨钢：** 障碍？有些员工会说"我的任务是星期一要写东西，但是不知道应该写什么东西，真麻烦！"也有的员工说"我在开设备的时候，灯坏了，没有人帮我修，真麻烦！"还有人说"难道我们工人出的图纸必须用小六号字吗？真麻烦！"你会发现麻烦就像雪粒子，如果不及时清除就可能变成雪堆，想及时解决麻烦，最重要的就是做好沟通。

**杨钢：** 有效的沟通是什么样的？

**学生：** 发出指令一方说的意思，听者听到了后予以确认："我说的意思你明白了吗？明白了的话，请给我演示一下，看看和我所表达的意思是不是一样的。"

**杨钢：** 谢谢。有没有补充的？

**学生：** 实际上我觉得沟通应该是面对面的，否则很容易出现失误。

**杨钢：** 最有效的沟通应该是面对面的，但在很多工作场所我们都没有办法做到面对面的沟通，环境所限，可能是电话、传真或者是 E-mail 沟通，这时候怎么办？

**学生：** 假设是一个电话合同的话，接到电话的这一方必须回一个电话，要在电话中就合同的理解达成一致。

**杨钢：** 必须进行确认对吧？用什么方式确认？

**学生：** 方式应该是多种多样的。

**杨钢：** 其他人呢？

**学生：** 信息的传递应该有一个统一的标准。因为信息的传递就是指令的传递，没有标准的话彼此理解起来容易出问题。

**杨钢：** 很多时候我们都是为了尽快完成任务，忽视了彼此进行沟通。这一点需要我们大家注意。

**学生甲：** 我觉得应该把标准形成文字记录下来。

**学生乙：**我觉得沟通的表达应该有一个依据，沟通应该分成两类：一类是答案确定的，对表达有明确含义理解的，彼此相隔多远都没有关系；另一类是答案不是唯一的，没有确切理解含义的，就需要双方彼此提问，最后再确认下来。

**学生丙：**我觉得沟通应该先确定沟通的对象。比如你给我们讲课，我们都懂得质量管理的重要性，双方都明白一些概念，当然能理解彼此的想法。而同样的问题要是和幼儿园的孩子进行沟通，那就不一样了。因此，确定了沟通的对象，沟通才会有效。

**杨钢：**谢谢。我们沟通的时候要用数据说话，尽量使用量化的、标准化的东西。这样会使双方理解起来的歧义减少。当然也有一些问题，很多数字都是可以造假的，但这就是另一个层面的问题了。我们现在问的另一个问题是，经理或主管在沟通方面常犯的错误是什么？为什么与下属经常是"沟"而"不通"？

如果愿意，可以做这样的尝试：在内部局域网上征集一下经理和主管经常犯的错误。进一步引申到文化沟通的层次上，最后会发现其实根源就在价值和文化上。

## 如何帮助客户成功

### "成功分析模型"

如何有效地确定要求与沟通要求，成功留住客户呢？在质量工程领域有一种有关可靠性的"失效模型分析"工具，但我更愿意从客户需求的角度推荐大家使用一种我称为"成功分析模型"或"帮助客户成模型"的方法，如图9-2所示。

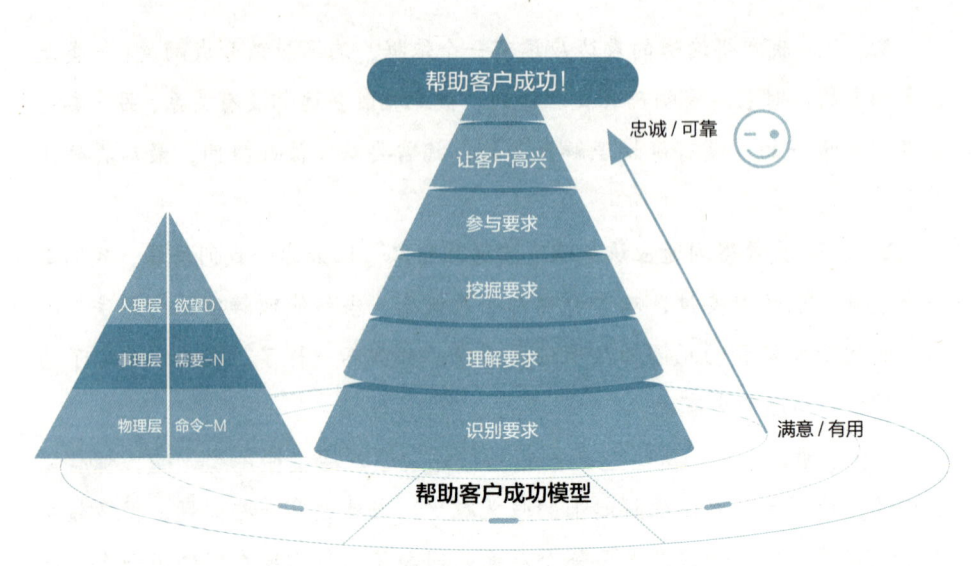

图 9-2　成功分析模型

这个模型，虽然有六个由低向高、由显性的向隐性攀登的台阶，但如果与质量的"三个层面"以及要求的"三个层面"相契合的话，我们会惊奇地发现：**对于物理层及命令层面，我们是需要识别和理解的；对于事理和需要层面，是需要挖掘和参与的；而对于人理和欲望层面，则需要努力让客户高兴，最终要帮助客户成功的。**要想做到这一点，需要很多定量和定性的分析。

比如喝茶，看得见的要求是什么？器皿，茶叶，水，茶叶的颜色。那看不见的呢？味道、温度，这些潜在因素企业是可以识别和计量的。我们为什么一直很注重理解呢？比如，说到茶，会被赋予一种文化色彩。如果你是浙江人，你对茶的品位怎样？如果你是潮州人，你知道怎么沏水；如果是北京人，你也知道怎么沏水。在中国东南西北中，每个地方对茶的理解都不一样，这就需要理解当地的文化。

这个模型怎么建立？说到底，建立模型最后都会归结到一个解决方案上去。为了印证这一点，我们可以随便找一个例子，比如研讨客户对茶叶的要求，为此开一个头脑风暴会。

分析客户的要求中哪些是可以识别的，哪些是可以理解的，哪些是需要进一步挖掘的，哪些是可以参与的，还有哪些是做了会让客户感到高兴的等。

为此，需要先做一些调查，把要求的要素列出来，你就会发现原来客户花 1 万元买一台电脑，花 1.3 万元买了一套解决方案。但可能客户也不知道自己要解决的问题是什么，这就是我们要做的东西——**光让客户满意是不够的，让客户满意只是解决有用性；我们做业务的基础不是仅仅让客户满意，还要让客户变得忠诚，这才是我们做业务的目标。**

这里跟大家分享一个故事。

一次我到一家专卖店买衣服，平时我很少买衣服，也确实是因为没有时间。一到门口，服务员就说欢迎，询问我要买什么。我说看看，她就笑着退到了旁边。我走到了试衣的地方，她一下子又站到了我面前，手上拿两套衣服问我是不是要这个。我说不错，她问我做什么的；我说当老师，她笑着说很多学者都喜欢这种服装，它很适合我。我说确实不错。服务员就让我试试看。我推说算了，这时又过来一个服务员说你试试看，一定很好。人一被捧就高兴了是不是？于是，我就进了试衣间。

从试衣间一出来，又有好几个服务员围上来，好多人说："太好了！走两步！"那时候我觉得我快不会走路了。但是这种赞扬真的会让你心情愉悦，于是准备买下。

我准备交钱的时候，服务员又拿了条领带过来，说这个领带很好，一般我们都不推荐，某某名人刚买走一条。我一看确实不错就买下了。

回头想想，觉得此次购物经历非常舒服。于是问她们："你怎么知道我喜欢这个？"

服务员掏出一个小本子说："先生你看，我们每个人都有一个小本子，经理要求每个人对客户进行观察：哪些人进来一定会消费；哪些人进来是溜达溜达的，是可买可不买的；哪些人进来后我们根本不需要理他，因为他根本不会买。然后简单问问这个人的职业，年龄多大，回去做好统计。最后我们每个人手上基本上都有这么一个模型。客户一进来，我们就知道他会不会消费，是不是要购物。所以你一进来，我们就相信你一定会买，我们再观察并在档案里面查找什么职业的人喜欢什么样的服装。然后我们再看看你在哪里摸了一下，拿出哪件衣服比画了一下，我们再组合一下，基本上能猜个八九不离十。"

我当时特别感慨，我一直教别人，没想到她们更加成功。

你们看他们虽然没有体系，但是每一个业务人员手上都有一个构建好的模型。有了这套模型，真的能使客户感觉她们的服务充满热情，大家肯定会再去。

客户有两类，一类是关系客户，特别愿意与一家机构建立长期的合作过程，因为省时间，可能每次他都去同一个地方消费，甚至会介绍自己的朋友去；另一类客户叫交易客户，交易客户不要关注太多，甚至可以大胆地从你的数据库里把他删除掉。当然交易客户里还有 20% 是可以升级成关系客户的。交易客户是东家打折他跑去了，西家打折他也跑去了。所以企业要做的就是找到尽可能多的关系客户。

我们如何建立成功分析的模型？需要揣摩客户的心思，吸引客户的购买欲。

### 如何帮助客户成功

我们如何看待一个客户？如何真正识别客户，确定客户的需要并培育客户？

**识别真正的客户** 即使每天都在强调要满足客户的需要，可是当你连客户究竟是谁都不知道的情况下，怎么确定他们的需要？而且我们有内部客户，也有外部客户，具体的客户显然需要具体分析。不能确定客户，满足其需要就成了一句空话。因此，我们明白这一点之后，就要首先确定客户。

讲一个故事，看看什么才是真正地识别客户，确定客户需要。有一次，我在深圳遇见一个学生，他是一家玩具工厂的负责人。当时他跟我诉苦，说现在的客户越来越苛刻了，他们精心设计出来的东西总是积压。我反问他谁是他们的客户？他立刻就哑口无言了。

有人说客户就像企业的孩子，有人说像家长。一些企业的研发人员在面对这个问题的时候，给出的答案是家长，因为只要自己把产品卖出去就可以了，就能为公司创造效益。为了在市场上被更多的"家长"喜欢，他们就会考虑什么东西能吸引家长的注意力，是色彩还是功能？

这件事让我想起了一个在管理史上非常有名的案子——一群精英共同演绎的一个错误而有趣的案子，跟这个故事有异曲同工之处。

一家企业做狗粮产品的企业，新的CEO上任后希望推出新产品，希望能够把他的竞争对手打下去。为了这个目标，他花了很多时间组建团队，做了广泛的市场调研，而且营销工作也做得非常好。

他们先让市场人员到超市询问售货员有没有自己公司销售的这个牌子，超市老板不知道说，营销人员就说狗吃了这个产品以后非常好。他们就在各大卖场散布这个信息，说现在的宠物容易患什么病，而这个产品恰好能治这个病。或者直接去超市说：来几箱××狗粮。当超市老板说不知道这个牌子时，他们就说："你连这个都不知道呀？"

于是整个市场的胃口都被吊了起来，但是迟迟不见产品，当产品终于上市的时候，自然被抢购一空。这种销售火爆的局面持续半年，CEO非常开心。但是半年以后，销量直线下降，你们说什么原因？原因很简单——狗不爱吃。

请问，谁是他们的客户？是狗还是狗的主人，是"孩子"还是"家长"？那么，我们满足客户的需要，是要满足谁的需要？

其实客户有两种：一个是中间客户，另一个是最终客户。往往在中间客户和最终客户之间，有一个需求的脱节情况存在，很多老板都抱怨没有办法了解客户的真正需求，以致工作非常难做——其实就是关节没有打通。该怎么处理？如果我们不确定客户要求，所谓的"满足客户要求"都是假的，你实际是不知道该怎么去做的，我也希望大家去思考这个问题，怎么去识别客户需求？

其实对于来自服务业的客户，我们可以这么做：建立自己的客户信息库，把客户分为三类，**第一类是目前给你带来最大利益的客户且有长期合作的可能；第二类是那些给你带来很大的利益，但是以后没有什么合作机会的；第三类是压根就没有合作可能的客人。**

**酒店老板的苦恼**　有几个酒店老板跟我谈过自己的苦恼：客户的总量在增加，开房率很高，管理者非常开心，可是酒店的利润却在下降。他们说："我们现在想要进行一对一的服务。"但怎么去服务，他们又有点举棋不定。因此把客户分类，确定每一类客户的名单势在必行。客户关系的管理还是属于营销的一种，而营销的目的无非是把客户资源变成你的最大利益，如此而已。

所以当我们谈客户关系的时候，无论我们是否直接跟客户打交道，都要打通这个渠道，让更多的需求流通起来，这样可以为整个公司创造更多的效益。

克劳士比说过：如果帮助客户成功有什么秘诀的话，那就是，一定要了解客户的需求。他曾经在《完整性》一书里举过一家汽车酒店如何得到客户需求的例子。

## 案例：如何可以得到一份系统的客户需求列表[①]

一家主要处理大众汽车旅行业务的典型，它的客户是一个由一对父母和两个孩子组成的家庭。他们开着自己家的汽车出来度假，并在我们酒店预订了房间，计划下午抵达酒店。如果把整个酒店的工作团队系统地整合一下，就可以得到一张系统的客户需求列表。之后，随着对该行业的进一步了解，我们就可以往其中加入更多的内容。

最初的列表是这样的：

- 确认预订成功（预订当时）
- 确认酒店的方位
  - 告诉客户通往酒店的路上能见到的路标
  - 帮助客户轻松找到酒店正门
- 帮助客户卸下行李
- 提供泊车位
- 整洁漂亮的大堂
- 标志醒目的前台
- 前台有乐于为客户提供登记服务的工作人员
  - 确定预订真实有效
  - 快速登记并确认费用标准

---

① 菲利浦·克劳士比，完整性：21世纪的质量，北京：中国人民大学出版社，2006.

- 接受信用卡
- 帮助客户找到预订的房间
- 匹配的房间钥匙
- 确认房间里没有其他人
- 带卫生间的，设备齐全的舒适房间
  - 足够的毛巾、肥皂等
  - 酒店饮食及娱乐信息
  - 频道足够多的电视机
  - 舒适的床铺和安静的环境
- 安静的整体环境
- 整洁的娱乐设备，如游泳池
- 适合儿童使用的就餐区
- 及时叫醒服务
- 早餐
- 尽量快速结账
- 帮助客户确认下一个目的地的方位
- 确定当晚的其他预订
- 愉快地退房

这张表在实际操作中还可以进一步完善，但它囊括了该组织运营的基本环节。我希望大家仔细考虑其中的每一项，有没有客户不需要的项目。这样，我们就能了解哪些环节可能产生问题，从而有针对性地防止问题的发生。听起来可能有些奇怪，但这个方法的确有效。

- **标志醒目的前台**。这一点做起来并不容易，不过如果不使用标志或标志不明显，客户就会在收银台、房间管理处，以及接待处之间转来转去，找不到要找的地方。即使酒店生意不好，也必须保留醒目的标志，以免客户因此而与酒店大动干戈。

- **前台有乐于为客户提供登记服务的工作人员**。这里，不仅仅包括前台偶尔找不到人的情况，还包括其他一些令客户感到尴尬的情况。尤其是，有的职员只顾打自己的私人电话，聊一些私人感情问题，或者头也不抬地盯着自己的电脑。还有的时候，前台职员完全听不懂客户所使用的语言。类似的情况很多，每天都可能出现新的状况，所以，谁也不知道究竟该怎么解决。

● **确认房间里没有其他人**。我在ITT（美国国际电话电信公司）工作时曾经拍过一部电影，名叫《零缺陷，而非差不多》。其中有一场说的是，当一位客户被领进酒店客房时，才发现房间里有一位女士。她一发现有人闯进来就大声尖叫。我发现每次当我们放映这部电影之后，都会有人过来谈起自己的类似经历。我们是不允许出现这样的问题的，除非有人存心这么干。

● **带卫生间的，设备齐全的舒适房间**。大部分酒店都会有一本小册子，配有房间的照片——房间里的人坐在餐桌旁，桌上放着一大堆食物，不过没有人去动这些食物。我们必须明白的是，只要把照相机放得远一点，比如靠着墙，拍出来的照片就会显得比实际的房间大得多。酒店房间的设施不需要太复杂，因为大部分客户只住一天就会离开。

克劳士比先生之所以不厌其详地讲述这个案例，目的不仅在于说明一个道理：帮助客户成功的关键在于了解客户的真正需要，并围绕这种需要适当地安排生产；同时，还为我们指出了一种具体可行的工作思路，那就是：将工作中的不足之处列成表格之后，管理团队就可以对公司的运作情况进行总结，然后建立积极的工作程序、培训计划，并制定公司制度。这样，公司就能帮助客户成功，并且每一次都成功。

所以，克劳士比先生说："从事质量管理的全部过程就是要建立一种根深蒂固的习惯，使得职员和供应商们做他们所承诺过的事，亦即要符合已同意的要求。……而那些成功地进行了文化变革的公司都已经如同：质量即'符合要求'。"

## 要点概览

- 质量的问题，不在于人们是否了解质量，而在于人们自以为了解了质量。
- 质量管理之所以到现在都不能成为一门科学，最核心的原因就在于有关质量定义始终没有一个明确的说法。
- 质量是符合要求，而不是多，显然更不能少。
- 因为质量不仅是符合要求，而且是一种要做我们答应做的事情的基本要求；实际上，它是一个组织能否第一次就做对、满足客户要求的能力。
- 质量说白了就是满足要求、创造价值，其核心就在于努力地识别要求、确定要求与满足要求。也就是做我们承诺或答应要做的事情，也就是说到做到；说到做到，就是诚信。
- 实际上，克劳士比用"是什么，不是什么"这种不是定义的定义，突出地展示一件事——质量是由客户来定义的——这正是现代质量观与传统质量观的重要分界线。
- 一旦质量被定义为符合要求，则其主观色彩随之消散。任何产品、服务或过程只要符合要求就是有质量的产品、服务或过程。如果不能符合要求，就会产生不符合要求的结果。
- 要求绝对是多变的，但是，符合要求是绝对不变的。
- 当要求不清楚、被省略或被遗忘的时候，就一定会产生问题。
- 有效的沟通大都建立在"互敬、互信、互利"的三个关系基础上，且遵循着 L-Q-C（先听 Listen，再问 Question，后确认 Confirm）的规范。有了它们，很多难题就可以解决了。
- 麻烦与问题是两个不同的概念，困扰我们 86% 的问题其实都是麻烦；并且，这些麻烦本来在基层就应该得到解决。
- 我们沟通的时候要用数据说话，尽量使用量化的、标准化的东西。
- 对于物理层及命令层面，我们是需要识别和理解的；对于事理和需要层面，是需要挖掘和参与的；而对于人理和欲望层面，则需要努力让客户高兴，最终要帮助客户成功的。

❖ 光让客户满意是不够的，让客户满意只是解决有用性；我们做业务的基础不是仅仅让客户满意，还要让客户变得忠诚，这才是我们做业务的目标。

❖ 从事质量管理的全部过程就是要建立一种根深蒂固的习惯，使得职员和供应商们做他们所承诺过的事，亦即要符合已同意的要求。

# 第10章
## 系统：预防致富，救火破产

克劳士比先生指出："**预防可以致富，忙于解决问题一定使你破产。**"

管理思想上的缺陷，会导致我们在沟通上产生缺陷，进而导致我们的整个行动产生偏差，造成困境，引发难题。那么，如何能把握有效的沟通，进行好的预防，进而通过预防来达成质量要求。

### 为什么预防产生质量？

预防是什么？是个项目吗？预防应该是一种习惯。比如，每天上班早晨起床的时间，去机场所用的时间，赴约所用的时间等，这些需要计算的时间，都要很慎重，把变量考虑进去。**预防的目的是保证第一次准时达到我们的要求。这是我们生活中的一个基本习惯。**

在企业里面我们要通过固化的制度把行为变成习惯。这就像古人写诗的时候，先要把唐诗三百首背下来，才能出口成章。预防也是这个道理，建立预防系统很重要。

**预则立，不预则废**

就拿开车来说：有两类人，一类人是这样的，手册里告诉他车要进行定期的保养，当车开到一定的公里数，他们就会按部就班地进行常规的保养。往往这类人都是比较老实的人。还有一类人，总是抱有侥幸心理，觉得没有必要经常做保养，车到山前必有路，走一步看一步。于是他们即使到了该把车拿去维修或保养的时候也继续开，突然有一天抛锚了，他们就开始打电话，叫人拖车。

你们说说看，前一类是什么人，喜欢预防的；后一类人呢？随心所欲的。

生活中这两类人随处可见。比如同样是两个人商量好一起去爬山。其中的一个人考虑到从来没爬过这座山，所以他开始积极地做准备，积极地锻炼身体、训练体能；然后他会去阅读一些相关的文章，比如其他游客爬山后写的体会，从中发掘登山的规律。很显然，这是一个积极预防的人。

而另外一个人可能因为经常爬山，潜意识里认为不用准备了，因为以前就准备过，并没有派上什么用场。接下来，这个人就开始不断地找借口，不要带这个，不要带那个，什么都不带，最后空手上山。

想想看，这两种人不同的做法，最后是不是会导致两种结果？一定是两种不同的结果。我们要哪种结果？当然要的是预防。

**预防才能产生质量，而检验只是一种临时措施。**什么是检验？什么是检查？什么是评估？当我们的评估结果已经出来了，然后检查员说，不行，不能出货。这时候是不是已经太晚了？正如我们前面谈到的，检验也好，检查也好，评估也罢，相当于一个侦探，只是发现敌情。如此而已。检验，它告诉我们的总是坏消息，而且检验会遗漏一些缺陷，就算你进行的是100%的全检，也一样会产生缺陷。曾经国内有一家企业，他们进行的就是100%的全检，但他们能保证自己的产品全部合格么？显然不能。

人不是机器。一个人，就算你非常认真地干活，坚持1小时可以吗？2小时，3小时呢？可能就开始困了。而4个小时，10个小时之后，你会出现什么状况？一天8个小时，你是怎么度过的？有没有走神的时候？昨天晚上扣了你的工资，今天你会精神抖擞吗？昨天和你的朋友吵架了，你今天上班能很在状态吗？所以这都是一个普通的道理。

检验，一定会影响我们正常的工作，而且在这个方面有一个"10的规则"。

## "10 的规则"

当你们说，我准备炒菜的时候，突然发现盐有问题，这时候我来纠正，要 1 元钱；把盐倒进锅里我再纠正，恐怕要 10 元钱；我把这个菜端出来了，恐怕损失多少钱，10 的倍数。请注意，10 的倍数，还仅仅是在我们组织内部。当我们流传出去之后，会出现什么情况？有句话说，好事不出门，坏事传千里。这就是"10 的规则"。当一个坏消息流传到外面的时候，所造成的影响甚至是 10 的指数级了。

我记得很久以前，国内有一家啤酒厂，有消费者在喝啤酒的时候喝出来一只老鼠。结果，这家啤酒厂最终倒闭了。我们现在想想，这件事其实不能排除有人故意为之。我相信，在工作的时候，员工眼神再不好，也能发现一只老鼠啊！但这件事最终闹到了法院，经过媒体的宣传，还会有消费者买这款啤酒吗？现实中这样的事情太多了。其中也昭示了一个道理：**检验，总是在告诉我们坏消息，而且太迟了。**

**对成本的影响**：德国、美国和日本汽车业的工程师、科学家经过长期研究得到一组非常珍贵的数据，我据此画了张图，并称之为"影响成本的模型"，如图 10-1 所示。这张图里实际上昭示了一个道理：一个企业里，影响企业的因素是什么？我去过很多企业，很多管理者很迷惘，对我说："杨老师，非常奇怪，为什么我们的质量成本非常之低，比很多优秀企业还低。可是我们企业里什么样的问题都有。这是什么原因造成的？"我说："你看这张图。当你看到这张图的时候，我们会发现，我们现在走入了一个误区，走入了歧途，或者说，我们丢了西瓜、捡了芝麻。"

从此图（如图 10-1 所示）来看，我们把大笔的钱投到了制造环节，但实际上，这笔钱真正对成本产生的影响，也只占 5%。因为在现场，尤其是员工，很多一线工人，在实际操作的时候，非常有规矩，遵守规章。**回过头再看那些白领阶层，我们的设计师、研发人员、工程师，他们只占了全部人员的 15%，但是他们对整个成本的影响高达 95%。**

但问题就在于大家不愿意去招惹这些白领，不愿意去招惹这些研发人员。现在很多企业的研发设计人员，你请还请不到呢，你们怎么能够招惹他们。这就是现实。

大家记住这张图，我们在后面谈到质量的衡量、PONC 时还要用到它。

设 设 试 过程
计 计 验 策划
工程
5% 3% 2% 5%

生产
85%

发生的成本

对成本的影响

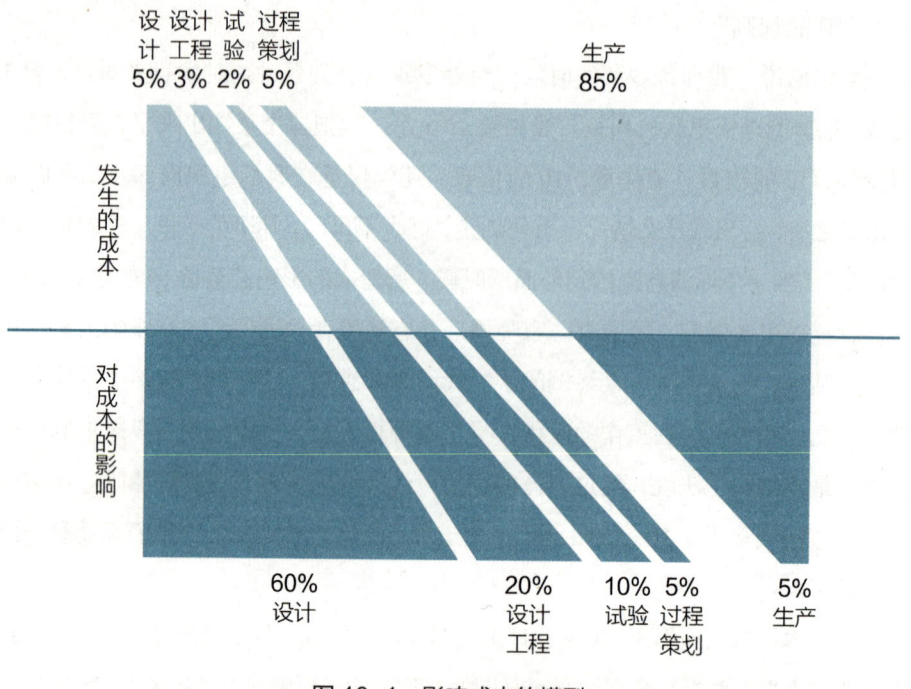

60%
设计

20%
设计
工程

10%
试验

5%
过程
策划

5%
生产

图 10-1  影响成本的模型

## 为何检验不能产生质量？

预防系统是怎么产生的？靠什么？更多靠事后的认证、控制与把关。几年前，我到韩国的三星参观。首尔有一个水原工厂，三星把这个原本叫售后服务的地方改了一个新名字，叫售前服务。大家想一想，这不是随便改的，改了一个字，整个系统都变了。具体做一个研究，它是怎么变的？我们能不能跟他们一样把思路变一下。

我们都知道，预防生产质量，检验不能产生质量，评估不能产生质量，认证也不能产生质量，不能因为我们拿了结婚证书，就认为有了幸福生活；不能因为有了出生证，就认为我们的孩子将来一定会成为比尔·盖茨；不能因为拿到 ISO 9000 证书，就认为我们的企业是具有世界级竞争力的企业。

检验为何不能保证质量？原因在于其反应过于滞后。一旦缺陷出现，负面影响已经形成，此时再进行检验，只能起到事后诸葛亮的作用。这种突如其来的、未经预告的问题，不仅打乱了正常的工作流程，还消耗了我们应对核心任务所需的资源和时间。因此，管理者常常陷入处理紧急事务的漩涡中，难以专注于更为关键和长远的规划。

**预防从源头抓起**

那我们应该怎么做呢？要从源头抓起。预防必须从源头抓起，就好比治理长江、治理黄河，必须从源头和上游抓起，而不是在下游和入海口围追堵截。有时候我们是捡了芝麻，丢了西瓜。

深圳某公司有一位姓雷的女检验员，她在学习零缺陷的基本哲学之后，用自己非常朴素的笔画出这么漂亮的漫画（如图 10-2 所示）。我们是擦水还是关水龙头？每个人都知道应该关水龙头。但是你注意观察就会惊奇地发现在日常生活中，更多的人是在擦水，而且是每天都在擦。今天擦完了我们心满意足，因为我们一直在加班。第二天，每个人都清楚什么地方会有水，于是一进公司袖子一挽就开始擦，久而久之，你甚至认为你的职责就是擦水。突然有一天没水了，你还会觉得不自在，觉得没事干，甚至担心失业了，这是不该有的恶性循环。

图 10-2 漫画

我们为什么不去关水龙头？有人说可能是我们也不知道水龙头在哪里，有人说太忙，没有时间去关，我想答案很多。

在一个组织里面要预防另外一类人，这一类人时刻都存在，有点像马三立说的相声一样，有些人明知道水龙头在哪里，但是他就是不说，只会说某个部门的人员素质太低。他会一直看着水在流，站着看了一天了，一边看一边指责别人。我想很多企业里肯定也有这样的人。

谈到预防，实际上不是大家不愿意去预防，而是由于很多原因造成我们不愿意去。为什么？这种检验，好比一个侦探，发现敌情。很多人不愿意这么做。

**预防：使某些事不发生**

很多企业，无论你是制造业，还是服务业，企业里一旦出了什么事情，是不是会在第一时间寻问基层人员呢？

因此，上述那个成本的模型，也从财务的角度告诉我们，要想解决我们的浪费问题，必须从源头抓起。

# 如何进行系统预防？

开车就是一个预防系统。首先，要有个政策，比如，要让我们的车安全地行驶，不要出任何事故。然后，我们要建立出一套系统来使其实现并预防问题的产生。比如，定期保养，同时，经过衡量，判断车况有没有问题，就像人一样，看看它有没有毛病。最后努力达到目标。这就是预防的全部含义。

**政策和系统**

把政策和系统一起讨论，因为它们是相互关联的。**所谓政策，是对要完成什么事项的陈述，表明了最高管理层对某件事情的期望与价值导向。**政策的一些例子可能是：

- ✓ 防止密西西比河流域沿岸城市的洪水泛滥；
- ✓ 为学龄儿童提供适当的卫生保健系统；
- ✓ 按时交付无缺陷、价格有竞争力的产品和服务。

但在这些政策得以实施之前，需要依靠采取行动的系统的支持和配合。此类系统可能包括：

✓ 在密西西比河支流上建立一系列水坝、排水渠等基础设施，以控制春季洪水；

✓ 需要每年对儿童进行体检，对白喉、小儿麻痹症、破伤风、斑疹伤寒和天花等传染病进行免疫接种；

✓ 建立所有新产品的过程认证程序。

尽管鲜有人会对整体政策持有异议，但针对具体系统，部分人可能表达出强烈的不同观点。

天花疫苗接种是否必要？有人会说不。上游大坝建设是否必要？也有人会说否——我们已经20年未遭遇洪水侵袭，为何要重修那座大坝呢？当然，针对每一个独立系统，皆可以引发诸多讨论。

因此，在推行缺陷预防系统之前，有必要进行详尽的审查，并达成共识。此外，**必须确保旨在防止缺陷的系统与基本策略保持一致**。具体讲，**系统预防包含五个要素**，即：

◆ 清楚的要求；
◆ 定义明确的过程；
◆ 过程能力的证明；
◆ 过程的控制；
◆ 预防的政策和系统。

所以，作为工作开始之前的审慎活动，预防是**最便宜的经营之道**。

### 预防的四个阶段

实施系统预防有四个阶段：首先**确定输出要求**，其次**确定过程要求**并控制过程输入，接着是**验证过程能力**（包括测试、试验、误差校准等），最后是**运行与管理**（衡量、比较、调整）。

实际上这是一个闭环的系统。

实际工作中，如何实施该系统呢？

以空军为例。空军的地勤是不是在做预防？飞机在开始起飞之前需要做预防工作吗？一定会的。

他们要进行例行检查，每个飞行员到了驾驶舱不是马上起飞，老飞行员告诉我，他们每个人都有一个口诀，每个人对此都是烂熟于心的：想、看、动、查、飞。想他们的规则，看也有规则，动也是有一定的要求，查是检查，然后再飞。如果不养成习惯，预防是假的。

开始预防管理的时候，要和实际的工作进行比较，有统一的要求，要跟客户之间达成的要求进行比较，进行调整。

前面谈到质量就是符合要求，应该再加一句话，符合你同意的要求。后面还有半句话——履行你已经承诺的事。质量就是兑现，要履行你已经承诺的或是答应的事，也就是说到做到，就是"诚信"。这跟我们现在谈到质量管理的技术色彩相比，更多了一种人文的色彩、管理的色彩，质量就是诚信。

那么诚信的基础必须是一种要求，而要求是通过沟通来达成的。前面章节我们曾经解释过这个过程，其目的没有别的，就是让大家注意沟通之重要，让大家注意我们在沟通什么。因为你会发现这里有一个前提，在我们的实际工作中，超过50%的问题都是由于沟通不畅造成的，都是出于小问题的困扰。

所以，当我们认真进行沟通的时候，认真识别要求的时候，就已经开始做预防工作了。实际工作中，应该怎么做预防？想想过程模式，想想过程作业模式表，我们如何控制过程的输入？就是建立预防的系统。

### 预防从要求开始

如果我们的要求是制作一杯咖啡，接下来需要做什么？要不要准备设施和装备，需要不需要？需要什么样的设施？杯子、搅拌器。如果是新鲜咖啡豆那就还需要咖啡机。是不是还需要厨房和工作台？要不要培训和知识？需要操作员懂得怎么制作咖啡。没有程序，工作不能有保证。要不要工作准则？一定要。咖啡送上来了不满意，肯定是输出出了问题。

实际工作中怎么解决问题？输出出问题了，你怎么去做？输出出问题，客户不满意了，咖啡不是他所需要的，怎么解决？从哪几个方面解决？原因好找吗？真的非常难找，因为你不知道到底什么原因。你可能要花很多钱去调查：是不是因为器皿生锈了？或者是应该用埃塞俄比亚咖啡豆，结果用的是马来西亚咖啡豆？本来应该用新的搅拌器，你觉得这个客户不懂，就用了旧的……

另外一部分是制作员的知识够不够用。制作咖啡的咖啡师应该是受过训练的，如果是临时抽调过来的，他可能本来是掌勺的厨师，让他临时做咖啡，他不知道怎么做。当然还有一个原因，就是工作准则。

再往下会谈到精神层面的因素，能动性高不高，愿不愿意做这件工作等。这些小问题，大家愿不愿意暴露出来，谁愿意让人觉得自己没有做那些微小事情的能力？没有人愿意暴露，所以当你在检查问题的时候，大家肯定都不会说。

**过程验证**

不同的行业使用各种技术来进行过程验证。例如，适用于造纸工业工艺流程的特定技术，可能不适用于汽车行业。在电子领域工作的特定技术可能不适用于石化行业。

过程能力研究有时被称为"程序验证""批次试验"或"试运行"等。但是，尽管具体的技术可能会有所不同，但这类研究都有几个共同点。

- ✓ 在实际运作中，采用相同的设备与设施；
- ✓ 在日常工作中使用相同的技能和知识；
- ✓ 在日常执行此过程时遵循统一的、正式文件化的程序（需按部就班执行）；
- ✓ 该流程将每天用于相同的供应商；
- ✓ 对输出成果进行客观测试，以确保其符合要求；
- ✓ 对所得数据进行统计分析，以便在一致性基础上评估过程能力。

最后，在任何预防系统中，该过程都会根据需要进行纠正，以提供无缺陷的输出。

简而言之，仅仅在一个过程中建立要求是不够的。一个过程也必须被证明能够连续产出符合要求的输出的能力。如果过程本身是有错误的，管理部门就不能很好地要求人们执行无错误的工作。

一旦确定了一个能够产生符合要求的输出的过程，那么就有必要找到控制该过程的方法。这也就是建立预防系统的下一步骤，即过程控制。

**过程控制**

过程控制可以用以下例子来说明：开车是一个过程，这个过程的一个要素是控制车辆的速度。这种控制可以通过以下三种方式中的任意一种来完成：

- ✓ 观察其他汽车的行驶速度，观察路边的电线杆，并猜测其他汽车的行驶速度；
- ✓ 观察速度表，加速或减速以保持在速度内极限；
- ✓ 使用一个内置的巡航控制装置来自动调节速度。

所有这些控制方法都有四个共同点。它们的工作原理是：

- ✓ 一个要求是不应超速；
- ✓ 一种测量方法；
- ✓ 一种标准为与测量结果进行比较；
- ✓ 一种调节方法。

然而，有一个重要的区别，使一种控制方法优于其他方法——从测量到过程调节所需的时间。在控制速度的第一个例子中，衡量是通过事后比较来完成的。以这种方式驾驶的汽车可能会在严重超速和严重低于限速之间发生变化——除非该司机是一个经验丰富和技能高超的老手。

司机定期检查速度表会做得更好，因为可以测量汽车的输出——汽车的速度。通过手动加速或减速，司机可以相当好地调节速度，只要他或她保持警惕。

不过，调节速度的最佳方法是自动控制——使用巡航控制装置或其同等装置。在这里，司机有一个工具，它可以持续地感知汽车的速度，将其与预先设定的标准进行比较，并采取适当的行动来符合标准。使用自动控制系统会有以下结果：

- ✓ 汽车以非常接近预设的速度持续运行，这意味着没有损失时间和没有交通罚单；
- ✓ 因为汽车不是随机加速或减速，它将使用更少的燃料，运行效率更高。其结果是，不符合项的代价更低，巡航控制的优势是显而易见的。与其他方法一样，它也包含了过程控制所需的元素。但它也提供了持续的监控和自动的、即时的过程监管。然而，在办公室和工厂中通常不存在这种控制。业务中的许多流程都有一个不是连续地衡量的产出，而是每小时一次、每天一次或每周一次。有些流程根本不被测量，直到有客户投诉。

在经营管理中，有三种处理过程控制的哲学思想，它们对应于汽车的三种速度控制方法，即：

✓ **补救**。运作一个过程，使其毫无疑问地产生的输出，然后建立非常有效的方法来处理来自最终用户的投诉。

✓ **维护**。彻底检查输出，并由产生输出的部门纠正错误。

✓ **预防**。建立从一开始就能确保不产生不符合项的系统。

无疑，为确保预防措施在持续进行中得以落实，前述五个系统预防要素中的最后一个——政策和系统——至关重要。

## 从控制点前移入手

让我们把眼光再一次聚焦到"过程作业模式"示意图上。常规的企业，管理者都在控制输出，注意事后把关，总会忽视事前控制。为了让客户满意，企业要用好设施和装备，控制好输出。这对我们意味着什么？因为事后补救容易带来忙乱，现在说的预防，就是**要把大家的思路焦点从过程的后端移到前端，要一开始就做好控制工作**：确认四类输入的要求，以确保我们的工作过程能提供符合要求的产品或服务。（如图 10-3 所示）

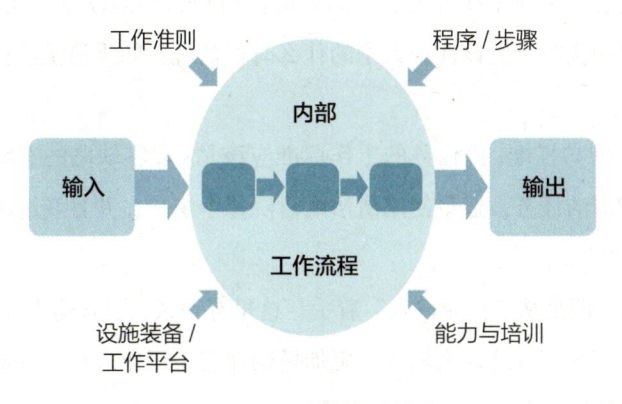

图 10-3 系统预防模式

❖ **设施装备与工作平台**：这一类别的输入，包括工具、机器或是其他装备，以及建筑物、办公室或其他完成工作过程所需的设施，还包括工作平台。

❖ **能力与培训**：属于这一类的输入，包括知识、技能、能力、任职资格、岗位培训以及完成工作过程所必须具备的经验。

❖ **程序与步骤**：这一类别输入包括工作过程自身的描述内容以及过程操作的方法。属于这一类的输入，包括政策、工作指示、程序手册或机器操作说明。

❖ **工作准则与标准**：即处理质量、成本和进度的标准。因为有时成本和进度的标准会与质量的标准产生冲突，所以，**工作准则就是参与工作过程的人们对达到要求的程度所抱持的态度。零缺陷的工作准则，就是不接受任何不符合要求项的个人的承诺。**

我们看一个分析一项已经确定的工作任务的例子：清洁82层办公大厦玻璃窗的任务。

1. **输出**：过程的输出将是清洁的玻璃窗。

2. **输入**：包括肮脏的窗户、清洁剂和擦布。

3. **设施装备与工作平台**：设备包括脚手架和用于清洁与去除玻璃窗脏物的装备，还需要装清洁剂的容器，以及电子监控与指挥调度平台。

4. **能力与培训**：窗户清洁作业员应该学会如何使用脚手架，如何以最安全、有效的方式清洁窗户也是培训内容。

5. **程序与步骤**：程序和必须定义诸如清洁窗户这类的任务。还要规定清楚：窗户是否需要冲洗吗？应该在一天中的什么时候清洗？如果清洗应该遵循什么样的步骤等。

6. **工作准则与标准**：该任务的工作标准应该是：以零缺陷的态度，按计划完成每个窗户的清洁任务，适量使用清洁剂清洗每个窗户，并且在清洗过程中没有任何窗户被破坏。

所以，预防即是从"控制输入"着手。这里有一张"过程输入控制表单"，也许可以帮助你着手审查这四类输入、更加精确地定义工作过程，以便能够为每一个过程确定清楚的要求。

有趣的是，在"**设施装备与工作平台**"方面，德国人专门制作了红外装置进行"防傻",汽车工业中的上汽和大众,也在自己的设施和装备上面做了零缺陷装置——一种"防傻装置"。很多企业都做得很优秀。在设施和装备上做必要的改进是非常有意义的,也是非常有效的,这样可以控制工作中的人为偏差。

日本有一位教育部长,他把零缺陷的概念物化到设备上,创造了一套方法,比如快速换膜。这个方法就是"防傻装置"。其实"防傻装置"有很多,包括插口、安全装置、装机床等,可能是一只手装太麻烦所以用两只手装。

"能力与培训"的重要性怎么强调也不过分。很多企业越来越觉得培训没用。我碰到几个国企的老总,他们说教育中心长期没有起到作用,失去了建立的意义。很多企业花很多钱盖了教育中心,而且设施装备都不错,但是现在都荒在那里,顶多给职工做一点技能培训等,这就很可惜。很多合资企业、"500强"企业都有自己的培训中心,但更多关注的是员工的技能培训。

我专门去看过,一般都是几个班组长懒洋洋地对着电视自学。我问他们为什么学习,他说老板让学我就来了。我继续问你学了干什么,他说谁知道干什么呢,先来学一学,在工厂还比较累,来这挺舒服的,还计工时,我就来了。这就很糟糕。怎么把知识和培训糅在工作中,如何把培训跟工作结合在一起,是很多企业应该考虑的问题。单纯学习 MBA,顶多是在学知识,起不了多大的作用。

"程序与步骤"方面也包含流程、步骤与作业指南,无疑是工作的基础,容易理解。但对于"工作准则"或工作标准则误解较多。在企业里出了问题的时候,十有八九是工作标准出了问题。标准对我们意味着什么?意味着第一次就把事情做对。

另外还有一个现象,说到程序,有些人做的程序,比如 SOP(作业指导书)非常粗糙,粗到什么程度?有点像我们的菜谱,什么调料都是"少许"。究竟什么是"少许",每个人可能都有自己的理解。这就没办法实施了,更多是一种感性的东西在里面。还有一种倾向,是那些 500 强的企业的 SOP 写得非常细致,非常厚,厚到让你不知道该怎么下手,什么都很清楚的时候,大家的执行未必到位。

在缺乏详细要求的情况下,如何确保第一次就把事情做对;同时,在面临诸多要求、条件和限制的情况下,如何依然能够第一次就做对,这才是我们所面临的基本挑战。

## 案例分析：当火警响起……

第4大街消防站警铃大作，里克被刺耳的警报声吵醒了。现在正是凌晨3点，此时，就在不到2公里以外，一场大火正疯狂地吞噬着一座仓库，火势已失去了控制。值班的消防员们不情愿地从暖和的被窝中慢慢爬出来，摸索着他们的衣服和鞋子。

"我的手套跑哪儿去了？"里克一边磨磨蹭蹭地向1号消防车走去，嘴里还一边嘟囔着。最近，里克注意到这辆旧消防车的电池出了毛病，"有空我得汇报一下。"他懒懒地想。

里克把水龙头管一圈一圈地绕好后系在消防车上，这时，一个松了口的管嘴从系好的水龙头上咔嗒一声掉在地上。"得重新装了。"他嘴里抱怨着爬上了车，并且叫消防员们快上车。这些消防员们上车时个个牢骚满腹。这会儿，新来的老乔治又不知跑哪去了。

"嗨，老乔治，要出发了！"里克大声喊着。睡意蒙眬的老乔治这才出现，他嘟囔着："这次又是一次误报。"

"快上车，老乔治，这回可是真的！"里克有点发怒了。他转动了车钥匙准备发动这辆红色的消防车，可引擎动了动后就没了声响，熄火了。

里克咆哮道："这辆破车也得大修一次。好吧，伙计们，电池出了毛病，快上2号消防车。"

终于，2号消防车慢悠悠地晃出了消防站。老乔治隔着护栏小心翼翼地探出头来，咕噜地说："我相信这回肯定又是一次假警报。"

**运行和管理**

**什么是管理？就是人们为了追求所期望的结果，如何根本性地规划集体的努力，以实现生存、适应并满怀希望地茁壮成长。**所以，它是关乎**人类行为本质的**，而不是像传统的管理那样，是**通过机器把人们改造成"机器"并控制他们去生产机器**。若对此缺乏理解，即便个体具备聪明才智和海绵般吸收知识的能力，亦无法掌握管理要领。

众多人认为我如同传教士一般，不断地宣扬这些理念，实则是由于深层的原因所驱动。尤其对于我国的企业而言，虽然我们在某些方面尚显稚嫩，但外部环境迫使我们迅速成长，与实力雄厚的对手展开竞争。更为严峻的是，我们如同在高速公路上疾驰，既要追赶领先者的步伐，又要应对突发状况更换轮胎，这无疑加大了我们的挑战。我们能选择停滞不前吗？显然不能，一旦停下，就可能被时代的洪流所淘汰，尤其是在竞争愈发激烈的行业中。

数年前，我在春节假期期间拜访了一些客户，注意到他们公司老总的头发在短短几年内竟然全部变白。这让我深感惋惜，因为这些老总的年龄并不大，他们的辛勤付出实在让人敬佩。许多企业表面上看起来颇为顺利，然而正如每个家庭都有难以启齿的困扰一样，你如何确切知道实际情况如何呢？但如果能构建一套这样的系统，逐步将制度固定下来，老板们就能逐渐摆脱烦琐的事务，有更多精力投入到企业战略决策中，成为企业的灵魂人物，专注于他们真正应当关注的事务。当然，这对于国企和民企老板来说都非常困难，因为他们各自面临不同的困境。然而，尽管困难重重，我们仍需勇往直前，努力寻求改进之道。

谈及过程模式，**它既是实用的工具，也是一种基本的管理理念**。只有结合实际的工作模式进行讲解，才能发现其易于操作的特点。许多问题若采用过程工作模式进行处理，便能轻松解决。

想想你现在的工作，把重心放在输出上，看看会出现什么问题。对工作进行考量，把重心放在输入上，再看看整个系统会怎么样，看看能不能把事后把关变成事前预防，把事后的服务体系变为事前的服务体系。如果不能改变，就证明一定有问题存在，找出问题在哪里，这很有意思。

我们所强调的是如何运行和管理。一旦有了要求，我们会衡量它、比较它，然后行动。一旦工作过程开始运行，我们必须对此加以控制。这包括：

- ✓ 按照清楚明确的要求来运行过程；
- ✓ 对某些具体要求加以衡量；
- ✓ 拿衡量结果与具体工作要求比较；
- ✓ 视需要，按比较的结果采取行动，以更正或改进工作过程。

如图 10-4 所示，包括四个圆圈的图形可以表示过程控制。如果四个要素均出现在图形结构中，则此系统就是个"闭环系统"，这意味着工作过程是可控的。

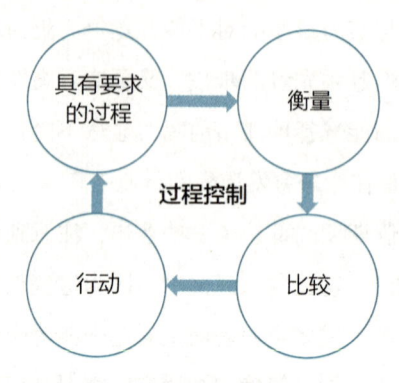

图 10-4 过程运营管理控制图

例如，假设我们面对两家运营方式各异的企业，它们就像两辆不同类型的汽车。第一辆汽车，其限速标志清晰明确：110公里/小时。驾驶员只需观察车内的时速表，一旦超过 120 公里/小时，便可以迅速而准确地调整车速，如降低挡位或松开油门，以确保遵守限速规定。

而对于第二辆汽车，尽管驾驶员看到了限速标志，但车内并没有时速表。这意味着驾驶员无法直接得知自己的车速，他只能依靠观察其他车辆的车速以及自己的驾驶感觉来进行调整。这个过程可能更加缓慢和不确定，因为驾驶员需要不断比较、感受和尝试，直到最终将车速调整至合适的范围。

这两辆汽车所代表的不同管理方式也说明了，当企业缺乏明确的管理标准和工具时，其运营效率和准确性可能会受到影响，导致管理出现漏洞或不足。

为确保工作过程满足用户当前及未来的需求，我们必须持续进行研究，并不断优化。通过定期审查要求和实施必要的改进措施，我们可以赋予工作流程以预防性特质。

为了成功实现预防性工作过程，我们需要深入了解"过程"的本质，并明确在系统预防实施的不同阶段中所涉及的任务。这四个阶段并不是孤立的，而是相互关联、相互影响的。

因此，我们必须持续监控这四个阶段的工作过程，确保每个部分都得到充分关注。我们需要清晰地确定要求，预防潜在问题的出现，并及时进行必要的调整和改进。只有这样，我们才能确保工作过程的持续优化和系统预防的实现。

## 成功的故事：消防队的高光时刻

在美国有一个城市，由于管理不善，治安混乱，安全隐患很多。消防队每天都鸣笛出警，搞得市民人心惶惶，抱怨很多。

新的消防局领导走马上任。他带来了一套新的管理理念。他反复强调：消防队救火不是英雄，没火可救才是真英雄。他亲自给大家培训系统预防的理念和方法。然后，跟大家一起找来城市的行政区划地图，在上面进行网格化的划分，并给每一个消防队员都分派了任务。

接下来，每天上午所有的队员按照计划进行业务训练。下午，每个人同样按照既定的计划，分别走街串巷，到个人所负责的片区的企业和社区去进行巡视、检查和培训，把消防的标准落实到对接人和责任人，并对他们进行培训和考核，压实他们的责任。

接下来的日子，各社区和企业的责任人担负起了自己在日常工作、生活中的职责，而消防队员们则每日进行巡视和督查，以防微杜渐，杜绝隐患。

半年以后，他们居然不再出警了。社区和企业的安全环境得到了显著改善，市民的满意度也稳步上升，整个社会的治理秩序明显更加井然有序。

消防队也因此荣获了某一年度的美国国家质量奖。消防局长从总统手上接过奖杯，迎来了他们的高光时刻。

## 为什么人们不愿做预防？

为什么有些人认为预防是有用的，可就是不愿意去做呢？这就像大家都知道骑摩托车戴头盔有用，可是就有人不愿意戴；很多人明明知道关键时刻安全带能救命，可就是不愿意系；戴口罩是为了防病，可有人偏认为戴口罩是有病。这种种现象说起来总让人哭笑不得。我甚至见过一款意大利产的衣服上有一个装饰带，穿上之后非常像安全带，有人以此来蒙蔽警察。

## 师生对话

**杨钢**：想想是什么原因？怕麻烦，存侥幸，可是能每次都这么幸运吗？对自己的生命都存着这样的侥幸心理，工作中的预防他会去做吗？用什么方法能解决这个问题？

**学生**：转变观念。

**杨钢**：怎么转变？

**学生**：零缺陷。

**杨钢**：这的确是一个办法，有些企业只用惩罚措施，就像警察一样遇到违规就罚款，但是如果只靠罚的话，你是做不到每个路口都安排一个警察站岗的。

**学生甲**：还是得从制度上下手。

**学生乙**：我觉得这是个习惯问题，或者是一种企业文化的影响。我有个同事总是感冒，但是单位每次集体打疫苗他都不去，因为他觉得打了疫苗还是没用，结果就是每年都会感冒。

**杨钢**：这确实是一种习惯。我有一个朋友，因为家住天津，公司在北京，在还没有京津高速的时候，不得不走国道。长时间的两地来回跑，他早已对整个路段非常熟悉了。有一段时间我也要不定期去天津，他就把自己的独门"秘籍"传授给了我：什么地方有警察，必须系安全带；什么地方没有警察，所以可以不系安全带。真是让人啼笑皆非。怎么解决这种现象？

**学生**：转变观念并最终形成习惯。

**杨钢**：怎么样形成习惯？

**众学生**：通过培训让学生形成正确的思路，通过反面事例进行教育。

**杨钢**：培训和教育确实是一个方法，但仅仅采用培训和教育有用吗？没有用。有些人很聪明，不用你教育他都知道，可是他还是不遵守。

这种方式只能是临时之举。克劳士比有本书，书中讲了两类管理方式：一类叫**曲棍球的方式**。就是我只要结果，比如有些人打球，那我就只关注进球，这是一种方式。另外一种方式是**芭蕾舞的方式**。每个动作都不是随意的，而是非常程式化的、符合程序的，手怎么举，举到什么位置，都有规定。现场的灯光、布景、音乐、舞伴是不是配合得非常好。这就相当于企业各部门都能互相协调，整个过程都非常清楚，所以，我们今后追求的应该是芭蕾舞的训练方法。

为了达到这个目的，除了我们已经认可的培训，还应该有什么？

**学生**：还应该有警察进行惩罚。

**杨钢**：警察起什么作用？监督与维持秩序的作用。既然是监督执法，就必须有相应的规章和制度，也就是说我们要进行一个制度或者说程序的建设，但是光有制度建设就够了吗？

**众学生**：还需要设备。日本人说的5W1H。我想起了英国人发明的一种车，车门一开，乘客一上去，安全带就自动系上了。

**杨钢**：对，这也算一种"防傻装置"，不系安全带车就不能正常启动。但是也许有人就不买这个车了呢？这是一种设施方面的提醒。还有其他的吗？工作准则其实是你看待事物的一个方法，是做人做事的一种方式，但往往难就难在这里，这时候的惩罚，也许能起作用，但是我们如何才能让这种方式获得进一步的延伸，真正起到作用呢？我们之前谈到了惩罚，你们是不是都用惩罚来保证秩序的顺畅？

**学生**：要做到奖罚结合。

### 靠惩罚能预防吗？

问题是，很多员工认为奖是应该的，罚是不对的，但是管理者的认识往往是相反的。可见，两者在传统的管理语境中还是"对立"的。

现在的问题是怎样把单一的惩罚向前延伸一步？克劳士比经常到企业里跟别人打赌，说破坏一个企业规则的往往是企业的高层领导者，到工厂不戴安全帽的往往是那些来视察的领导。由此可见，**教育要从头开始，不能从下往上进行**。

领导一个标准，下属一个标准，这样的企业系统一定是无效的。所以，卓越表现从哪里产生，第一就是领导的行为，自己说得连自己做不到，员工会去执行吗？而一个企业的文化，往往其中 98% 都是领导者个人的准则，是领导做人做事方式的延伸。如果领导个人没有决心，一般很难做成什么事情。

另一方面，有的企业因为预防的成本太高也做不下去。他们也清楚：什么都规范好了，事情会变得更容易解决。但一些大型企业，尤其是国企的领导，可能会有"我来建树，那谁来摘果子？"的狭隘思想。如果领导不愿意负责，各级管理者也不知道应该为谁负责，员工更加不知道自己要为谁负责了。

我举个例子。假如我是做手机的，为了赶紧上市，我们的第一版软件没有进行完整的确认。我作为质量管理人员，需要在出货的检验报告上签字。这个软件最敏感的就是有没有经过确认，是不是可以上市？设计部门的人说，只管按照这个软件版本确认就行了。我的规则就是软件版本符合下发的通知就发，因为我当时确实强调了软件版本是不是经过确认可以用的。他们说你只管按照这个做就行了，只要让所有领导都知道就行。于是我就放了。

结果春节前投入了市场，春节放假后第一天就收到通知，所有分销商投放出去的 6000 余台手机全部回收。为什么？我在春节期间也试用了这款手机，结果开机之后屏幕上显示的时间是 9 点 69 分。就是这个原因，春节后所有的手机马上全部召回，损失可想而知。

市场给了我们一个严重的惩罚。不仅仅是来回运费的损失，更重要的是对消费者的影响，对自身品牌的影响，这是一个非常惨痛的教训。

这可以算一个面对质量的时候高层怎么决策的问题。如果抢占市场先机，有可能赚 100 元，但是没有经过测试就投放市场，这还是有一定风险的，跟前面我们说的侥幸心理是一样的。没有被人发现，就赚了 100 元，但出了问题，就连带着损失运费与品牌的口碑。很多企业都是这样的，不愿意做预防，或是有预防也不能真正落到实处。一旦问题发生了，才后悔。

[焦点] 缺陷预防的七项原则[①]

1. 员工的表现取决于他们的领导所设定或接受的标准。

---

① 大卫·克劳士比，美国克劳士比咨询集团总裁。

2. 质量意味着符合要求。

3. 符合要求是绝对不变的。

4. 所有的产品和服务都必须有清楚的质量标准。

5. 所有的错误都是三件事中的一种或综合体造成的：糟糕的态度、缺乏能力以及工作场所中的系统问题。

6. 老板对质量负责。

7. 老板必须采用零缺陷工作标准并作清楚的说明。

凡事预则立，不立则废。可问题来了。为什么大家都认为预防是有用的，可就不去做呢？当我们骑摩托车的时候，戴头盔是预防吗？是预防。开车的时候系安全带，是预防吗？是预防……可我们就是不去做！

什么原因造成的？正如我们前面所说的，侥幸，怕麻烦的心理。干嘛要预防呢？出问题只是一个小概率事件。

本来预防，是对当事人生命的一种保护，最后变成一种应付别人的手段——为了警察戴头盔、系安全带。这是不是值得我们去深思？否则，我们的工作怎么开展？

## 案例分享：踏上质量预防征途

### 迈出艰难的一步

有的组织是不小心撞上质量改进过程（QIP）的，它们花了许多年的时间做准备，不停地苦苦挣扎，却迟迟不敢迈出第一步；有的组织将组织中的某一个部门当成 QIP 的"试验田"；同时，也有一些组织认为它"不过是另一个项目而已"。

奥雷达（Ore-Ida）食品有限公司的总裁兼 CEO 赫里克却决定另辟蹊径。每一个 Tator Tot（一种炸薯块产品的品牌）都得达到要求，而不仅仅是其中的某一些产品必须这样。这是一个一锤定音的承诺，没有任何商量的余地。他说："在我的意识里面，根本就不存在任何问题。你必须在整个公司的范围内实施这一过程，这是我们做过的最棒的一件事情了。"作为"首席质量战士"，赫里克证明了自己的确是认真的，因为自从两年前质量启动项目以来，他已经在奥雷达营造出了一种质量改进的良好氛围。

### 教育每一个人？马上行动吧！

为期10周的质量教育系统（QES）由27位认证导师授课，在6个月时间里有4000名奥雷达员工接受了QES培训或质量意识教育（QAE）培训。

"的确很富有戏剧性！"培训及发展部经理琳达说，"所有人都同时收到了同样的信息。"配方产品全面质量管理制造经理约翰非常同意琳达的这一说法。"在员工的内部公共关系上，我们遇到了一些问题。"他说，"但是对每个人进行教育的确体现了管理层在时间上和金钱上做出的一种承诺，在对待零缺陷的问题上，我发现最高管理层表现出了前所未有的一致和专注。零缺陷在公司刮起了一股友爱之风。"

### 贡献人力资源和时间

"将5名全职的和1名兼职的员工推到零缺陷的相关职位上，是公司的一个铿锵有力的承诺。"零缺陷主管梅林说。除了梅林先生以外，另外还有4位管理层的员工全权负责质量变革工作。许多公司常常找不到合适的人选来全职负责有关过程，因此他们还得抽出时间来进行责任分配和人员分配。

作为零缺陷主管梅林先生的主要职责之一就是指导整个质量成本（COQ）工作。他的首要任务之一就是确定公司的COQ。在完成这项任务时，他采取的方法与赫里克先生解决教育和承诺问题时采取的方法如出一辙。

"我们对业务经理所推进的一个为期1天的COQ专题小组进行了全面检查。"梅林先生说，我们四处搜集典型例子，并据此确定了大量研究领域。当时是6月13日，到7月15日的时候，我们已经得到了各部门各岗位提交的COQ报告。

"有时我们觉得这些信息可能在全公司的范围内出现了不一致的情况，于是，我们回过头去对每一个具体方面的COQ的目的进行了重新审视。到年底的时候，我们的COQ在净销售额中所占比例为11%。其中4%为符合要求的成本，而7%为不符合要求的代价。"

梅林先生说他相信这些数字是比较低的，但随着认识和体验的不断积累，大家会对COQ形成更精确的理解："我们在QIP方面的努力更多的是注重过程而不是注重经济效益。我们期待在过程中自然而然地节约资金，而不要为了省钱而省钱。当工作程序得到改进，且各种争端都得以消除之后，人们的热情就会高涨起来。"

### 朝预防的方向努力

早在QIP实施的初期阶段，奥雷达公司就已经取得了一系列的成功。例如，在美国康涅狄格州威瑟斯费尔德的工厂里，"体重守护者"冷冻食品就是由奥雷达的会员之一福得威国家公司生产的，约翰先生解释说，公司启动新的生产线之后，预计将为公司节省3万美元的开支。

"我们正在推进墨西哥玉米卷饼生产线，"他说，"通常，一开始的时候生产效率仅为80%，三到四周之后才能达到100%。但是零缺陷使那些人拥有了真正的主动权，在采取了一些系统预防的措施之后，生产线成功地以100%的效率启动了。"

奥雷达的所有机构都在使用一种名为"改正行动系统"的工具（QRs），它在奥雷达被称为"质量建议"。约翰先生说："各工厂每个月购进的QR多达150套。而每购入一套QR意味着至少消除一场争论，最多能解决价值数千美元的低效问题。"

还有一个例子是奥雷达设在安大略湖的工厂。一个名叫达琳的员工发现大量产品在下了传送带之后就出现丢失。在QR表格上填下这一问题之后，她还提出了一些对系统进行重新设计的建议。经过研究，该建议得到了成功地实施，不仅制止了产品的浪费，而且改善了公司的卫生状况。每年节省的资金数额估计达14000美元以上。

在宾夕法尼亚州的西彻斯特工厂，一个QR报告显示：产品的测试数不胜数。每次与主要客户达成一项沟通协议，质量控制部门就得进行30次品质测试。因此必须有一名全职的技术人员专门负责这些测试。

但过程控制措施证明，这些测试彼此并不相关。测试的结果也只是提请客户注意并进行核实。所以，大家都希望取消这些测试。估计节省的金额达4000美元，但更重要的是，这样更有利于相关人员朝着优化检验工作，提高预防能力这个方向努力。

## 要点概览

- "预防可以致富，忙于解决问题一定使你破产。"
- 预防的目的是保证第一次准时达到我们的要求。这是我们生活中的一个基本习惯。
- 预防才能产生质量，而检验只是一种临时措施。
- 检验，总是在告诉我们坏消息，而且太迟了。
- 开车就是一个预防系统。要先有个政策，然后，我们要建立出一套系统来使其实现并预防问题的产生；同时，经过衡量，判断车况有没有问题。最后努力达到目标。这就是预防的全部含义。
- 所谓政策，是对要完成什么事项的陈述，表明了最高管理层对某件事情的期望与价值导向。
- 作为工作开始之前的审慎活动，预防是最便宜的经营之道。
- 在我们的实际工作中，超过50%的问题都是由于沟通不畅造成的，都是出于小问题的困扰。
- 一个过程也必须被证明能够连续产出符合要求的输出的能力。
- 预防，就是要把大家的思路焦点从过程的后端移到前端，要一开始就做好控制工作：确认四类输入的要求，以确保我们的工作过程能提供符合要求的产品或服务。
- 工作准则就是参与工作过程的人们对达到要求的程度所抱持的态度。零缺陷的工作准则，就是不接受任何不符合要求项的个人的承诺。
- 在缺乏详细要求的情况下，如何确保第一次就把事情做对；同时，在面临诸多要求、条件和限制的情况下，如何依然能够第一次就做对，这才是我们所面临的基本挑战。

❖ 什么是管理？就是人们为了追求所期望的结果，如何根本性地规划集体的努力，以实现生存、适应并满怀希望地茁壮成长。

❖ 当企业缺乏明确的管理标准和工具时，其运营效率和准确性可能会受到影响，导致管理出现漏洞或不足。

❖ 两类管理方式：一类叫曲棍球的方式，另一类是芭蕾舞的方式。

❖ 没有羞耻感是不可能有自我约束的。

❖ 教育要从头开始，不能从下往上进行。

❖ 一个企业的文化，往往其中98%都是领导者个人的准则，是领导做人做事方式的延伸。

❖ 红绿灯的背后，是不是一种文化在起作用？我们姑且可以称之为"预防文化"，也就是我们所说的"质量文化"。

## 第 11 章
## 准则：第一次把对的事情做对

我们已经具备了完善的过程、明确的要求、健全的控制系统和预防措施，然而，大家的旧有习惯仍然难以改变。这主要源于工作准则或标准的欠缺。**在许多企业中，现行的工作准则被称为"可接受的工作准则"，其中包括"让步接收"的工作标准和"马马虎虎"的工作准则，以及"差不多"的工作准则。**因此，我们需要调整的是什么？如何才能确立一种工作准则，使得我们的工作行为和做人准则都能与基本价值观和信念保持一致，彰显个人承诺和诚信精神。

此前，我们讨论了技术方面的控制和培训，以及诚信方面的强化和制度建设。如今，我们需要强调的是思想和哲学层面的信念，这是不可或缺的。

### 工作准则："差不多"就是差很多

工作准则，是工作标准的前提，也是工作哲学的体现。当我们谈论工作准则或标准时，我们必须认识到，这些准则和标准是我们做人做事的基石。有三点至关重要：**工作准则是衡量我们工作成效的尺度；工作准则反映了我们愿意接受的错误程度；工作准则应成为我们个人价值观的核心组成部分。**

我们再拿开车的例子来比较。我们开车的时候，碰到红绿灯或是面对交通标志的时候，就会面临一个关乎标准的比较。是什么呢？那就是严格执行不闯红灯或是抱着侥幸的心理闯过去。

**标准的背后，是不同的假设和思维。**一种是数量思维，从 1 到 N，另一种则是质量思维，是 0 和 1 的关系。我曾在《质与量的战争》中做过翔实的阐述。因为不难发现一个长期隐藏的真相：在现实中，**人们往往习惯于用数量的思维在寻求质量的解题思路**，结果又往往是妥协、"会签"和让步接收。

**工作准则的选择决定了我们是不是接受错误，或者说决定了我们说"NO"还是"YES"，是我们做人做事的个人哲学的体现。**

## 故事分享：制定工作标准

在一个阳光明媚的周二午后，德利医生和詹森医生坐在了一家他们钟爱的小餐馆里，准备开始他们的例行"团队支持"午餐会。尽管这个团队只有他们两个人，但这种聚会对他们来说，已经成为一种不可或缺的心灵慰藉和思想交流的方式。今天，轮到詹森医生选择讨论的主题，他决定聊聊那些与医务工作息息相关的"管理噩梦"。

詹森医生首先分享了一个关于保险公司的"阴谋"故事，这个故事不仅涉及了复杂的医疗保障方案，还有那些剥夺了他体面生活的细节。接着，他开始抱怨那些不领情的病人，似乎他们不理解医生们背后的辛苦和付出。当德利医生暗示一个小时的午餐时间不足以解决这些问题时，詹森医生又开始抱怨办公室的员工，这让德利医生感到有些意外。

德利医生回应说："巧的是我自己也一直在考虑这个问题。我虽然不能决定改变你提到的所有那些家伙，但是，我得看看自己是否能够尽最大的可能，正确地做好自己的业务。而且我们还得记住，这是商业社会，而不是'做好事'协会。"

詹森医生显得有些无奈："我不知道自己除此之外还能做什么。我是一个非常细心、考虑非常周到的医生。我的病人很忠实而且很信任我。他们对于要在候诊室长时间等待，以及不能及时拿到实验报告多有不满，但是这只不过是生活的一部分而已。不是吗？"

德利医生沉思了一会儿，然后说："哦，我都不知道有这样的事情。无论如何，我所做的就是问问自己是否做到了自己应该做的一切。我确定，从医学上来说，一切都刚好正确。我们有具体的程序和技术，而且我们是真正按照这些程序和技术工作的。"

两位医生都表示，他们原本就应该这样做。然而，当德利医生开始关注办公室的其他人时，他发现工作标准是有差异的，基本上，他们的标准是"差不多就好"。

詹森医生表示不明白二者有何关系。德利医生以病人等号的事情为例，提出了一个问题："你猜他们在预订的时间过了之后还得等多久？"

詹森医生的回答是："该等多久就等多久吧。"

德利医生提出了一个设想，如果管理层制定一项标准，保证所有人在超过预订时间之后的等待时间不得超过 10 分钟，那会怎么样？他认为，如果迫不得已的话，这是完全可行的。但关键在于管理层的态度和标准。

通过这次对话，詹森医生开始意识到，作为医疗服务提供者，他们需要更全面地考虑问题，不仅仅是医疗技术本身，还包括患者的整体体验，以及与医疗保障法案和保险公司有关的行政管理问题。

最终，两位医生达成了共识，认为制定和实施一套全面的工作标准是至关重要的。这不仅能提高患者满意度，还能优化医疗服务的整体运营效率。在感谢德利医生提供的建议后，詹森医生决定这次午餐他来买单，作为对这次有益讨论的感谢。

这次的医务工作会议虽然只是两位医生之间的非正式聚会，但却为他们提供了一个宝贵的机会，让他们能够从不同的角度审视自己的工作和挑战，从而找到改进和提升的途径。

**小错误，大灾难**

如果我们无法防止错误的发生，就不会认真考虑未来的要求，一旦错误发生，就会干扰我们的工作。换句话说，如果我们不去考虑预防，就不会认真对待我们的要求。

矿难、瓦斯爆炸、翻车、沉船，这样的事故屡见不鲜，让人心痛。这些带来严重伤亡的灾难，其实大都是由很小的事情造成的。

我们什么时候可以马马虎虎？什么时候可以说"YES"？犯了小错误的时候？出现一个错别字？还是把水杯碰翻的时候？我们往往认为一些小事情，是可以原谅的，于是也就真的原谅了它。可是往往就是这些小事情导致了大灾难。这恰恰导致了"墨菲法则"（Murphy's Law）的产生。

爱德华·墨菲（Edward A. Murphy）是美国NASA（国家宇航局）下属机构的可靠性工程师，他发现他的同事们总是一次次非常认真地把错误的事情做正确了。于是，他就总结出了一个著名的论断，也就是"墨菲法则"——第一句话是：如果一件事情会导致错误，那它一定会产生；如果有些事情要错就一定会错。第二句话是：当这个错误产生的时候，一定会产生灾难。第三句话是：灾难都是由细小和简单的事情造成的。最后的结论是什么？**小事情导致大灾难。**

临近过年了，一辆列车正在夜间行驶，一个值班员起来上厕所，突然闻到一股煳味，他顺着气味走到餐车车厢的时候发现，整个车厢里已经被烧红了，他大惊之下迅速采取措施，把火扑灭了。

最后发现是什么原因造成的呢？就是车厢线路在进行搭线的时候，本来应该严格按照规定的线路走，结果工人觉得无所谓，随便一改，就为后来的电线短路埋下了隐患。

所以，千万不要因为小事就我们就忽视它。有一个民谣足以让我们感到震撼，是这么说的：少了一个铁钉，丢了一只马掌；少了一只马掌，丢了一匹战马；少了一匹战马，丢了一位统帅；少了一位统帅，败了一场战争；败了一场战争，丢了一个国家。

这个民谣在欧洲流传得非常广。我们从中看到，用什么样的标准和态度对待周遭一些所谓的小事，结果可能会大不同。

我们再思考另一个问题。不是常说"海阔凭鱼跃，天高任鸟飞"吗？那么，在无边无际的蓝天上，怎么可能有两架飞机迎头撞在一起呢？究竟会不会发生这种事故呢？这样的事情在欧洲大陆发生过。让我们感到震惊的是，当时居然有6部雷达开着，可是竟没有一个人发现情况！这是什么原因造成的？

### 什么是差不多？

有一种人的工作准则是：工作就是瞄准目标。他拉弓射箭，也会担心风的影响，但他会努力射中靶心。中国人有一句话，欲得其中、必求其上；欲得其下，取乎其中。心理学里有一个现象，当一个人盯着某一点的时候，某一时刻这一点就会被无限放大，所以射击队员看靶心会觉得非常大，而我们则根本看不见。

另外一种人，一拉弓射箭就开始抱怨，这个弓箭不行，别人都用名牌，我的质量不好，换了一个后又说弓箭不配套。好不容易开始拉弓射箭了，又抱怨靶心太小。这种人永远都在抱怨。

职场上也分为两类人：一类是成功人、有出息的人。他们往往目标明确、意志坚定、行动简单。这样的人永远在积极地解决问题。第二类人叫没出息的人，永远是思想简单、行动复杂的人。

思考一下你的同学，那些一同成长的伙伴，那些经常满腹牢骚的人，他们往往难以取得显著的成就。尽管有些人天资聪颖，却往往局限于小聪明，而真正决定一个人能否在社会中崭露头角的关键因素是什么呢？工作的核心原则：是零缺陷，还是沉溺于无休止的抱怨之中？

我们必须采取行动。而这个行动，就是我们说的*零缺陷的工作准则*，要不折不扣去实施。

但很多管理者，尤其是做质量管理的人，他们往往喜欢用这种基于数学和物理的规则：我们的合格率能达到98%就不错了，能达到97%就可以了，因为别人都是96%。我现在问大家，99.99%和97%的合格率，哪一个更好一些？显然是后面的。但99.99%就很好吗？

### 99.99%的真相

我曾经和朋友在北京亚运村的一家很有特色的餐厅里吃饭。我特别推荐某道菜，朋友一直很期待。等这道菜上来以后，他拦住不让我动筷子，因为他在菜里发现了一根头发。于是，我们叫来了服务员，小姑娘憋了半天，也不知道该怎么办。餐厅的经理随后出场打圆场，说我们半年才会出现一次的不合格菜品，你一来就碰上了；并且强调，别家餐厅的合格率可能是 99%，但他们的合格率是 99.99%。

[焦点] 99.99% 的真相

以英国为例，他们预期的"可接受的质量水平"AQL = 0.9999，因此，必然要因随后不断的"修修补补"而付出沉重代价。因为 0.9999 意味着：

- 英国人每个月要喝 5 分钟不安全的饮用水！
- 伦敦国际机场每周有两次不安全的飞行着陆！
- 英国每年有 20000 张错误的用药处方！
- 每月有 50 名初生婴儿被医生或护士掉在地上！
- 每天有 22000 张支票被银行出纳员错误支付！
- 每月有 500 例操作错误的手术！
- 每个人每天会有 12 次心跳骤停！

……

显然，如果我们站在自己企业内部，觉得 99.99% 的合格率已经非常了不起了，但是当你站在客户的角度来想，只要你上来的这盘菜是不合格的，之前强调的合格率有意义吗？没有意义。客户会觉得自己花了钱最后吃到不合格的菜品，只是自己的运气不好吗！肯定不会啊！

但很多企业都不这么认为，现在手机类企业更新换代的速度非常快，越来越像时尚业了。很多手机厂商为了抢占市场，不管自己的设计成不成熟先投放市场再说，实在不行就推出二代三代进行弥补，最后不行就召回。

当然各个企业都有自己的战略，当你站在企业的角度思考问题时，觉得很多问题都可大可小；但当你站在消费者的立场来看的时候，往往会吓出一身冷汗。所以**零缺陷的管理准则，实际上就是让你站在对方的角度，站在使用者的角度考虑问题——你说到做到了吗？做到自己的承诺了吗？做事就是做人，零缺陷管理**

**就是让整个组织都要有诚信，当然前提是组织中的每个人都要有诚信。**想做到这一点就必须改变自己、否定过去。

## 双重标准：99.99%=？

十年前，我在飞往重庆的航班上翻阅《经济日报》时，一则标题引起了我的注意："难道我们连螺丝钉都拧不紧吗？"。这个疑问背后，涉及的是我们国家重要的大型水电站——小浪底。该项目由世界银行贷款支持，其建设团队汇聚了国内外顶尖的工程师。什么原因让这个记者写出这篇报道呢？

**难道我们连螺丝钉都拧不紧吗？**

事件的原委是这样的：小浪底水电站共有六个机组，其中前三个为进口设备，后三个则是国产设备。当所有机组调试成功并投入发电时，国产的四至六机组却出现了漏水问题，导致不得不暂停运行并进行检修。这意味着每天损失高达300万元，整个检修过程预计将持续三个月。各位可以想象，这将会带来多大的经济损失？高达上亿元。

令人意外的是，导致这一严重后果的原因竟然是**螺丝没有上紧**。

按照规定，应采取对角线方式固定，而非按顺时针或逆时针。然而，工人图方便，往往忽视规定，径直沿同一方向拧紧……这篇文章的记者敏锐地捕捉到了这一现象，他在文章中质疑："我国大型企业，具备现代化水平的大型发电设备制造能力，难道竟无法拧紧一颗螺丝钉吗？"这一问题令人深思。

> 人们总是认为错误是无法避免的，所以我们不仅接受错误，我们还预期它发生，不管是设计电路、书写电脑程序、策划计划、焊接、信件打字、会计登录或者是装配零件，我们都不在乎犯几个小错误，而管理层在规划的时候也预期会有这些错误的出现。我们始终认为人类天生就

> 是会犯错误的。
>
> 　　然而，在我们个人的生活当中，我们并没有维持同样的标准。如果我们这样做的话，我们一定时常会在兑现薪水支票的时候少找几块钱，我们会预期医院的护士会摔落几个百分比的新生婴儿，我们偶尔会在回家的时候走错了家门。对自己，我们无法忍受这一类的事情。因此，我们可以说具有双重标准。
>
> ——菲利浦·克劳士比

### 何谓"双重标准"？

我们都有双重标准：一个是我们自己生活中的标准，另一个是工作上应该遵循的标准。当年，克劳士比是如何发现工作标准的呢？他把工厂当成医院进行模拟，进而发现了双重标准的存在。

"在我们的工厂里，不断地返工，不断地报废，不断地修修补补，这些现象总是存在的。克劳士比说，如果把我们的工厂当成一个医院，再进行具体地细分：把企业中的人员分为外科医生、内科医生、妇产科医生等。这样一比较，我们简直吓坏了。当我们自己是医生的时候，我们会持有一种标准；当我们是病人的时候，又会持有另一种标准。现在不妨想想，我们是病人，到一家医院里，别人要在你的肚子上乱划，你愿意吗？别人把你的孩子摔到地上？你愿意吗？

"我们可以想象，如果一家医院写出一份《告全国人民书》：我们的医生、护士都是普通人，不是神，当我们外科医生的手术刀，不小心落在你们肚子里的时候，不小心把你的好胳膊截掉的时候，千万不要介意，因为我们是人啊，是人就会犯错。或者你到了这家医院的内科，内科医生说：'如果你们到我这里来，我偶尔给你们开错了药，你就自己忍着算了，你自认倒霉吧！我们也是人，人都有失手的时候。'如果他们的妇产科大夫说：'你们到我这里生宝宝，我们的护士不小心把你的宝宝摔到地上，你千万不要介意。'

"况且，这家医院像一家真正的制造企业一样，遵循的标准是什么？98%的合格率啊！什么概念？接生100个宝宝，大夫可以'不小心'掉到地上两个，家长不应该生气，因为大夫们的行为完全能够满足合格率的要求。这么做可以吗？大家想想，扮演两种不同职场角色的人，遵循的是两种完全不同的标准。这不是典型的双重标准吗？所以，为什么我们愿意接受错误？因为我们手上拿的是螺丝刀！为什么我们又不接受错误了？因为我们手上拿的是手术刀！这两个双重标准，前一个标准是差不多就好，另一个标准则是零缺陷的。**在工作中究竟采用哪个标准，这是与诚信和责任相连的两种管理哲学的选择：是选择'差不多就好'的数量哲学，还是选择零缺陷的质量哲学，我们需要扪心自问。"**

> AQL 的真正意义，就是在我们开始工作以前，就承认我们将生产出有缺陷的东西。让我再重复一遍，所谓"可接受的质量水平"就是在还没工作以前，就承认我们将生产不完美的产品。
>
> 因此，AQL 不是一种管理层的标准，而是一种维持现状的决心；它不是让管理者设定标准，而是让操作人员设定标准。
>
> 想想看，你在购买东西的时候会坦然接受 AQL 吗？会接受一部事先知道存在 15% 缺陷率的汽车吗？对那些照顾新生婴儿的护士，你又会采取什么样的态度呢？
>
> ——菲利浦·克劳士比

假如我们准备装修一套房子，第一种情况是这套房子是我们自己的，第二种情况是这套房子是企业的。两种情况下，你去建材城买装修材料的时候，态度会一样吗？一定是不一样的。那我们应该为此反省，自己的态度为什么会不一样，区别在哪里？为自己装修的时候，我们宁肯跑断腿也要货比三家，选择性价比高的产品，每一个微小的细节都不会放过；可是当你为组织装修的时候，你为什么就会变得那么"干脆"，为什么那么慷慨大方？原因在哪里？其实这又是一个明显的双重标准。

再回到我们前文谈的主题，我们的工作上。我们都有很细致的工作要求，都有一个可控的过程，都有一个预防的系统，包括航空业。但实际上，我们往往都是在那些毫不起眼的地方突然发现问题。或许正因为不起眼，大家觉得无所谓，觉得只要差不多就好，这才导致了更加严重问题的出现。所以，我非常欣赏青岛啤酒的做法，他们不会把所有的问题按照严重程度划分不同的等级，而是**问题没有大小，再细小的事情，也不会放过**，这是非常可贵的。就像前文说的那样，翻开人类社会的灾难史，你会发现，引起所有灾难的最初原因都是一件很小的事情，这毫不奇怪。

所以，对我们来说，工作准则在工作中非常重要。如果忽视了这一点，现实往往会让我们大吃苦头。

**（一次做对）n= 次次做对**

既然确定好的工作准则非常重要，那我们就一定要先弄清楚什么叫差不多就好？所谓差不多就好，就是说允许有若干比例不符合项的存在。可以这么讲，AQL 和零缺陷是截然对立的。克劳士比零缺陷概念从产生开始，就一直对 AQL 与其背后的工作思想、工作准则持批评态度的。

当时，克劳士比对面粉厂商说他们不应该用 AQL 了，应该使用零缺陷的准则，也就是说到做到，对消费者负责。对方听完后哈哈大笑没人在意。但是当大家吃饭的时候，克劳士比让他们慢慢吃，因为在他们吃的面包里面有老鼠屎。

这当然是一句玩笑，但据克劳士比先生回忆，从当时对方被吓得不轻的样子也知道他们对"面包里吃出老鼠屎"这件事有多厌恶。这件事也证明了，现实生活中的很多人确实在生活与工作上坚持着双重标准。

我手上有支笔，这支笔由一百个零部件组成，每个零部件的合格率都是 99.99%。它的不合格率是多少？千分之一还是万分之一？我们把这个千分之一涂上红点，是不是一点点？好像没问题是不是一点点？把一百个 99.99% 的地方都涂红。

现在我们来转动这支笔。我们把所有的红点转到一起，你会惊奇地发现：一大片红。什么概念？你们把 99.99% 自乘一百次。你们知道是多少吗？36.4%。很可怕，是吗？

我们这说了一百个，我们说十个呢？我们说简单点，叫你们十个工序做一个菜，我想你们一个菜不止十个工序，如果是 99.99%，则为 91%，意味着做十次有一次必错。如果 50 个工序呢？直通率仅为 60%；1000 个工序呢？只有 37% 了。

可怕吗？现在以百万来计，你们知道有多大吗？放大之后非常可怕。所以，要求我们必须采取行动，这个行动是什么呢？也就是我问你们的，什么的10次方、10万次方等于1？

**答案是：1的n次方也等于1。因此，我们必须一次做对。**

**我们必须说到做到、不折不扣。**当然要做到这一点，我们就必须下一种决心，一种个人的决心：努力了解问题根源，与别人一起解决，能够在问题还没有产生的时候，就把它解决掉？现实是，一个组织的管理者自己就没决心，甚至不愿意下决心，但他希望自己的下属都下决心，这就很值得研究了。这也是管理的难点所在。

但我更愿意用承诺来代替决心，为什么？大家有没有去过教堂？很多西方人对承诺看得很重：答应了你的事如果我做不到就一定要告诉你，我能不能修改，如果你不答应，那我就一定要做到，不管付出什么代价。中国古人也是很信守承诺的，不然不会有"信若尾生"[①]这样的词句流传下来，但是现在很多中国人已经缺失了诚信这门课。我们现在提出的零缺陷管理，正是想让每个人都为自己负责，不仅是为自己的生活，更是为自己的生命负责。

无论我们是不是管理者，无论我们身处什么行业，从事什么职业，都一定要树立一种心态，**一种零缺陷的心态。**

曾经有一个笑话，读了很令人深思。

一个偏远山区里的一个小山村，那里的人们主要以田间劳作为生。有一年天公作美，家家户户的庄稼都获得了丰收，村长非常高兴，让每家拿一瓶白酒出来，准备最后收完粮食的时候全村庆功用。

等到丰收那天，村长在村委门口摆放了一个很大的干净水缸，然后把从各家收集起来的白酒一一倒了进去。等全村人都到了之后，大家热热闹闹地一边吃饭一边从水缸里舀酒喝。结果，每个人喝第一口的时候都眉头一皱，

---

[①] 故事出自《庄子·盗跖篇》和《史记·刺客列传》，讲述的是古代一个名叫尾生的人，他与一位女子在桥下约会，但女子迟迟未到。与此同时，河水开始上涨，尾生为了守约竟然站在桥下等待，最终被涨水淹死。

然后再装作若无其事地全喝完。

为什么？每户人家都觉得自己拿一瓶水能够蒙混过关就好了，反正自己这瓶水混在别人的酒里也不会被发现。结果，每家都这么想，那缸酒就变成一缸白水。所以，**你能不能说到做到，往往最后承受你行为的人，就是你自己。**

## 对待错误的心态：Yes or No?

对待错误应该采取什么心态？"三个不"：第一，不怕犯错误；第二，不接受错误；第三，绝不放过错误。这是非常重要的。**零缺陷不是不准我们犯错误，质量管理也不是不让我们犯错，犯错误不可怕，但是我们绝对不害怕错误。**更重要的是，我们不接受错误，也就是说我们绝不放过错误，也决不重复犯错误。这才是要点——以上是对每一个管理者来说的。对于每一个操作人员呢？也是"三个不"：不接受上道工序的缺陷，自己控制的工序不出现缺陷，不让有缺陷的产品进入下道工序。简单、明了，又便于操作。

可以这么说，质量管理，包括我们的质量经营之道，都是文化和政策相结合的结果。我们现在可以进一步讲，**质量就是我们的一种对待错误的态度**。我们更可以进一步说：质量，就是我们面对错误是说"NO"还是说"YES"。

**26个零部件的故事**

我们举一则发生在传统制造业中的案例。

一家企业接了一批订单，做26个零部件，做到最后一个零件的时候发现问题了：因为模具的关系，这批产品的表面都有一个不甚明显的划痕。这家企业的质量经理说不行，不能就这样放行。生产经理说，应该放行，划痕并不会影响零件的正常使用，有什么关系呢？再说，这些零部件是装在机器里面的，谁也看不见。但质量经理坚持要返工，说客户要求的是没划痕的，我们制造出来的当然不能有。生产经理非常生气，又劝服不了质量经理，只能自己走了。

接着谁来了？研发经理来了。研发经理对质量经理说，你不要这么认真啊，我可以证明，这个划痕真的不影响正常使用，你就放行算了。质量经理继续坚持，说对不起，请你把图纸拿来，既然图纸上没有划痕，如果你能让客户在有划痕的图纸上签字，我马上放行。但这不可能啊！于是，研发经理也很生气地走了。

接着谁又来了？销售经理。销售经理对质量经理说，你不要那么认真，不要这么死板。这客户是我的，我向你保证他不会投诉我们的，你就放行好了。质量经理当然不能放行啊！

这个时候问题被抛向谁了？这时，企业里所有人的目光都集中到总经理身上了。

其实，这种情况不仅仅在制造业中存在，所有的组织都面临着同样的问题：明天就要发货了，今天才发现产品存在不明显的瑕疵，该怎么办？老板会想：我不发货，就一定会蒙受损失，发货呢，客户不一定会发现产品存在问题，差不多就行了，还是发货吧！老板亲自点头，放过了不合格品。一旦这种情况出现，企业上下全明白了，什么"质量就是生命"，什么"质量第一"，全是假话。什么才是真正的"第一"？进度、成本，这才是第一。大家随之对之前紧紧纠缠质量问题的企业质量经理语带嘲讽："你看你受的这些气，何苦呢！"从此，我们的质量人员再也抬不起头了。

但是在这个故事里，老板在弄明白事情的来龙去脉之后，直接拍板：重开模具。大家知道重开模具要多少钱吗？25万美元！那还是20世纪80年代，25万美元可不是一个小数目。

这就是说，遇到事情的时候领导的态度很重要，当事人的心态也很重要。面对错误是接受还是零容忍，非常重要。

### 不重复犯错误

只有不接受错误，才能避免重复犯错误。否则，我们的工作每天都会陷于危机和救火中。难道我们不能第一次把事情做对吗？难道我们不能任何时候都不重复犯错误吗？请大家记住，当我们谈到工作准则的时候，其实就有一条零缺陷的基本原则，我们不是说不让大家犯错误，我们是说，决不允许重复犯错误。这是核心。

有部电影中的台词说，一个人一天早晨起来，一出门掉到一个沟里，这可以原谅。但这个人第二天早晨一出门，又掉到同一个沟里，就是个笨蛋。大家想想，在企业里，我们不仅仅经常性地掉到同一个沟里，有时候甚至有意识地往里跳。还记得前面讲过的猴子故事吗？还记得跳蚤故事吗？大家想想，这种心态和行为带来的后果是什么？

如果对零缺陷下个定义的话，我们可以说，第一次就把事情做对，这就是零缺陷，也是说到做到、不打折扣——在知，更在行。

**校准人的头脑**

我们再来说一个客户的故事。这家企业成立于1997年，到2000年的7月，他们通过了ISO 9000认证，之后便不知道做什么了，直到后来企业老总突然发现整个企业缺灵魂。于是，开始运用零缺陷管理统一员工的思想，建立了一个有灵魂的质量管理体系。

这个体系的创立得益于一次外部客户给老板带来的冲击。一个日本客户到他们的企业里参观。老板非常得意，自豪地对客户说："你看我们所有的设备都能做到按计划校准，甚至可以精确到秒。你们放心，我们可以完成你们的所有要求。"日本客户说："我相信，但是请问那些校准设备人的头脑什么时候能够校正一次？"老板呆了，他从来没有想过要校正员工的头脑。

于是老板开始思考，企业里还缺什么。他突然发现，传统教育都是针对纪律和技术的训练，企业缺的正是对头脑的训练，而对员工价值观的训练才是最有效的。如果你管理的是设备，只要把设备校准就可以了，如果管理的是过程，就一定要制定出一个制度，才可能令大家协调。如果想管理一个人，就必须调节他的价值观，才能开始对他整个心智的调整。

这家企业进行的价值观训练也就是他们的零缺陷企业文化建设最终使得公司

的客户增加了三分之二。良品率的提高，投诉率的降低，员工收益的提高，当然整个公司都变得喜气洋洋。

日本一家公司生产上出现了一个问题，企业上下研究了一个月，问题都没有解决。结果这家企业的一个看上去普普通通的理工科大学生，把问题接过去之后，三天就解决了。什么精神支配着这名员工苦苦钻研？他们自己说，就是一种对自己事业的热爱。

这非常难得，说明他们身上有一种激情，当然员工身上的激情离不开企业管理者的激励和认可，这家公司的文化氛围非常好。

## 成功的故事：向"差不多"开战

迪尔佳联经销商年会在深圳某酒店盛大召开。迪尔佳联执行副总裁张德喜详细阐述了公司的"全员全过程零缺陷"管理理念。在座的近两百名经销商全神贯注地聆听，会场内鸦雀无声。

迪尔佳联近一年来积极与供应商沟通合作，力求实现积压物资"零缺陷"，并深入传达公司的质量战略和企业文化。迪尔佳联总经理刘镜辉强调，通过供应商、生产商、销售商三位一体的紧密合作，不仅可以实现共赢，还能显著提升公司的核心竞争力。

### 向"差不多"宣战

在一些国内企业员工的观念中，存在着"过得去就行"的心态。但对于追求卓越品质、志在成为世界级企业的我们来说，这种心态是巨大的障碍。因此，我们必须在企业内部推动一次质量理念的革新。实施"零缺陷"质量管理的目的有两个：一是满足公司在质量方面的战略需求，提升产品品牌价值，逐步塑造迪尔品牌；二是在未来2~3年内，使产品质量达到迪尔公司的水平。刘镜辉总裁在接受采访时简洁地阐述了这一战略构想。

"零缺陷"不仅是一种管理标准，也是一种工作态度，它代表着对质量的不懈追求和不妥协的精神。作为合资公司，迪尔佳联在决策时始终注重投资者的利益，而非表面功夫。刘镜辉表示，团队无法容忍次品，只有采取行动才能改善组织状况。为确保战略的有效实施和达到预期目标，建立一套可行且规范的规章制度至关重要。单纯的宣传和说教往往无法触及问题核心。

为此，迪尔佳联成立了以执行副总张德喜为负责人的专项团队，负责战略实施。团队建立了质量评估、工作评估、质量成本要素及程序、财务部门综合计算等评价系统，分阶段、分人员、分部门进行培训和学习。定期对全体员工进行测试和考核，以评估战略的实施效果。

公司邀请了中国克劳士比学院的顾问师为中层以上干部提供培训，启发他们的思维，深入理解"零缺陷"的核心价值。从那时起，无论部门多忙，每周至少保证一个小时的培训时间。公司领导强调，在忙碌的情况下更要加强培训和学习，确保理论与实践相结合。

### 第一次就把事情做对

我国许多企业在追求全面质量管理、质量奖、ISO 9000 和六西格玛等方面与世界同步，但未能建立有效的质量政策与文化。这导致管理层过于关注形式化的成果汇报、奖章和证书，而员工失去热情，面对问题常妥协和让步。企业深受质量问题困扰，质量人员在寻找解决方案时感到失望和无奈。

在制造业中，20%的营业收入用于修补错误产品，而服务业则将35%的运营成本用于重做错误事务。原因在于企业领导者未重视问题根源，仅关注不符合要求的代价。若遵循克劳士比的质量管理思想，即第一次就把事情做对，通过教育、培训和调整工作程序，将为企业节省大量资金。

早在去年3月份，迪尔佳联就在企业内要求遵守"不合格件不允许接收、不合格件不允许生产（装机）、不合格件不允许转序"的"3N"原则。通过强化学习和培训，迪尔佳联员工都明白了质量的"零缺陷"其实是一种工作心态，并不是一点缺陷没有；质量是预防出来的，而不是对产品的检测结果。

以前的客户需要只是指企业外部，而现在指的是内部的，内部的市场链上升到客户间都是客户，就是说不花钱还能赚钱。现在的迪尔佳联贯彻实施"上个工序对下个工序负责、下个工序是上个工序的客户"的方针，取得了很好的效果，各部门的效益大为改观。此外，在实施"零缺陷"管理工程中，在员工当中彻底打破"干多干少一个样、干好干坏一个样"的观念。张德喜称"所做的目标，就是快速提高产品质量"。

迪尔佳联小件中心的侯广智在工作中就感受到"第一次就把事情做对"的重要性。过去他们一直把1毫米误差的冲压件及板材视为合格产品，但如果按现在的零缺陷标准显然行不通：如果每个人有1%的缺陷，那1000名员工生产的产品组合成的机器，到每个用户手上都是100%的缺陷！所以，在初始阶段就把产品的不合格因素消灭，第一次就把事情做对，显得是那么重要。

### 良好的开端

经过质量教育和学习，公司整体面貌焕然一新。员工们对产品质量的敏感度显著提高，对于发现的问题不再保持沉默。以前，一些员工即便发现产品缺陷也会保持沉默，导致不合格产品容易流入下一道工序。然而现在，向质量协调员报告的次数明显增加，显示出员工们对质量的重视。张德喜分享了一个令人感动的例子：今年年初，25台出口到俄罗斯的收获机在装机后出现了摆环箱漏油的问题。问题被发现后，员工们立即报告，并采取了有效措施。最终，通过更换不带换气孔的油堵，并将带排气孔的油堵带到俄罗斯重新安装，成功解决了问题。这个事例充分展示了员工们对质量的细致观察和积极应对的态度。

过去，在很多企业里生产部门与质量检测部门是最矛盾的两个方面，生产要出货，而质量部门却"挑毛病"，特别是在销售旺季这种矛盾表现得更为突出，有时甚至造成了质量的失控。产品送达部经理杨信祖称，原来他们做检测时，有些时候对产品质量只要不是那种致命的毛病，有些情况下就让它过去了。而现在，他们这个部门的职工一律按规则办事，有章可循。杨信祖给记者所展示的一份3070型收获机整机检修验卡上，所有检测点都做了标明，详细而明了。

质量教育在今年的麦收过程中体现出了很好的效果。过去迪尔佳联在一个地区要派很多人去给用户解答、维修，而现在，往往去一个人就够了。为厂里节省了大笔的交通、维修、配件等费用。更重要的，迪尔佳联收获机在用户心中的信誉度大大提高。杨信祖对记者感叹说："这个模式真好。"

试制车间的王旭对以"零缺陷"的心态工作感受很深。两年前他参加试制时，试制车间把无法完成的一些复杂件拿到其他生产车间去加工，操作者对试制的"活"与生产件相比显得漫不经心：反正是试制，又不是正式产品，只要能过得去就行了。在这种心态的指导下，多数试制件完成后都显得非常粗糙。在装配过程中有一些由于尺寸不合无法装上的零件，还得由试制车间的工人师傅们二次修正。以这种工作态度，设计思路显然不能得到合理验证。而现在在产品试制过程中，只要是拿到生产车间的加工件，各生产车间的工人在加工过程中，对每一个尺寸、每一个符号都非常重视，与正常生产过程完全一样。

3518机型的改进就是一个明显的例子，去年3518机车在工作中，有些机器的过桥部分出现了大小不一的故障。今年输出部全部人员对各个故障进行仔细分析，同时对一些潜在的薄弱环节进行了认真研究，出台了改进方案，并决定试制两台以观察效果。在今年的过桥试制中，涉及各生产部门加工的零件，各部门都能认真对待优质完成，使整个过桥试制工作如期顺利完成。

张德喜对记者称，他们的目标是要把一次检验合格率上升到99.65%~99.7%的水平。

"零缺陷"战略实施的效果，最终还在财务评价上得到最直接地体现。前几年，迪尔佳联的"三包"服务费用一直在五六十万元左右，然而，今年公司的"三包"服务费用的总和为24万元，其中还包括了去年库存的150台3060收获机的"三包"费用。究其原因，质量上升了，服务人员相应减少，对于偏居北车一隅的迪尔佳联服务交通费就大幅度下降，而且，配件的消耗也锐减。不但如此，质量无疑成了产品最好的招牌，所蕴含的无形价值很难估量。

## "无威胁衡量"的力量

当我们谈零缺陷的时候为什么必须谈衡量呢？因为质量是满足要求，零缺陷是不折不扣地满足已确定的要求。问题是我们如何才能知道是否满足了要求呢？那必然需要衡量了。

**衡量的目的，就在于使我们能够知道工作过程符合要求的程度到底是怎样的。**将不符合要求显露出来，可以使我们将注意力集中在需要采取更正措施的地方。这么一来，就可以改进我们的工作过程了。**零缺陷的个人工作准则使我们不断地对过程进行衡量并且进行改进。**

我们生活在一个无处不存在衡量的社会——如果没有天气预报，就不知道每天的气温；如果没有表，我们就不知道时间；如果没有体温计，就不知道自己的体温多高；没有心电图，我们不知道心跳如何……如果工作没有衡量必将一塌糊涂，生活没有衡量也将混乱不堪。

但问题是，虽然每个人都知道衡量很关键，但就是不愿意去衡量或者是不敢衡量。原因是什么？有威胁。**威胁意味着要自我保护，只有无威胁才有可能以开放的心态面对错误，改正错误。**

**衡量工作过程**

当前的核心议题在于何处？**评估的基础在于衡量，而衡量则是推动改进的关键。**在面对衡量时，我们应将关注点聚焦于哪些核心问题？或许，问题的本质在于我们的心态。为何会产生抵触情绪？原因显而易见，倘若衡量结果关乎薪资涨幅或决定公司优劣，人们自然会感到焦虑。究竟人们是否愿意接受衡量？答案显然是否定的。

若要促使人们愿意进行衡量，我们应当衡量什么？答案在于工作过程。

衡量，作为一种参考标准或样品的比较手段，广泛应用于各个领域。无论是牧羊人统计羊群数量，还是农民评估收成，衡量都发挥着至关重要的作用。它不仅是日常生活的基石，更是构建人类知识体系的基础。我们的语言中充满了衡量术语，如长度、宽度、高度、电压、电流、时间、体重、温度、速度、体积、方向等，这些术语帮助我们理解和描述世界。

衡量在信息传递中扮演着至关重要的角色。它不仅能够回答"这是什么？""什么时候？""它在哪里？"等基本问题，还能够为我们提供深入的洞察和精确地分析。正如创立"开尔文温标"的开尔文勋爵所言："**当你能测量你所说的内容并用数字来表达时，你就真正理解了。**"衡量让我们能够将复杂的现象转化为可量化的数据，从而更好地把握事物的本质和规律。

我们将探讨正确衡量工作过程中的关键要素：

· 处理衡量中的不合格项的步骤；

· 分析实施过程中的核心问题。

### 1. 处理衡量中的不符合项的步骤

包含三个步骤：识别、统计和图示。

**识别** 识别的重要性在于，它能够为我们的行动指明方向。识别方法的深思熟虑和精确性越高，我们的衡量结果和实践改进的效果就会越好，速度也会越快。其中的三个原因如下：

首先，对活动的专注和明确定义，能够使每个人对目标有共识，从而使得改进活动得到全体的支持，因为大家都在同一个方向上努力。

其次，如果活动的规模过大，需要改进的地方就会很多，这就使得改进的衡量变得困难。举个例子，每个人都明白，鲸鱼被吃掉的方式和其他食物一样，都是一口一口地咬。然而，没有人会想到在吃鲸鱼之前，不先把它切成食物大小的牛排来吃。否则，这个任务就会显得过于庞大，不知从何入手。

这也同样适用于衡量。**在开始工作之前，我们需要把目标活动分解成"易于消化"的部分，这样才能更好地进行下去。**

这种类比的一个工作例子可能是衡量供应商的质量。在许多公司，这项任务相当于吃一整条鲸鱼，因为有几十个供应商需要衡量。仅识别和衡量少数供应商将导致快速、明显的改进。

最后，在确定要衡量的任务时，一小部分目标工作将提供大部分的改进。这是"80/20 规则"的反映。这表明，我们 80% 的问题是由我们 20% 的活动造成的。要确定这个麻烦的 20%，衡量过程中的下一步是非常有用的。

**统计** 统计是一种逐个列举不符合项的方法，旨在确定总数。这是一种实现目标的方式，这里的"目标"即为问题的识别和隔离。为实现此目标，需经历三个阶段：观察、添加和堆叠。

✓ 观察——在第一个阶段，目的是使不符合项变得简单且易于观察，从而实现计数。

✓ 添加——在质量改进过程（QIP）中，个人关注的是与某一过程相关的不合格项数量。这些数字的增加揭示了问题的严重程度，并有助于确定所需的改进资源。

✓ 堆叠——堆叠的目的是缩小可能的问题来源。它是一种有效的诊断工具，以下实例将予以说明。

回顾我们所进行的工作，产品中的缺陷数量已按照各部分的记录进行列表。接着，存在违规的产品按照区域进行堆叠。"最终产品"包括四个部分：终端、键盘、打印机和通信盒。鉴于终端区域的缺陷数量最多，因此首先集中精力解决这一问题是合理的。每个部分由多个子部分组成，必须进行分解以找出问题的根本原因。

最终，我们需要监控随时间进行的改进，并评估日常决策所产生的影响。这一步骤被称为"图示"——即不符合衡量标准的图形展示。普通的折线图即足以满足需求，因为它能完成以下三项任务：将活动与时间进行对比，使得观察起来更为便捷，同时便于在观察地点进行绘制。这至关重要，因为首要目标是使图表易于识别。

2. 分析实施过程中的核心问题

在实施衡量过程时，建议通过问答环节来确保严谨性和效率。具体而言，需要回答以下四个核心问题：

✓ 需要缺陷预防的过程是什么？

✓ 如何获取并分析衡量结果？

✓ 衡量结果应如何呈现，以便有效传达信息？

✓ 谁负责执行这些测量任务？

对于任何未能达到既定要求的过程，都应考虑进行衡量。如前所述，应优先衡量那些最可能产生显著改进的过程。仅在明确后续行动计划时，才需实施衡量。若无具体行动，则无需投入时间进行衡量。

在确定需要衡量的内容后，必须明确如何展示衡量结果。展示方式在很大程度上取决于客户的需求。例如，如果高层管理人员关注产品质量，那么衡量结果能最好使用一个显示在问题上花费的金额的图表，而不是几个显示拒绝率信息的图表。

工程设计人员若关注产品质量，可能对设计变动产生反应。服务区域会针对呼叫率做出反应；每台设备的制造瑕疵，或每位员工的失误以及质量的拒绝率。虽然并非绝对，但这的确表明，需要考虑何种衡量基准将引导客户采取行动。

接下来实施时需考虑的问题是，"如何获取这些衡量结果？"若需严格控制被测活动，执行过程中记录并绘制实际观测结果为宜。为测量者提供简易表格，以便轻松绘制图表。所需基本信息包括：

- 活动名称及／或编号、日期、测量者与操作员姓名；
- 检查项目数量；
- 发现缺陷的金额；
- 缺陷具体描述；
- 操作及检测到的区域。

在实施衡量时，最后一个需考虑的问题是，"谁来负责衡量？"可通过询问对结果最感兴趣的部门来回答此问题。该部门应负责执行活动。

对于发生的问题，必须在其发生的区域内解决。因此，我们制定衡量规则时，力求使它们尽可能接近自我校验。这并不意味着我们忽略了对所提供产品的检查，无论是在检查阶段的一个部件，还是在装配或测试过程中的一个子组件。相反，我们的目标是尽量减少检查次数。

**我们的核心目标始终是尽可能地接近问题的源头，从而强制性识别问题，并据此进行精确地衡量。**

**"衡量作业表"**

衡量的目的，是以一种允许客观评估并采取纠正措施的方式，揭示当前及潜在的不符合要求的问题。**衡量只是质量改进过程（QIP）的一部分，但它是控制系统的支柱**。它是用来评估和计划管理行动的工具。而**通过衡量，识别与消除妨碍人们第一次正确完成工作的障碍，正是质量改进的全部意义**。

为了实现这一目的，我们详细探讨了衡量工作过程的基本思路，包括如何聚焦 PMW 表上控制输入的四大要素，衡量的业务过程和过程中的要求；谁负责数据分析，谁来进行统计，使用什么图表来表示；以及接下来如何进行有效的沟通，用什么形式沟通，跟谁沟通；谁应该据此采取行动，谁应该跟踪检查这些行动，以确保他们是否达成预期的结果。

如果把这些基本要素转化成问题的形式，我们就会得到一个逻辑清晰、环环相扣的问题列表，或者是一张问题检查表，我们称之为"衡量作业表©"。

它不仅是一个简单而功能强大的工具，把许多质量工具都有效地使用起来了，而且是一个基本的分析与解决问题的方式。也有些企业把它叫做套路。你不妨把它背下来，印在脑子里，久而久之便融入你的日常工作中，形成习惯。随着时间的推移，你会惊喜地发现，无论是开会还是执行任务，你的工作效率都得到了显著地提升。

## 要点概览

❖ 在许多企业中，现行的工作准则被称为"可接受的工作准则"，其中包括"让步接收"的工作标准和"马马虎虎"的工作准则，以及"差不多"的工作准则。

❖ 工作准则是衡量我们工作成效的尺度；工作准则反映了我们愿意接受的错误程度；工作准则应成为我们个人价值观的核心组成部分。

❖ 标准的背后，是不同的假设和思维。一种是数量思维，从 1 到 N，另一种则是质量思维，是 0 和 1 的关系。

❖ 工作准则的选择决定了我们是不是接受错误，或者说决定了我们说"NO"还是"YES"，是我们做人做事的个人哲学的体现。

- 如果我们无法防止错误的发生，就不会认真考虑未来的要求，一旦错误发生，就会干扰我们的工作。
- 我们能不能这样说，我们工作中出现的失误，80.5%都是由人为因素造成的？当然可以。
- 职场上也分为两类人：一类是成功的人，有出息的人。他们往往目标明确、意志坚定、行动简单。这样的人永远在积极地解决问题。第二类人叫没出息的人，永远是思想简单、行动复杂的人。
- 差不多，就是当我们去做某件事的时候，我们可以允许出现某一百分比的不符合现象。
- 做事就是做人，零缺陷管理就是让整个组织都要有诚信，当然前提是组织中的每个人都要有诚信。
- 很难相信一个自己都生活得一塌糊涂的人，却能在工作上做到一丝不苟。
- 在工作中究竟采用哪个标准，这是与诚信和责任相连的两种管理哲学的选择：是选择"差不多就好"的数量哲学，还是选择零缺陷的质量哲学。
- 无论我们是不是管理者，无论我们身处什么行业，从事什么职业，都一定要树立一种心态，一种零缺陷的心态。
- 质量就是我们的一种对待错误的态度。我们更可以进一步说：质量，就是我们面对错误是说"NO"还是说"YES"。
- 我们不是说不让大家犯错误，我们是说，决不允许重复犯错误。这是核心。
- 如果对零缺陷下个定义的话，我们可以说，第一次就把事情做对，这就是零缺陷，也是说到做到、不打折扣——在知，更在行。
- 威胁意味着要自我保护，只有无威胁才有可能以开放的心态面对错误，改正错误。
- 应尽量避免使用负面奖励或突出强调某人的不佳表现。
- 我们倡导的衡量方式是无威胁的，只有这样员工才敢于进行衡量。无威胁地衡量才能使员工乐于揭示问题。
- "当你能测量你所说的内容并用数字来表达时，你就真正理解了。"
- 我们的核心目标始终是尽可能地接近问题的源头，从而强制性识别问题，并据此进行精确地衡量。
- ❖ 衡量的目的，是以一种允许客观评估并采取纠正措施的方式，揭示当前及潜在的不符合要求的问题。
- ❖ 通过衡量，识别与消除妨碍人们第一次正确完成工作的障碍，这是质量改进的全部意义。

# 第12章
# 衡量：第一次没有做对产生的代价

大家还记得我们在前面章节谈到的"秋千的故事"吗？当我们的要求不能被满足的时候，会发生什么情况？我们的钱并没有按照预定的路线走，而是大量流失了。这个时候，我们就会发现每家企业的背后都有一个非常大的金库——可毫不犹豫地称之为*"隐形工厂"*。

## 发现企业背后的"隐形工厂"

**全球统计表明**：由于第一次没把事情做对而产生的额外的损失，制造业高达销售额的 20%~25%，服务业则为运营成本的 30%~40%。换句话说，这部分损失高达企业税前利润的 3~5 倍。

我国制造业企业中，鲜有能够实现 25% 高利润率的案例，历史如此，现状更甚，企业利润逐渐枯竭，然而我们依旧非常潇洒地往外撒钱。正如徐志摩先生在他的名篇《再别康桥》中所描绘的那样："轻轻地我来了，正如我轻轻地走，我挥一挥衣袖，不带走一片云彩。"中国工商界的人士的洒脱态度与之相仿："我轻轻地走了，正如我轻轻地来，我挥一挥手，不带走一张钞票。"其中缘由何在？非是他们无意携带，而是他们尚未意识到，那"云彩"正是钞票的象征，质量正是用金钱来衡量的。

**指数软化了坏消息**

许多企业在评估业绩时，依赖的是何种指标？是数据，是百分比。设想一下，这些指标像什么？它们像是一层薄雾，有时甚至会像一场沙尘暴，掩盖了真相，让我们无法看清事物的本质。以医院为例，当一家医院宣称其手术成功率高达99.99%时，许多人会认为这是一家值得信赖的医疗机构。毕竟，在大多数人心目中，99.99%的成功率几乎等同于完美。然而，这背后的真相又是什么呢？

我们在前面的章节已经揭开了这层薄雾，看到了这99.99%的成功率背后的真相：可能意味着每天有数名患者因为治理失误而遭受痛苦，也可能意味着因为过度治疗而导致的身体伤害。这样的医院，你还敢信任吗？

有一家银行，据其统计，去年该银行的呆账烂账比例仅为千分之一，略低于其竞争对手，为此大家付出了巨大努力。当你看到这一数据时，或许会认为这家银行经营状况良好。然而，事实真的如此吗？若采用另一种报告方式，你或许会感到不安：去年该银行的呆账烂账总额高达3亿元，占总资产的千分之一。究竟是3亿元这一数字更能引起管理者的重视，还是千分之一更容易引发关注呢？显然，3亿元更具震撼力。

这个案例正是在告诉我们，我们的工作不能用问题来衡量，也不应该用指数来衡量，因为指数会软化坏消息，而一定要用金钱，用真钞实币来衡量。只有这样，我们才会发现企业里的看不见的"隐形工厂"。

所以说，"隐形工厂"实在是太可怕了，它会导致不断地重新加工，不断地返工，再加上临时的服务，重复地运行，没完没了地报废和处理投诉以及三包费用等，对不对？除此之外，还有信誉方面的损失也很多，再加上为了避免以上现象增加的审核与标准，以及随后的验证和测试，大量的钱都被投了进来，这就形成了一个与隐性资产相对应的隐性负债。关键的问题是，它无法表现在资产负债表上，也就是说，它真的是躲在我们绝大部分管理者的视野之外的。

因此，如何能够给企业的管理者们一双慧眼，帮助他们做到拨云见日，看到真实的情况；用一种简单有效的方法，帮助他们把发现的金钱损失再拿回来，这正是我们要做的。

**ZD 成本模型**

如图 12-1 所示，我们的总成本模型应该是：第一个叫无失误运作成本，Error Free Cost，简称 EFC，这是我们按原计划，假定不产生任何偏差的前提下投入的原料、设备、劳务、能源等，这些是必须投入的成本；第二个叫符合要求的成本，Price of Conformance，简称 POC，什么意思？以炒菜为例，为了使菜不被炒煳，不被炒坏，是不是要先对厨师进行培训？是不是要时不时地帮助厨师提高技能，让他正确地操作等。这些都是为了符合要求而应该投入的成本。

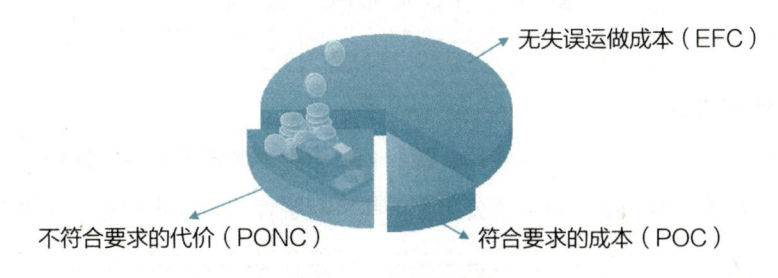

图 12-1 成本模型

但是非常不幸的是，在现实生活中，我们会不断地接收到来自客户的抱怨或投诉，这是什么？这是预期与现实之间的偏差，也是我们说的不符合要求的代价，Price of Nonconformance，简称 PONC。

PONC 和 POC 的要素，如图 12-2 所示。

显然，我们的企业中存在很多浪费，浪费很"胖"，因此叫 PONC，也就是"胖客"，而我们获得的利润则很"瘦"。"胖"和"瘦"，你要哪个？我们当然要"胖客"啊！

| PONC 要素 | POC 要素 |
|---|---|
| ·重新加工 | ·核对订单内容 |
| ·赶工 | ·测试软件 |
| ·临时服务 | ·预防性维修保养 |
| ·重复运行 | ·验证 |
| ·存货过多 | ·产品测试 |
| ·处理顾客投诉 | ·程序校准 |
| ·停机时间 | ·审核帐目 |
| ·返工 | ·教育与培训 |
| ·退货 | ·过程控制 |
| ·担保费用 | ·质量管理咨询 |
| ·报废 | ·体系建设 |
| ·应收逾期账款 | |
| ·解释问题的时间 | |

图 12-2　PONC 和 POC 的要素

**管理的语言**

做质量管理，离不开经营管理，我们必须用**管理的语言**来谈，这样才能建立一个好的基础。有一次，西门子公司来了几个高层管理者，我与他们在北京开了一个沟通会。我们谈质量管理的基本原则，说符合要求的时候，他们淡淡地说应该的；谈到预防，也有人说这是应该的；谈零缺陷呢，他们说德国人做得不错……后来谈到了钱，你们猜出现了什么情况？

当时我谈到了企业的 PONC，本来大家都非常随意地坐着，一边喝咖啡一边聊天，彼时突然就站起来了，眼睛瞪得很大地问："真的吗？是这样吗？"是什么影响了他们的情绪？什么语言打动了他们？管理者喜欢的是什么？老板喜欢的是什么？是钱啊！一个企业必须生存，没有钱，你怎么生存？生存下去，你才有可能进行发展，才有可能做一些公益事业。所以，一定要看到管理上的一些真实的东西，否则很多问题都会被忽视。

当我还是一位企业高管的时候，我记得有一次开管理会，没有质量经理的位置存在。如果你是一位质量经理，请想想看，开管理会议的时候，你的位置在哪里？你是不是进了会议室之后，找一个没有人坐的地方，或者是会议室里不起眼的地方，悄悄往那里一坐？没有人制定规则，这种习惯其实是一个潜规则起作用的结果。

我们很奇怪，反观很多企业的财务经理、市场经理都非常自豪，非常理所应当地往老总旁边一坐。是这样吗？很多企业开会的时候往往是重要人物一字儿排开。质量经理坐在哪里？他也不知道。这个问题很尴尬。

我在想为什么同样都是部门经理，为什么质量经理总是显得可有可无呢？虽然我们总说质量很重要，但是你们看看企业的成本、质量、进度这些要素。成本清楚吗？它可以精确到小数点后第八位；进度呢，也可以很清楚，可以清楚到秒；但质量呢？很多人总是不知道该怎么解释质量。

质量是什么？不知道！质量是故事，是口号，是事故。我经常在企业的管理者研讨会上做这样的一个小实验，看看我们是不是越来越接近"真相"了。我会对某人说："您戴表了吗？您能否大声告诉我们现在几点钟了？"

"11 点 15 分。"他回答。

我接着说："非常感谢！我希望你不用秒、不用分、不用小时来形容一下现在的时间，可以吗？"

"上午，接近中午了……快吃中午饭了……"

"还有吗？"我问他们，"我希望大家已经抓住问题的实质了。我现在问你们：什么是质量？你能告诉我吗？你不能，因为你没有秒钟，没有分钟，没有小时进行衡量。给我一个质量的定义，可以吗？不能，因此它是空洞的。该怎么办？显然，**当质量、进度和成本这三个要素之间产生矛盾的时候，牺牲谁？因为质量很抽象，不好判断，所以它就被果断地牺牲了**。这一点也不奇怪。所以我的意思是，一定要掌握管理者的语言，这样才能成为一个真正的管理者。"

拿世界 500 强里非常大的公司来说，你们想象不到他们的 CEO 到了中国合资企业，第一件事是先找到质量经理，问他：你一个月赚多少钱？是不是很有意思？他不关心别的，只关心质量经理的薪水。紧接着，他会把财务经理叫过来询问对不对。为什么会这样？

我们再看一个例子。

有一个国内大型的国企，准备与一家欧洲企业进行合资，然后欧洲企业派了一个高级经理来了。奇妙的事情发生了，关于财务的事情让谁签字？外方代表一定要让我们中方的质量经理签字。质量经理说自己没这权利，签了也没用。但外方代表一直坚持要让中方的质量经理签，并拒绝了其他人签字的要求。我们的很多中方领导站在那里，面有难色。

此次事件对中方的管理层是一个很大的冲击。

质量是什么？这就涉及一个很关键的问题：如何衡量质量。**质量经理能不能像财务经理那样，建一个针对整个资源的控制系统，用表盘进行衡量，帮助高层管理者了解目前的状况**。这是我们要做的。

**成本与代价**

**谈代价就好比审视一座冰山，看得见的部分往往只是由真实情况的一小块组成**。很多企业表面风风光光，可能一夜之间就倒掉了。我专门谈过成本与代价，用什么来表示是最简单的？可以找几个人来做实验：每人给2万元，有的人给现金，有的人给一张2万元的卡，让他们去商场消费。往往拿着卡的人会怎样？非常潇洒！但是手握现金的人会谨慎一些，为什么会这样？

什么叫成本？计划之内认可的支出就是成本。企业每个部门做的成本，也就是这个部门可以花销的金钱，到了月底，如果还没有花完会怎么样？很可能会突击花钱，这是令很多企业管理者头疼的现状。指数的意义在于真钞实币，把卡换成现金消费之后，大家突然有意识了，突然会变得小气了。

**我们的工作可以分为三种：工作，不工作，增值的活动**。这里有个非常简单的例子：假如我现在去机场办事，先花了30分钟到了机场。到了现场后开始排队，人很多，我排了5分钟到了窗口，我要求改签机票，工作人员把机票扔出，让我去二楼办理。

我又花5分钟到了二楼窗口，这里依然有很多人，我又排了5分钟的队，这次办理很顺利，工作人员听完我的要求1秒钟内就盖好了章。

然后我从机场返回住地花了30分钟。这就是一个简单的工作过程。

## 师生对话

**杨钢**：我们来分析一下，所有的工作都应该实现增值，但在此过程中增值的是哪一部分？那盖章的 1 秒钟就是增值对不对？为了 1 秒钟我们花了这么多时间，哪些是工作，哪些不是工作？后面等待的 5 分钟，因为是做正确的事情，可以叫工作，哪些是不工作呢？

**学生**：第一次等待的 5 分钟。

**杨钢**：那路上来回的 30 分钟呢？

**学生**：代价。

**杨钢**：我们为什么要问这句话，为什么要问这些行为是增值的活动吗？其实是为了让大家清楚，谈到代价时总是跟什么联系在一起的？

**学生**：钱、时间。

**杨钢**：实际是跟改进联系在一起的。我们发现现在的工作不增值，但有没有改进的余地？当然有。路上用了 30 分钟，为什么？可能遇上了堵车或修路，原本的双行道变成单行道，如果我们提前知道这些情况是不是可能把路上花费的时间缩减到 25 分钟？事物往往是变化很快的，我们谈代价的时候，总是跟改进融在一起的。

**引入 PONC 这一概念，源于我们在工作中存在 20%~30% 的额外浪费**。然而，许多企业在意识到浪费现象的同时，也对质量成本进行了计算，却发现质量成本所占比例较小，远低于 PONC，从而对此产生困惑，难以理解这一现象。

我们试图用"冰山理论"[①]来做一些解释。根据很多企业的管理水平，往往只能看到问题浮出水面的部分，随着水位的下降，管理水平的提升，暴露出来的问题会更多。但是，越是接近水面的问题越容易量化，越往下则越难衡量。

---

[①] "冰山理论"（Iceberg Theory），也称为"冰山原理"，是由美国著名作家欧内斯特·海明威（Ernest Hemingway）提出的。他强调文中的信息和意义大部分是隐含的，显露在表面上的只是一小部分，就像冰山在水面上露出的一小部分，而水面下的大部分则是隐藏的。

因此，企业在一开始就要做到能量化的尽可能量化，最终要实现削减 PONC 的目的。为什么总是在提钱？因为金钱能很好地把问题突显出来，最终目的就是消灭掉问题。坚决不能为了描述而描述，为了统计而统计。

还有一个 POC，表示第一次把事情做对需要的成本，所以它叫成本，而 PONC 则是代价。POC 加上 PONC 才是完整的工作质量成本。如果企业没有 PONC 数值，只有 POC，那削减质量成本时该怎么做呢？自然会在 POC 上做文章，从前面的要素表中我们能看到，这些大部分是预防性的投入，原本我们在这方面做得就不够，还能够怎么削减呢？

**质量成本与 PONC**

于是，我们有必要把质量成本与 PONC 做一些比较。我曾经在《质与量的未来》一书中详细地解析了质量成本的来龙去脉。这里不再赘述，只是简要地说两件相关的事。一是，阿曼德·费根堡姆博士在 1951 年获得麻省理工斯隆管理学院博士学位后，出版了他享誉全球的处女作《全面质量控制》[①]，在书中他把质量成本分为两类：第一类叫"故障成本"；第二类叫"预防成本"和"鉴别成本"。之后又把故障成本分为"内部损失"和"外部损失"。

二是詹姆斯·哈灵顿博士把质量成本分为了两大类[②]：第一类叫"优质成本"，第二类叫"劣质成本"（Poor-Quality Cost）。因为优质成本是符合要求的成本，不用考虑，企业需要关注的是劣质成本。

无论是费根堡姆先生，还是哈灵顿先生，都是我非常尊重的前辈和师长。我都曾去看望过他们，并通过电话与邮件向他们请教相关的专业问题。他们都一致反对，紧紧围绕着产品质量做质量成本的衡量，而是要围绕着经营管理业务和工

---

[①] 费根堡姆（Armand V. Feigenbaum）博士的名字是与"全面质量控制"（Total Quality Control）的概念密切相连的，享有全面质量管理之父美誉，这得益于他的奠基之作《全面质量控制》。值得注意的是，由于 20 世纪 80 年代对于质量管理的不当解读，就把"全面质量控制"误译成"全面质量管理"，也导致把"质量控制"译成、甚至于等同于"品管"，把"品管"等同于"检验 + 体系"的乱象。

[②] Poor-Quality Cost（《劣质质量成本》），H. James Harrington（詹姆斯·哈灵顿），ASQ Quality Press（ASQ 质量出版社），1987.

作进行。

换句话说，既要衡量冰山上面的看得见的部分，更要衡量看不见的部分。而这些也恰恰是大部分中国企业管理者的盲区。

费根堡姆先生生前经过大量的企业实证，得出了这样一个结论：**总的业务失败成本达到总销售收入的23%，失败成本中，约50%为内部失败成本，25%为外部失败成本，20%为评估成本，而预防成本仅仅占公司失败成本的5%。**

## 为什么做"质量成本"很难成功？

有一家油田曾请我去指导，他们当时正在做质量成本。最开始他们派了5个成本会计到北京学了5天，拿了一套标准的质量成本体系回去了，然后开始在企业里操作。

第一个月，数据搜集上来后会计说是假的；第二个月的数据在会计看来更加离谱，到了第三个月，会计根本不想看数据了。按照常规，应该在月初的5号左右出成本报表，但他们的财务总监叹气地说不用做了，做报表需要的数据都不对，做不做报表还有什么用呢？

我去了这家企业，他们问了我一个问题，为什么他们自己不能建立质量成本体系。我说这个问题不应该问我，而应该你们扪心自问，为什么要建质量成本管理系统？这家企业的老板说因为市场竞争越来越激烈，商品价格被迫不断降低。我说这答案不对。他就不知道该怎么回答了。

我说："你们跟我说一说到底谁在负责这件事？"他说："由我们的综合办公室来负责。牵头人是王主任。"具体负责什么？对所有的下属公司进行集中的目标责任管理，由这个综合办公室判定A公司的奖金该是多少，B公司的工资应该发多少，主要是做这些工作的。

大家想想，他们有没有走偏？我们倡导的衡量是无威胁的衡量，请问他们有没有产生威胁？对下属产生了很大威胁啊！所以他们收集上来的数据一定会被造假。你提供的数据跟你的切身利益有关，所以一定要符合自己的利益要求，这样的数据能反映真实情况吗？根本没有任何价值，这样的例子非常多。

该怎么办？很多西方国家里开始思考一个问题：如何把成本的管理会计延伸到成本里，于是出现了 ABC 法，即基于作业的成本管理，这个方法在西方非常风靡，但是到了我们国家，财务核算方式不一样，我们只能借鉴他们的思路，不能照搬照抄了。

根据常规的质量成本是这样的：常规思路一定是先找到一个点，我们的目标不就是这样制订出来的？然后在目标周围划分一个区间，很多人认为这就找到了一个平衡点，而我们知道实际上是没有平衡点的。

为什么没有平衡点？现代管理的思路是这样的，不可能有一个所谓的平衡点存在。因为所有的平衡点思想，都是基于 20 世纪工业革命时代的理论，源于当时的管理思考，认为投资回报等都有一个安全的底线，存在一个可接受的区间，但是具体实施中却由此出现了很多问题，故现在倡导的理念是：**让每个人清楚自己的角色，绝不为计算而计算；然后帮助下属了解工作过程，了解客户（内外客户）要求，让员工第一次把事情做对。**不能让大家节衣缩食，否则大家都会反感。

采取此种策略有哪些积极影响？一方面，由于你的初衷是为了帮助他人，因此更容易获得对方的认同和支持；另一方面，当每个人都能够都一次把事情做时，PONC 就自然减少了。在此过程中，大家考虑的并不是简单地追求降低成本，而是出于对工作质量的追求而自发地努力。

虽然一开始员工可能会对此感到疑惑，甚至担心管理层是否有了新的惩罚措施，但随着时间的推移，他们会逐渐明白：**管理层的做法是低调而富有建设性的，旨在促进工作环境的和谐，而非为了惩罚。**我们的主要目标是协助他人。当你真心实意地帮助他人时，自然也会得到他人的帮助。

焦点：为什么质量成本往往会失败？

- **前提错误**：没有把质量成本当成成本管理工具，而是削减成本的工具。
- **手段错误**：实施有威胁的衡量；罚款使质量成本隐藏得越来越深、越来越缺乏真实性。
- **人员错误**：主要由质量人员实施，既缺乏客观公正性（与财务比），更容易令一线人员产生抵触情绪。

- **方法错误：** 自下而上、为削减而削减，只低头拉车，不抬头看路。
- **对象错误：** 车间与蓝领人员。
- **思路错误：** 追求大而全的系统，强调报表的符合性而非管理的有效性。
- **目的错误：** 游离于现行管理系统之外，没有引起管理层注意，将其纳入企业战略规划中，围绕自身的竞争优势启动价值创造工程，帮助各业务单元实现其绩效目标，而非孤立地、自以为是地"削减质量成本"。

**结论：** 在错误的时间、地点，使用错误的人、错误的方法，服务于错误的目的。

## 为什么要计算 PONC？

为什么企业推行质量成本很难成功，甚至有些企业做 PONC 也很难成功？要回答这个问题就必须解答：你为什么要计算质量成本，为什么要计算 PONC？

有人说：不就是为了把浪费变成钱吗？这不就是老板最看重的吗？这样不也正好体现出我的价值了吗？也有人说：我用了很多的质量工具都不能引发管理者的关注和认可，我想试一试 PONC，也许会产生独特的效果。还有人说：我们的兄弟单位在做 ISO 9000 审核时，审核员要求他们做质量成本的，他们虽然没有做，但当他们拿出了 PONC 的记录时，审核员说这就是质量成本，于是审核就顺利通过了。我也想这么做……

所以，**我们必须在怎么计算、怎么使用 PONC 之前，要先回答和重申为什么要计算 PONC？**

首先，是为了*引起管理层的关注*，以纳入其管理议程。

克劳士比先生曾分享过他自身的经历。在担任工程师期间，他受邀就质量问题与一家企业进行探讨。然而，会议全程两个小时，管理者们所关注的都是与财务相关的问题。会议接近尾声时，CEO 突然意识到邀请克劳士比的主题是质量，但仅剩五分钟时间，众人皆准备离去。

克劳士比起身表示，质量问题实际上也可以用金钱来衡量。CEO 听闻此言，立刻产生了兴趣，其他人也纷纷精神焕发。克劳士比微笑着透露，未借助财务经理的帮助，他自行估算出公司浪费的资金是税前利润的五倍。CEO 听后深感震惊，询问财务经理是否属实。财务经理确认无误，并表示曾多次向领导汇报，但高层始终未能重视。

于是，众人重新落座，继续探讨与质量相关的议题。原本即将结束的会议因此延长了一个小时。自此，该公司在讨论质量问题时，不再局限于定性分析和情感表达，而是逐一分析导致 PONC 产生的要素。会议顺序调整为先探讨质量，再讨论财务。**毕竟，财务仅仅是记账，而质量却能带来盈利。**

其次，**排列问题的先后顺序**，以决定首先需要采取改进的地方。

PONC 的核心价值在于为纠正措施的优先级设定提供坚实的依据。它不仅为我们在特定问题领域中的工作提供了逻辑框架，而且在资源受限的情况下，帮助我们明智地分配资源，优先处理影响最大的问题。企业在处理众多问题时，必须做出策略性选择，以最大化资源效用。然而，决定优先级的决策并不简单，因为显而易见的问题并不总是最耗费资源的。**PONC 的优越性在于，它基于成本分析，为各区域纠正措施的优先级提供了逻辑评估。**

但必须强调，PONC 的计算仅适用于与成本直接相关的区域。虽然成本可能首先在某个部门显现，但问题的根源可能深藏于其他部门。**PONC 管理的精髓在于精确识别问题的源头，并将纠正措施分配给受影响最大的利益相关者，以确保问题的根本解决。**

再次，**展示与分享改进的成果**，以使参与者获得成就感并鼓舞士气。

这方面例子非常之多，俯拾皆是，我们举几个有趣的。

浙江省内的一家袜子生产龙头企业，其核心管理团队齐聚一堂，共同学习。基于财务总监精心准备的数据分析，他们应用了一种独特的计算公式。计算结果揭晓后，总经理的表情变得凝重起来，他急切地表示："杨老师，我必须立刻返回公司。"众人对于他口中所说的"PONC"数字感到惊讶，竟高达千万元。总经理对此感到困惑，因为在他看来，一袋袜子的售价不过十几

## 第12章 · 衡量：第一次没有做对产生的代价

元，这样的数字实在令人难以置信。

我们再看一个故事。

南方有一家非常优秀的企业，是一家高新技术企业，前段时间还准备上市。几个老总都是很年轻的博士。

老总们都属于工科博士，但缺乏管理经验，对于质量尤其头疼。一天一位老总询问质量经理最近的工作怎么样？每天忙什么呢？因为老总觉得企业的质量水平基本没什么变化。质量经理听完有点着急了，他准备用新的方法跟老总沟通。

于是开管理会的时候，质量经理做了一个准备，先到财务经理那里把几年来的数据全抄下来，开会前看大家准备谈质量的时候，（一般有先后次序）他主动说自己想先谈一下。老板同意了。质量经理随后念了一些数据，其中的核心是企业报废损耗一项：当公司营业额在5000万元的时候，报废一项达200万元；当营业额达到1亿元的时候，废品的损失降到了100万元；当营业额到了1.5亿元的时候，废品降低到了50万元；营业额达到3亿元的时候，废品降到了30万元……

老板笑着说，"不错"，并鼓励质量经理继续努力。

许多质量经理在面对老板时感到尴尬，因此往往避免坐在其身旁。在大多数企业中，老板身边依次坐着副总、财务经理、生产经理和人力资源经理，而质量经理则选择一个既不重要也不边缘的位置，以避免尴尬。若要真正使质量在组织中发挥作用，并将其视为首要任务，需付出诸多努力。

我曾多次强调，质量是一把手的责任，不能做着做着就变成了二把手或三四把手的事情。其中虽然原因是多样的，但是有一点是明显的，那就是许多质量负责人没有用管理的语言，而是执着于用技术术语去解决经营管理的问题。

最后，**以衡量促进质量文化的变革**。这是 PONC 的核心目的所在，也是零缺陷智慧的精髓所在。我们将在后续的章节中对其进行详细探讨。

## 师生对话

**杨钢**：何谓质量意识？它是什么意思？

**众学生**：对质量的看法，对质量的价值观。

观念。

对质量的反应。

一种质量心态。

对缺陷的敏感性。顾客的满意度。

**杨钢**：质量意识，这个常被提及的词汇，真的仅仅是空洞的概念吗？不少企业在自我诊断后，归结为员工的质量意识薄弱。面对这一问题，常规的办法是增加培训。然而，这是否真的触及了问题的核心？我们是否应该深入反思企业自身的问题？其实，这更像是一层隐约可见的薄膜，需要有人去勇敢地戳破。很多时候，企业选择了回避，使得问题始终悬而未决。那么，质量意识究竟指的是什么？让我们通过一个简单的互动来进一步理解。

假如你们的手上有两件东西：一支笔和一个纸杯。现在请你随便扔掉其中一样东西，你会扔哪一个？

**学生**：纸杯。

**杨钢**：为什么？

**学生**：不值钱呗。

**杨钢**：那我现在告诉你，你手上那只杯子是黄金做的。现在你扔哪个？

**学生**：笔。

**杨钢**：我现在再告诉你，你那支笔是钻石做的。现在你扔哪个？

**学生**：一个也不扔。

**杨钢**：我想你们已经明白了。现在，谁来告诉我：质量意识到底是什么？

**众学生**：成本、钱、价值。

**杨钢**：所以，**所谓质量意识，也就是指我们基于价值和金钱对工作质量的**

关注程度，而一旦我们关注了，我们必然会导致行动。如果再加上一个制度和机制，让我们持续地、自发自动地采取行动，这就是质量管理了。

焦点：PONC 是与非

- 是基于文化变革的管理系统，而非仅是绩效衡量的工具。
- 是整个组织之间进行沟通的工具，而非个别人独享的报表。
- 是一个过程，而非一个方案。
- 是艰苦的工作，而非轻松之举。
- 是质量创新系统，而非仅是"有用的方法"。
- 是创建缺陷预防的质量文化，而非仅是收集与计算缺陷。
- 是与愿景相连的操作平台，而非质量改进的项目。
- ……

## PONC 的计算方法

### 如何计算

如何计算 PONC，简单说，可遵循下列五个步骤。

**首先，要了解工作质量成本或 PONC 的结构。**

我们用工作质量成本替代产品质量成本，则 PONC 和 POC 就可以有效地使用现有的质量成本科目了。也因此，可以按照质量的"三个层面说"理论对 PONC 进行重新的结构化分类，可依据你所在的业务过程分为：内部与外部、上部与下部以及左部与右部。

同时，PONC 评估可以分为三个层级：一级为内部与外部；二级为鉴别成本以及上部与下部；三级为预防成本以及左部与右部。随着级别的提高，所提供的信息广度也逐渐增加，以满足相应的更为复杂的要求。因此，公司首先需要解决的问题，是选择与确定适合的细分评估层级，以便分步实施，切忌眉毛胡子一把抓。

**其次，要识别不符合要求的地方，找出错误。**

使用"过程模式作业表"分析具体的工作过程有输出、输入以及控制过程输入的四大要素，以寻找不符合要求的地方。

值得注意的是，具体工作中要识别与确认两类 PONC：可控的 PONC 与不可控的 PONC。

顾名思义，可控 PONC，就是自己团队或部门可以控制的成本；而不可控 PONC，就是自己团队或部门无法控制的成本。故此应努力对各种成本进行分类，并记录下不可控 PONC 的来源处。

因为确认 PONC 的出处并非总是易事，它往往是跨部门的问题；有时候 PONC 的计算与消除，甚至涉及整个企业的问题。举例来说，假如出现了一个错误订单，其出错并产生的 PONC 的领域包括：销售部签发了不正确订单，采购部执行了不正确的订单，生产部按不正确订单生产，仓库按不正确订单发货，财务部处理单据的工作，客户收到不正确订单……接下来又会怎样呢？显然是客户要抱怨了，要求退货，甚至罚款；而企业内部，则要忙着开会归责，解决问题，要返工、赶工，甚至报废等。

再次，**要确认与计算每种错误结果的 PONC**。

我们将使用五种计算 PONC 的方法，对每一项确认的问题加以计算。随后将会详加讨论。

然后，**汇总全部 PONC 值，并确定报告的形式和周期（日、月、季、年）**。

部门的与公司的 PONC 评估信息将会在整个企业的费用内进行总结。企业范围内的评估总结反映了整个企业的全部 PONC 以及每一个类别和因素的全部 PONC。因为汇总与报告的形式多种多样，企业可以根据自己的经营管理特点进行相应的选择。

但关键要记住：PONC 的评估只是表明了 PONC 是从何处报告上来的，而并非问题的根源。成本驱动分析工具才是用来确定 PONC 的根本原因的。

最后，**基于 PONC 用图表把问题进行高低排列与分析，以促成改进行动**。

毋庸置疑，一旦用图表把问题依据 PONC 进行高低排列，我们可以一目了然地了解问题的轻重缓急，并且依序采取行动来改进这些工作过程。

**五种计算方法**

怎么计算呢？有五种计算方法：会计法、薪资法、劳务资源法、单价法和理想偏差法。

**会计法**——从组织或部门的细目账或总账中，找出专门记录不符合要求的代价或符合要求的代价费用的部分。

**薪资法**——这个方法则是计算雇用工作人员的费用。这些人的工作内容只与符合要求的代价或不符合要求的代价有关。

**劳务资源法**——这个方法需要谨慎地计算花费于特定工作上的劳务和资源总量，可以用打卡、收据或其他方式计算所投入的时间和资源总数。

**单价法**——以单价法来计算不符要求的代价，就是用每一次不符合要求的平均支出，乘以不符合要求的次数。以单价法计算符合要求的代价则是用预防一件不符合要求的平均支出，乘以采取预防措施的次数（有时候这种措施是特别的、额外的或毫无条件的）。

**理想偏差法**——用实际情况和理论上的情况相比较。它让我们知道目前的花费是多少。但它并不能指出问题，也不会告诉我们某一项不符要求造成多少开销。

显然，这五种计算方法都是非常简单的，但它们又是非常难的。**难在哪里？不是计算本身，而是被计算对象的复杂与多变性。换句话说，还是以人性密切相连。**比如，我们看一看劳务资源法的例子：一个会计人员坐在这里，检查报表中的错误是PONC，还是这位会计人员坐在这里，为预防错误而复核报表系统而花的时间则为POC；工程师为查明系统中的错误所花时间为PONC，为预防缺陷而花在查验上的时间则为POC。

看明白了吗？什么意思？如果这位会计师和工程师不说，你如何能够判定他到底是PONC还是POC？可问题是他为什么要说呢？

正如我们前面所强调的，如果是有威胁的衡量，打死他也不说。但如果说了对自己、对团队或者对公司都有价值的话，并能够因此得到表彰、赞赏，甚至奖励，那他为什么不说呢？

所以，**PONC计算，不是简单的算术问题，说来说去，还是文化问题。**

最后，需要强调一点的是，相信许多人在看完情景案例之后会认为，还应该有许多科目没有包括进去吧？是这样的。但**问题是 PONC 的计算属于管理会计而不属于核算会计的范畴**。换句话说，它是为了管理层的经营管理决策使用的，而不是给外部财务审计使用的。所以，没有必要那么严谨，甚至保留小数点后面的三位。

事实上，有一个方法是可以解决这些问题的，那就是乘上一个系数3。怎么来的？理论上讲，如果我做错了一件事，就算1；然后我又开始修复它或重做，算2；由于我在正确的时间做了一件错误的事，也就失去了做正确事的机会，又算1，这就是3了。有很多企业，他们都是非常精益求精的，但他们的经验值也是3。那就好了，从理论到实践都可以解决了。

## 要点概览

❖ 全球统计表明：由于第一次没把事情做对而产生的额外的损失，制造业高达销售额的20%~25%，服务业则为运营成本的30%~40%。

❖ 指标像什么？它们像是一层薄雾，有时甚至会像一场沙尘暴，掩盖了真相，让我们无法看清事物的本质。

❖ 大量的钱都被投了进来，这就形成了一个与隐性资产相对应的隐性负债。关键的问题是，它无法表现在资产负债表上，也就是说，它真的是躲在我们绝大部分管理者的视野之外的。

❖ 当质量、进度和成本这三个要素之间产生矛盾的时候，牺牲谁？因为质量很抽象，不好判断，所以它就被果断地牺牲了。

❖ 质量经理能不能像财务经理那样，建一个针对整个资源的控制系统，用表盘进行衡量，帮助高层管理者了解目前的状况。

❖ 谈代价就好比审视一座冰山，看得见的部分往往只是真实情况的一小块组成。

❖ 我们的工作可以分为三种：工作，不工作，增值的活动。

❖ 引入 PONC 这一概念，源于我们在工作中存在20%~30%的额外浪费。

- 金钱能很好地把问题突显出来，最终目的就是消灭掉问题。坚决不能为了描述而描述，为了统计而统计。
- 总的业务失败成本达到总销售收入的23%，失败成本中，约50%为内部失败成本，25%为外部失败成本，20%为评估成本，而预防成本仅仅占公司失败成本的5%。
- 让每个人清楚自己的角色，绝不为计算而计算；然后帮助下属了解工作过程，了解客户（内外客户）要求，让员工第一次把事情做对。
- 为什么质量成本往往会失败？结论：在错误的时间、地点，使用错误的人、错误的方法，服务于错误的目的。
- 什么要计算PONC？首先，是为了引起管理层的关注，以纳入其管理议程；其次，排列问题的先后顺序，以决定首先需要采取改进的地方；再次，展示与分享改进的成果，以使参与者获得成就感并鼓舞士气；最后，以衡量促进质量文化的变革。这是PONC的核心目的所在，也是零缺陷智慧的精髓所在。
- PONC管理的精髓在于精确识别问题的源头，并将纠正措施分配给受影响最大的利益相关者，以确保问题的根本解决。
- 所谓质量意识，也就是指我们基于价值和金钱对工作质量的关注程度，而一旦我们关注了，我们必然会导致行动。如果再加上一个制度和机制，让我们持续地、自发自动地采取行动，这就是质量管理了。
- 如何计算PONC？首先，要了解工作质量成本/PONC的结构；其次，要识别不符合要求的地方，找出错误；再次，要确认与计算每种错误结果的PONC；然后，汇总全部PONC值，并确定报告的形式和周期（日、月、季、年）；最后，基于PONC用图表把问题进行高低排列与分析，以促成改进行动。
- 怎么计算呢？有五种计算方法：会计法、薪资法、劳务资源法、单价法和理想偏差法。
- PONC计算，不是简单的算术问题，说来说去，还是文化问题。
- PONC的计算属于管理会计而不属于核算会计的范畴。它是为了管理层的经营管理决策使用的，而不是给外部财务审计使用的。

❖ PONC值用价值的概念使浪费体现得更直观，更有震撼力，使员工注意到工作中每一处浪费，形成了"人人心里有本账、人人会算PONC值"的氛围。

• WISDOM OF ZD-ISM MANAGEMENT •
Action Chapter: Start your journey!

·行动篇· **开始启程吧!** ·

## WISDOM OF ZD-ISM MANAGEMENT

智者解决问题，天才预防问题。

——阿尔伯特·爱因斯坦

每天反复做的事情造就了我们，然后你会发现，优秀不是一种行为，而是一种习惯。

——亚里士多德

如果你接纳了一种工具，也就意味着你接受了潜藏在这种工具内的管理哲学。

——克莱·舍基

统计工具对于质量经理，就像电线杆对于醉汉，所起的作用不是照明，而是支撑。

——佚名

在动荡的时代里最大的危险不是变化不定，而是继续按照昨天的逻辑采取行动。

——彼得·德鲁克

# 第 13 章
# 建大厦：理念震撼世界

在前述部分，我们深入探讨了零缺陷管理的产生背景及其相关事件，并在此基础上分析了管理大师克劳士比的心路历程，特别是零缺陷管理的基本理念。

在此，我想与大家分享两位管理领域大家的名言：一是美国商业哲学家彼得·莫瑞斯（Peter Morris）的观点："**理念震撼世界**"；二是美国社会心理学家勒温（Kurt Lewin）的论述："**没有比好的理论更实用的了。**"我认为，这两句话恰如其分地评价了零缺陷管理的哲学内涵。

在我们将这些基本概念和原则应用于管理实践之前，有必要从整体上概括零缺陷管理的基本思想。

## 零缺陷理念大厦

如果把零缺陷比喻成一座宏伟建筑，那么其构成基石就是质量改进与变革过程管理的工具与方法。此建筑的三大支柱分别是管理政策与策略、企业文化与行为以及组织结构与能力，三者共同支撑零缺陷的管理哲学。**这座建筑的目的在于构建一个充满价值且值得信赖的组织，创建永续成功的组织，也就是我们中国人心目中的"百年老店"**。为达成此目标，企业需致力于创造全面的价值。这种价值不仅体现在财务与市场指标上，更涵盖了客户、员工及供应商之间的协同合作、利益共享与卓越发展。如图 13-1 所示。

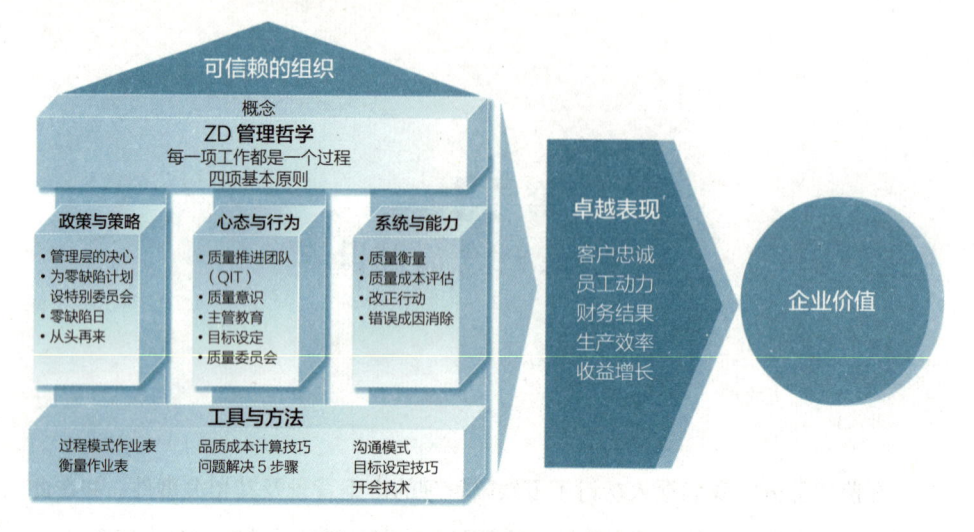

图 13-1 零缺陷理念大厦图示

**工作哲学**

我们知道，海尔今日的成就离不开历史上的一系列关键抉择。在面临 76 台冰箱存在缺陷的情况下，张瑞敏所做出的"砸冰箱"的决定，实质上是在作出一种 YES 或 NO、是与非选择。我们深知，质量是企业政策与文化导向的直接体现。若管理层在今日作出错误的抉择，那么明日整个公司都可能遭受市场的否定。这种管理哲学虽主要针对管理层，但最终将影响到企业内每一个员工。

还记得在前面的章节中，我们讨论过那位日企负责人的经历吗？他由于对内销市场的考虑，未能果断地对笔杆上的一处小划痕说"不"，导致生产出的产品不再符合日本市场的需求。姑且称之为"放行效应"吧，即管理者的一个许可，可能使事态扩大许多倍。当你对一个错误采取容忍的态度，最终会发现大量的错误接踵而至。这不又一次印证了"墨菲法则"吗？你让他错，他一定错。我们可以再追加一句：你让他对，他未必对。

我们整体地再来看看这个工作哲学。质量即符合要求，产生于系统预防，而所有的工作过程都要预防。这时候再来看有关质量怎么出来的争论。有人说质量是检验出来的？不对。质量是制造出来的？不对。质量是设计出来的？也不对。质量是怎么出来的？有一点是肯定的。预防出来的，全员全过程，跟我们每一个人都逃脱不了关系。

而工作准则或标准，是零缺陷而非差不多，就是我们对错误敢于说 NO，尤其是微不足道的错误。也就是我们敢于站出来承诺决不重复犯错误。能做到吗？如果做不到，就会付出代价。也就是说质量是用价值来衡量的，做错事就会浪费我们的钱财和精力。

为什么叫做工作哲学呢？我们可以先谈谈安全。安全的定义是不是符合要求？是不是预防的系统？安全是马马虎虎，还是认真负责？安全的代价是什么？是比率还是代价？再说说财务，财务是什么？是不是符合要求？财务的要求是不是预防？财务是要认真还是马马虎虎？财务的代价是指数还是钱？我们再说市场营销、技术开发、制造、设备、售后服务……你会发现：**每一件工作都是符合基本的工作哲学的。**

所以，工作上我们决不能只顾干活，一定要清晰地把哲学思想放到脑子里。**只有这样才有可能关注我们的核心，才有可能做成事情。关注结果，而不是活动本身。**而这个结果是什么？是成功的业务、成功的关系，是可信赖的组织，是我们不可动摇的价值观，是有力地支持组织高质量、可持续发展的战略的共同语言。

### 共同的语言

有一个关于通天塔的故事。人类联合起来企图通过建造通天塔进入天堂。上帝为了阻止人类的这一计划，决定采取一种巧妙的方式使人类的合作宣告失败。究竟上帝使用了何种手段？答案是语言。他分化了参与合作的人们所使用的语言。

试想一下，当第二天众人开始工作时，突然之间彼此无法理解对方的话语，沟通变得异常困难。因此，思想难以统一，彼此间产生猜忌，各自坚持己见，甚至发生争吵斗殴。通天塔的建设自然变得歪歪斜斜，最终导致塔的垮塌。

这是何种原因所致？答案在于语言的力量。因此，我在不同场合，特别是在大型企业集团中，时常以严肃的态度强调一个观点：当我说你们的楼层正在晃动时，听众往往会感到困惑。然而，我真正想表达的是，企业内部不同部门对于质量的理解存在差异。**零缺陷质量哲学是企业稳固发展的基础，若基础不稳，整个企业结构岂能稳固不动？**

市场是多变的，面临很多变化的时候，就看企业能不能把握机会，能不能把脚迈到胜利的门槛里面了。**关键在哪里？不取决于我们脚长还是短，而取决于我们对机会的把握。**

**零缺陷大厦的一砖一瓦均缺一不可，它是一个有机的、完整的生命体。** 不仅能够塑造一种科学与人文相结合的工作思维，实现资源的新整合，赋予企业新的活力，同时，作为经营管理卓越表现的基础逻辑和构建可信赖组织架构的关键，能够为企业从追求数量效率型的传统发展方式向追求质量效益型的可持续发展方式转型升级，打造质量竞争力，提供坚实的理论依据和方法支持。

时代在发展，技术在进步，需求在改变，消费在升级，这一切都促使着零缺陷自身的升级迭代。如今已经从 ZD1.0 升级为 ZD4.0 了，如图 13-2 所示。

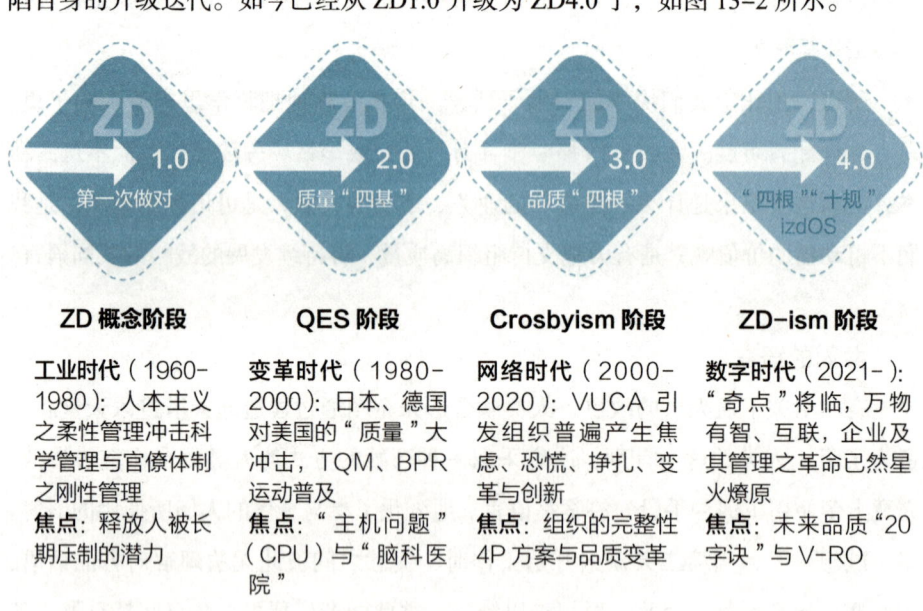

| ZD 概念阶段 | QES 阶段 | Crosbyism 阶段 | ZD-ism 阶段 |
| --- | --- | --- | --- |
| ZD 1.0 第一次做对 | ZD 2.0 质量"四基" | ZD 3.0 品质"四根" | ZD 4.0 "四根""十规" izdOS |
| **工业时代**（1960-1980）：人本主义之柔性管理冲击科学管理与官僚体制之刚性管理 | **变革时代**（1980-2000）：日本、德国对美国的"质量"大冲击，TQM、BPR 运动普及 | **网络时代**（2000-2020）：VUCA 引发组织普遍产生焦虑、恐慌、挣扎、变革与创新 | **数字时代**（2021- ）："奇点"将临，万物有智、互联，企业及其管理之革命已然星火燎原 |
| **焦点**：释放人被长期压制的潜力 | **焦点**："主机问题"（CPU）与"脑科医院" | **焦点**：组织的完整性 4P 方案与品质变革 | **焦点**：未来品质"20 字诀"与 V-RO |

图 13-2　ZD 4.0 发展阶段

这就意味着我们必须改变，要随需应变、与时俱进。但要改变现有思维模式、业务方式和工作习惯，谈何容易？正如克劳士比先生指出的那样："**质量并不是只要用一种特殊的方式跳舞就可以达到的。人们必须接受帮助，以使他们知道他们可**

以适应要求'行动正确、工作圆满'的企业文化。**避免混战的方法便是无火可救。"**

## 文化变革的零缺陷模型

变革与改变，其核心在于颠覆传统的数量导向型经营管理模式，通过实现质量变革，逐步采纳基于质量的经营管理新范式。正如克劳士比先生减肥的案例所揭示的，**不健康的生活模式是导致身体状况恶化的根源，而要改善健康状况，必须从根源上改变生活方式。**这种转变，其实质是一场深刻的文化革命，特别是质量文化的重塑与提升。

而这也恰恰是最难的一件事情。正如克劳士比先生所说的："**改变心智是最难的管理工作，但它也恰恰是金钱和机会的隐身之处。**"个中的关键，就在于正确的理念和较强的领导力。正如我们在前面章节所介绍的文化变革的"零缺陷4PS模型"，从中我们可以清楚地看出来：质量文化变革的基本前提是，领导者需将质量与企业的使命、愿景和价值观紧密融合，并制定明确的管理政策和承诺，以表明对于质量即符合要求、创造价值的基本的态度。同时，要求规划明确方向，制定正式的变革过程计划，将质量哲学融入个人工作哲学，将其纳入管理日程，提供充足资源，确保在日常工作中优先关注质量，并树立践行质量政策的典范。

具体内容可参照我的《质与量的未来》。在这里，提供一个简化的框架，以便大家能够立足于个人意愿以及所在组织的具体状况，可以简单、直接地采取行动，达成预期。

如图13-3所示，人与流程这两条线索交替推进。与传统方法不同，**零缺陷以人为核心，围绕人进行质量教育，使其承担"流程主"及其相应责任。随后，需评估工作流程，通过有效沟通，识别并明确使用者、供应者之间的要求。进而，努力满足这些要求。**一旦发现不符合要求之处，即PONC或质量成本，需借助团队协作，运用"五步法"和"共同改进计划表"采取改进行动。对于表现卓越的个人和团队，应予以表彰、赞赏和激励。

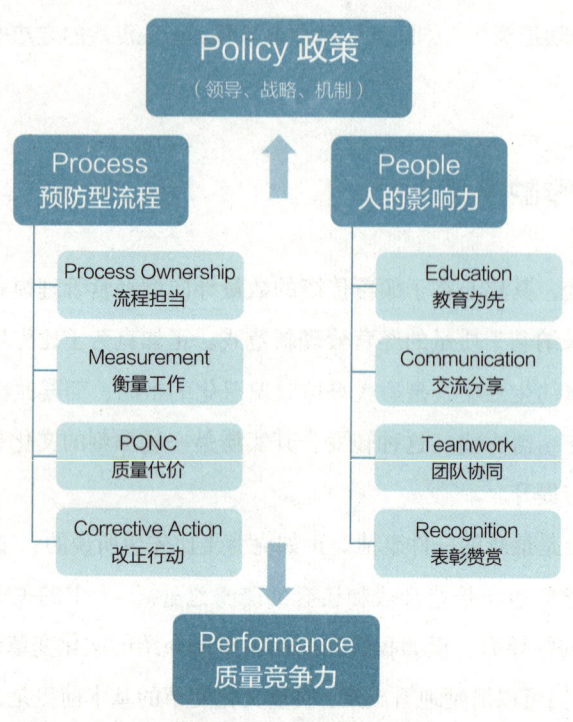

```
                    Policy 政策
                  (领导、战略、机制)
                          ↑
      Process                      People
    预防型流程                    人的影响力
         │                            │
   Process Ownership              Education
     流程担当                      教育为先
         │                            │
   Measurement                   Communication
     衡量工作                      交流分享
         │                            │
      PONC                         Teamwork
     质量代价                      团队协同
         │                            │
   Corrective Action             Recognition
     改正行动                      表彰赞赏
                          ↓
                    Performance
                    质量竞争力
```

图 13-3　人与流程交替推进

最终，成功的业务和良好关系必将带来卓越业绩，此时应启动共赢共享机制，助力更多人取得成功。如此，便形成质量文化变革的正向循环。

此时，您或许会想起克劳士比先生的著名"14个步骤"，即被誉为QIP（质量改进过程）的方略吧？是的，这些内容显然已融入此模型之中了。它既包含了**高层管理的"心法"**（承诺与教育），也包含**中层管理的"手法"**（团队与过程），还包含**基层管理的"技法"**（工具与方法）。它是先由上而下，进而自下而上的方法，强调的是**"全员、全过程第一次就把对的事做对"**。

如果你想据此实施的话，那么一定不要忘记按照"四个阶段"，即4C——Conviction（形成信念）、Commitment（做出承诺）、Conversion（转化行动）和Continues（持之以恒）。

## 从戒烟开始

以戒烟为例，四个阶段中哪个阶段最为关键？部分人或许认为首阶段至关重要，也有人主张末阶段的实现。然而，若非第一阶段的成功，第四阶段的意义便无从谈起。对于我们来说，第一阶段的重要性不言而喻，它关乎信念的建立。诸如吸烟危害健康的警示，众人皆知，却仍难以抵制诱惑。因此，知识的普及并不必然促成行动，唯有信念的建立，才有可能引领行动的转变。而信念的形成，实则不易。

一旦信念确立，我们需真切地认识到吸烟将导致的健康损失。在此基础上，方能下定决心戒烟，进而作出承诺。而承诺的兑现，才有可能转化为实际行动。

还是以戒烟为例，一旦下定决心要戒烟，就需要组成团队。比如在家里，太太和孩子就会组成一个监督团队；到单位里，同事是你的监督团队；除此之外，还有同学、朋友组成的监督团队……他们都能帮你不断强化你做出的承诺，把外在的承诺真正内在化，这很重要。

另外，为了促成目标的达成，光有团队还不行，还要建立相应的制度。比如，第一个月吸烟超过定量，就被关进厕所；第二个月偷偷多吸烟了，就被关到大门外；第三个月只能吸一支烟，第四个月吸半支，到第五个月就不准吸烟了。采取循序渐进的办法，戒烟的效果总是会比较好，所以一开始的规划非常关键。

持之以恒，它强调质量管理在组织中必须变成一种生活的方式。坚持是基于这样一个事实，所以，质量必须融入所有的日常经营活动之中，通过质量改进过程管理，使质量成为一种习惯，成为人们做人做事的一种方式。

**教育入手**

理查德·霍德盖茨博士[①]曾为美国管理协会撰写了关于全面质量管理的《热点与非热点》一书，为此他走访了24家公认的"表现卓越"的公司——大多数是克劳士比学院的客户及美国国家质量奖的得主，如IBM、GE、GM、摩托罗拉、施乐、米利肯与朗讯科技等，他的目的在于弄明白：这些公司是如何成为世界一流的竞争者的。

---

① 理查德·M·霍德盖茨（Richard M. Hodgetts）博士是一位在管理学领域享有盛誉的学者，特别是在TQM、战略管理和国际商务方面有着杰出的贡献，他的著作包括《管理：挑战与办法》《现代管理：概念与技能》等。美国国际商业学院协会（AIB）设立了理查德·M·霍德盖茨杰出职业奖（Richard M. Hodgetts Distinguished Career Award）。

**他发现**：为了获得卓越的表现，他们并不是用新的技术取代旧的技术，而是首先检讨其思想与价值，然后创建或改造"一种成功所必需的文化"。他还发现：这些公司都有一整套简单明了的经验教训以保持竞争力。比如，旧的观念必须被新的真理取代；为客户创造价值是这场竞赛的名称；培训是打破旧模式的利器；一开始就必须从战略的意图审慎地进行文化改造；只有具有完备的支持系统才能使文化改造持续下去；文化改造必须通过衡量进行验证等。

**他得出的结论是**：你如果不首先改造组织的文化，你就无法改变组织的战略；你如果不实施质量教育与培训，你就不可能改造组织的文化。

这话比较绕，如果正面叙述的话则是：要想实施组织的战略，必须要改变组织的文化；而要想改变组织的文化，必须首先从质量教育与培训入手。它的震撼之处就在于，直接强调了质量教育与培训。这一观点在20世纪90年代尤为突出，当时"质量革命风暴"盛行全球，显示了质量教育与培训在推动组织变革中的核心作用。正是在这场质量革命的推动下，许多知名企业选择与克劳士比学院建立合作关系，以著名的QES（质量教育系统）为蓝本，共同推动质量学院的发展，如图13-4所示。

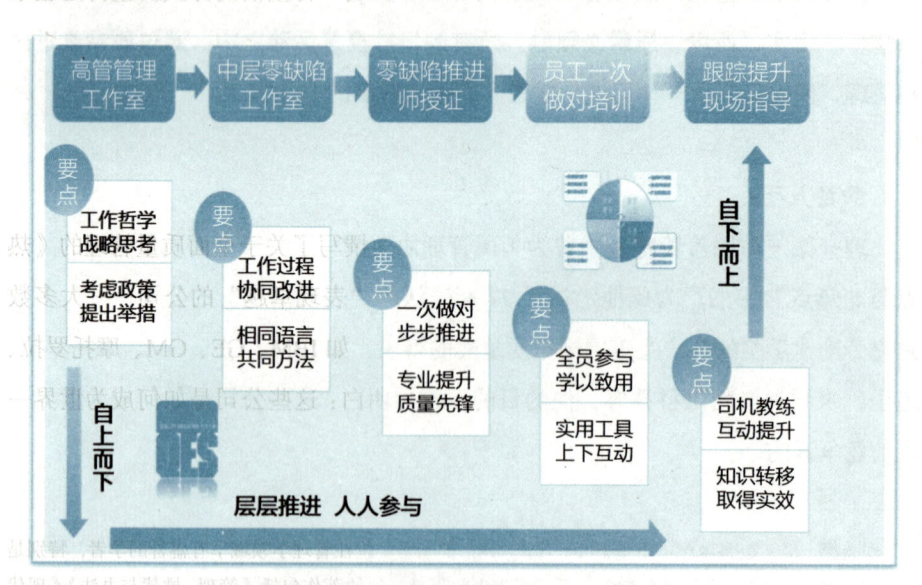

图13-4　质量教育系统QES运行图

当管理层了解到需要通过教育、沟通和赞赏以促进变革所需的管理行动时，决心就会表现出来。教育提供给所有员工统一的质量语言，帮助他们理解自身在整个质量改进过程中所应扮演的角色，帮助他们掌握防止问题发生的基本知识。实施，是通过发展计划、资源安排及支持环境共同构建一种质量改进哲学。在实施阶段，管理层必须通过榜样来领导，并提供持续的教育。

## 质量战略如何驱动盈利

在一次美国著名的汽车零部件公司的高层研讨会上，一个美国小伙子在中间休息时问我："杨先生，这个汉字'品'实在是有意思，我听得不太明白，您能不能再给我讲清楚一点呢？"

我笑着说道："好啊，你看，这'品'是三个口，口是什么，是嘴。很简单，有没有质量不是我们厨师说了算，不是我们服务员说了，而是由谁说了算呢？"

他不假思索地说道："当然是由客人说啊！"

我说："对！'品'的含义是一种客户化的思维，是要用客户的嘴来品的。"

小伙子看起来非常感兴趣，然后他又指着"质"问我："这个字呢？"

我说："你看，这个字啊，上面是两个斤，斤是什么呢，是 measurement，衡量，是用秤来称一称，称什么呢？下面是贝，我们古人是用贝壳作为钱币来交换的，把两个字连在一起，实际上是什么意思呢？它是用秤来称一称 money，钱！"

小伙子一下子眼睛就亮了。我继续说道："实际上，'品'和'质'这两个字，是很有创意的，它分成两个部分，一个部分是客户最在意的价值，是'品'，另外一部分是企业最迫切的成本，是'质'，把客户的价值和企业的成本结合在一起，能够碰撞出什么样的火花呢？这的确值得我们思考。"

听到这里，这位小伙子忍不住大呼"酷"了！

质量与利润向来存在着密不可分的联系。哈佛商学院做了一个调研，有一个非常有名的库——PIMS,其含义是"营销战略对利润的影响"①。很多美国的管理者,开始做战略的时候,都要查一下这个库以便得出一个结果——质量驱动盈利。

弗兰克·普度公司(Frank Perdue),位于美国东海岸马里兰州的索尔兹伯,在这家农场的下面有一家鸡肉加工厂。当时在美国东部各种的分割鸡肉企业竞争得非常激烈,最后价格战打得大家筋疲力尽,已经无法再战了,于是,老弗兰克退休,让位给他的儿子小弗兰克。

小弗兰克上任之后,并没有掀起一场价格战,而是打了一场价值战。价值战怎么打?就从质量开始,而从质量开始实际上又是从客户开始,从客户的需求开始,从客户的价值开始。这也许能够帮助我们思考什么叫打"品质战"。

于是,小弗兰克就开始自己或者让公正的第三方,对他们的客户的实际需求进行了一番细致的调研。经过调研,他们惊奇地发现,原来客户在三个方面对他们的品牌和产品是有所诉求的:

第一是黄鸟鸡。客户普遍反映他们买鸡肉的时候特别喜欢买黄鸟鸡,因为它非常鲜嫩。如果说大家知道了它的特点是鲜嫩的话,那接下来该如何进行质量改进呢?

显然,可以去选种鸡,用新技术培养更鲜嫩的鸡肉,或其他的改进措施。接下来一定要做广告。广告怎么做呢?他们做了一个非常有效的广告,叫做"硬汉做嫩鸡!"通过形象上的强烈对比,鲜明地传达出黄鸟那种肉质鲜嫩的感觉。

消费者对普度鸡的第二个诉求,是骨头小肉多。那么,接下来大家应该清楚如何去改进了。也许从配方上入手,也许从饲料上入手等,做过很多改进之后,又该怎么去宣传呢?他们的市场营销部门又完成了一个非常有创意的广告:"买我们的鸡肉吧,在我们的上面咬一口等于咬别人的三口!"非常

---

① 罗伯特·巴泽尔,布拉德里·盖尔,战略与绩效:PIMS 原则,北京:华夏出版社,1999.

有趣，也非常有震撼的效果。

消费者的第三种需求，是普度鸡上面没有幼毛，买回去就可以加工，不用再去花时间剃毛了，很方便。显然，针对这一条，他们开始组织改进。技术部门建议说，如果我们在某一个工序上增加一个鼓风机，就可以把幼毛彻底地去除干净了。

假如在你们单位里落实这一建议，你们该如何去做呢？会不会交给采购部门去进行比价采购？一家可能是乡镇企业产的，要十几万元，另一家可能是合资企业产的，要五十多万元，还有一家国企产的，要近三十万元。最后，可能买了三十万元的，也许买了十几万元的，功能都能实现，财务上也比较经济。我想这是企业的常规做法，而不是优胜者打破常规的选择。

普度会怎么做呢？它会使用更高明的战略吗？答案是肯定的。小弗兰克非常清楚，品牌不是在那里"忽悠"出来，而是公关出来。于是，他开始实施"蚊蝇策略"。显然他进行的选择不是关于价格的，也不是关于功能的，而是首先寻找一头"大象"，然后骑到他的头上去。他开始在华尔街的蓝筹股里面寻找，因为作为"绩优股"企业，经常会有《华尔街日报》《财富》等财经报刊的记者到他们那里蹲点，向他们索要新闻。找来找去，小弗兰克找到劳斯莱斯（Rolls Royce），一头专门坐飞机发动机的超级"大象"。

有一天，一个财经杂志的记者到了劳斯莱斯公司，问他们的公关人员："今天有什么动态新闻吗？"他们说："今天没有什么，平安无事。"正在聊天中，突然这位发言人说："不对，好像有一件怪事。"记者的好奇心一下子就吊起来了。

发言人说："我今天得到一个消息，有一家养鸡场竟然花巨款向我们订购了一台鼓风机。我们都觉得非常奇怪，不知道他们想干什么。"记者的想象力被激发出来了："养鸡场买鼓风机干什么啊？搞恐怖活动吗？还是想干什么？"于是，他就带着强烈的好奇心开始秘密地跟踪普度鸡了。消费者们也被他们的系列"揭秘"式报道弄得充满好奇，都在关心普度公司，并希望看到最后的真相。最后真相大白：原来普度这家小小的鸡肉加工厂，没有去贪图便宜随便地去买一台鼓风机，而是花巨款向劳斯莱斯公司买鼓风机，目的就在于能够使消费者在吃鸡肉的时候更加方便，不需要花精力去剔毛。

你们告诉我这个结论值多少钱？这种公关的力量一下子使得普度鸡的品牌形象得到了巨大的提升。

我们这时候来看一看数据的对比。我们把它分为老弗兰克时期和小弗兰克时期。不难发现，在老弗兰克时期，几项关键的购买因素和竞争对手相比，基本上都是同质化的，大家处在同一条起跑线上：黄鸟（7分）、肉骨比（6分）、无幼毛（5分）和新鲜的程度（7分），以及服务的有效性（8分）和品牌的形象（6分）。但是，进入小弗兰克时期，仅半年之后，我们会发现，上述各项已经有了明显的区分：黄鸟（8.1分＞竞争者7.2分）、肉骨比（9.0分＞竞争者7.3分）、无幼毛（9.2分＞竞争者6.5分）以及品牌形象（9.3分＞竞争者6.5分），其他几项与竞争者旗鼓相当：新鲜程度（8分），以及服务的有效性（8分）。

换句话说，半年以后，整个东部的市场全被普度鸡所垄断了，它的利润基本上是同行的七到八倍，所占市场份额也超过了主要市场的50%，还不包括纽约这样的一些有竞争力的城市和地区。

这是一个巨大的转变，也就是说打价格战时，质量和价格的权重基本上是价格占90%，质量占10%；当你打质量战、打价值战时，质量和价格的权重基本上变成质量占70%，价格占30%。

小弗兰克最后解释说："如果你相信质量的无限力量，并在你的工厂中全面贯彻质量标准，那么，剩下来的事（市场份额、成长和利润）就好办了。"

从普度公司的转变中我们看到，一个企业要想真正盈利，要打"价值战"，而不是"价格战"。而"价值战"是什么？也就是质量的战争。一个企业要想达到卓越，质量一定要优胜。

任何一个组织都是通过品质塑造品牌的，而不是孤立地去创一个所谓的品牌。所以，企业应该走从品质到品牌的道路，而不是抽象地、干巴巴地画出一种或者靠媒体"忽悠"出一种所谓的"名牌"来。

无论哪个行业，最后即使打价格战，也一定要关注你的消费者群体，这是必然的。你进入这个行业的时候，不认真审视这一点，以后一定会头破血流的。

质量能够体现满足客户要求的能力。要从质量入手，真心实意地为满足消费者的价值感进行质量上的改进，从而让质量成为在消费者心中进行品牌升华的关键。

## 案例分享：零缺陷就是竞争力[1]

**我们为何追求零缺陷？**

探索适合的管理方法一直是我们的追求。在1999年通过ISO 9002认证后，我们虽开展了"三无四零"活动，但效果有限，良品率仍在80%徘徊。去年，克劳士比的零缺陷管理吸引了我们，特别是他强调的"做正确的事，一次到位"和"满足客户需求、积极预防、用货币衡量损失"等原则，科学结合了市场营销与生产管理，将浪费转为利润，完美契合我们的需求。

**如何迈向零缺陷？**

克劳士比的管理哲学体系丰富实用。要发挥其效用，需深入理解其精神，结合自身实际，制定有效策略。其精神实质在于"做正确的事"和遵循那四项基本原则。质量的核心是满足客户需求，而非主观标准。预防是关键，需明确客观要求，找出差距，提前制定解决方案。零缺陷是主观与客观的统一，需按客观要求调整主观偏差。我们将克劳士比的十四步质量改进法融入六个工作阶段，重在激活四大动力，抓住六个转变。

**1. 准备阶段**：传播克劳士比的质量思想，让员工意识到主观原因造成的质量损失是可挽回的。我们过去报废一张版只统计良品率损失的百分比，员工没有直观的印象。在动员过程中，我们找专人计算出报废一张铬版的损失，

---

[1] 克劳士比国际峰会演讲材料。本案例依据清溢精密光电（深圳）有限公司总经理陈杨菊的项目总结与分享资料改编。

相当于10台电视机的价值，也就是说，如果在工作的任何一个环节，只要稍不小心，或者有一粒微米级（千分之一毫米）灰尘掉倒在上面，这10台电视机就被你砸碎了！为了强化这种刺激，我们还进一步具体化：一粒灰尘造成的质量成本损失可以帮50个贫困学生读一年的书，够贫困地区一家人一年的生活费……从而使员工认识到：质量成本控制好是公司的摇钱树，如果失控，就成了烧钱的柴火。

同时，我们调整价值取向，鼓励员工将打工思想转变为事业心态，树立"三位一体"的价值观，将零缺陷从外部要求变为内在动力。

推行零缺陷时，有人担心受累且受罚，产生抵触情绪。我们强调零缺陷对个人的好处，包括激活潜力、提高观察与沟通能力、提升管理与竞争能力等。为解决这一问题，需制定与零缺陷管理配套的政策和纪律。在调整观念的同时，组织主管编写"零缺陷实施方案"，并与专业特点结合。通过幻灯片竞赛交流做法。员工需找差距及制定计划。推行"准入制度"，组织验收班子审核方案与计划，不及格者不得参与。全公司踏实进入零缺陷管理。成立零缺陷促进委员会，吸纳优秀员工参与管理。

**2. 试运行阶段**：经过两个月的准备，我们开始了零缺陷的试运行，让员工逐渐适应新要求。在此基础上，全体员工宣誓，正式进入零缺陷管理模式。

**3. 正式运行阶段**：经过全面调整，公司按照零缺陷管理的要求确保各项措施得到落实。员工的态度逐渐转变，不良习惯和习性得到有效克服。通过岗位技能培训和比赛，仅两个月后，主导产品的合格率跃升至100%，并持续稳定在99%左右，市场迅速扩大。随后，公司在上海举办高级掩膜版研讨会，吸引了来自国家信息产业部、科技部、知名大学、科研院所及众多国内外客户的参与。会上，我们分享了零缺陷管理的实践经验，获得了广泛赞誉，进一步提升了公司产品的品牌形象。

**4. 调整完善阶段**：经过半年的零缺陷管理实践，虽然成效显著且员工信心增强，但也暴露出一些问题，如思想认知差距和行动执行不到位等。结合年终总结，我们组织了一次特殊的开卷考试，要求主管以上干部在公司大会议室集中编写"零缺陷管理大纲"。基于各单位原先的零缺陷管理方案，我们固化了半年来的先进经验和做法。由于大家在日常工作中的积累，考试基本合格。为弥补员工认识上的不足，我们编写了《心行导纲》并刊登在公司内部报纸上，通过竞赛形式加深员工对零缺陷理念的理解，并转化为实际行动。此外，我们连续8周组织干部进行案例分析小测验，以强化零缺陷理念，并提高他们的问题解决能力。

为了进一步提升零缺陷管理的有效性，我们在3月份开展了模拟客户找问题的"红蓝军对抗演习"。此次活动旨在通过市场体系与生产体系的互动，发现并解决产品和服务上的问题。活动在友好而严肃的氛围中进行，共识别出150多个问题。我们组织各部门对这些问题进行深入分析，并明确改进措施和完成时限。公司零缺陷促进委员会负责跟进，确保问题得到有效解决。

**5. 系统零缺陷阶段：** 对这150个问题进行深入分析后，我们发现主要集中在信息沟通不畅、行动反应不快和问题解决不力三个方面。为实现系统零缺陷，我们动员全体主管以上干部共同制定了公司的《零缺陷管理系统运行图》，即"三通"图，旨在确保信息畅通、运行顺通和监管疏通。各单位在此基础上还制定了"小三通"图，以优化内部流程和对外接口，确保资源能够快速响应和解决问题。

**6. 深化提高阶段：** 为确保体系的有效性，我们不断清除障碍并深化改进。在深化发展阶段，我们面临新的挑战，如表面阻力的隐蔽化、干部间差异的表面化以及问题性质的顽固化。为应对这些问题，我们深入挖掘了30个主要问题，并组成小项目。我们鼓励全体员工跨部门协作，自愿组织知识社群，对小项目进行攻关。总工程师办公室负责按计划进度进行监管。这种做法得到了员工的积极响应，大家在不影响正常工作的前提下积极解决问题，并已取得初步成效。

### 如何把零缺陷的四项基本原则具体落实呢？

为了落实零缺陷的四项基本原则，我们必须将其转化为行动准则和训练内容，实现理论与实践的结合。我们将零缺陷理论的核心内容概括为《心行导纲》《运行要义》和《矛盾心态分析》，作为员工培训的教材，旨在解决疑惑，明确原则。我们将"两个正确"转化为结合公司实际的具体目标，将零缺陷的四项基本原则细化为指导实际工作的具体策略，作为员工的行为准则。具体做法如下：

**1. 满足客户需求**：满足客户需求是一项重要任务。客户需求具有多样性和变化性，我们必须深入了解并满足这些需求。做到"情况清、要求清、标准清、参数清"，并且能及时预测未来的需求。从供应链角度看，只有建立在"三位一体"的价值观上的满足，不断为客户创造价值，才能真正赢得客户信任。为此，我们需要反复调查研究，明确客户需求，专业引导，精确定位，并及时预测未来需求。在满足需求过程中，我们需要处理几个关键问题，如质量与成本的矛盾、不明确的需求、快速变化的需求以及不合理的需求。我们将通过全方位把握客户情况、无障碍信息传递和设计方案再确认等方式解决这些问题。

有段时间，我们送出的铬版在一家客户那里总是被划伤，客户要求我们重做，而我们对别的客户不存在这个问题，如何解决这个棘手的问题呢？我们派出人员对产品送达后流程跟踪，发现是客户在验收过程中环境条件差造成的划伤，和他们一起改善了这个条件后，再也没有出现划伤了。

**2. 预防为先**：一个管理到位的公司应避免"意外"事件发生。即使出现意外，也应按照既定程序妥善处理。预防过程需要精心策划和实践，其水平直接反映公司的质量管理水平。预防首先要掌握标准，这是零缺陷质量保障的关键。员工需心智端正，岗位责任明确，相关要素达标，隐患全部排除，接口顺畅，特殊情况有预案。

预防的关键在于预先找出问题，从影响质量的相关要素中找差距，发动员工挖掘隐患，模拟客户挑毛病，内查外审揭问题，追溯差错找原因，专业分析找根源。问题找出后，需按岗位职责跟进，用检查、项目管理和竞赛评比等方式落实预防措施。各级员工在预防中需承担相应职责，如自达标准、自律行为、自纠偏差等。只有主动找问题、查隐患并重点克服，我们才能赢得工作主动，控制过程发展，逐渐降低处理异常的成本。

**3. 第一次做正确**：在充分预防的基础上，第一次做正确是可能实现的。

员工在条件符合、隐患扫除后，只需心态端正、方法正确，在严密组织和协调配合下即可第一次做正确。技巧包括明确标准、预防在先、条件齐备、精力集中、想看动察、精确到位、控制关键、不留隐患。对于系统而言，要抓重点、补弱点、熔接点、除疑点、扫盲点，全过程受控，层层把关，全方位达标。

**4. 科学衡量**：克劳士比提出的用货币衡量质量损失的方法，更直观地反映了质量对成本的影响，容易引起重视。质量损失包括原材料消耗、机时和人力资源浪费、信誉丢失以及处理投诉的麻烦。只用一个抽象的百分比不太容易造成管理人员和生产、质检人员的心理压力。我们报废一张铬板损失1.5万元，相当于一个新进厂员工一年全部收入，在一秒钟内被一粒肉眼看不见的灰尘给报销了。人们在搬动一台电视机时小心翼翼，可他拿一张铬版时很轻松。当他知道这张铬版相当于10多台电视机价值时，重视程度就不一样了。

### 如何长期做到零缺陷？

为了长期实现零缺陷，我们需要构建与零缺陷目标一致的企业文化。这种文化必须调整并更新传统的观念和价值观：以自我为中心的价值观是阻碍实现零缺陷最顽固的堡垒，从自我得失出发，以自我习惯为准则，以自我封闭割裂互动，缺少亲和力和融入性是不可能做到零缺陷的。对于深受农业经济和封建色彩影响的中国人来说，这是一个重大的思维转变。

要实现这种转变，我们需要采取以下步骤：

**1. 转变思维方式**：从自发的、封闭的和保守的思维方式，转向科学的、开放的和创新的思维方式。这对于零缺陷的推行至关重要。

**2. 完善运行机制**：这是企业文化建设的核心，能够引导和推动员工的价值取向。通过政策、制度和纪律，激励员工做正确、实在和有效的事情，并强调团队合作的重要性。

**3. 培养优良作风**：领导要以身作则，通过日常行为来培养和强化这种作风。重点是要提高干部素质，因为干部素质的高低直接决定了整个单位的作风。

**4. 强化团队精神**：建立在共同利益基础上的团队精神是实现零缺陷的关

键。领导需要在实践中倡导并培养这种精神，确保员工能够紧密合作，共同达成目标。

**5. 融合多元文化：** 随着企业走向国际市场，我们需要借鉴和融合不同国家的企业文化精华，以丰富和提升我们自身的企业文化。

## 要点概览

- 管理领域大家的名言："理念震撼世界"，"没有比好的理论更实用的了。"这两句话恰如其分地评价了零缺陷管理的哲学内涵。
- 如果把零缺陷比喻成一座宏伟建筑，其目的在于构建一个充满价值且值得信赖的组织，创建永续成功的组织，也就是我们中国人心目中的"百年老店"。
- 事实上，每一次选择都关乎你个人和组织的命运，很多时候它意味着是生还是死；选择，意味着一种放弃或是获得。
- 真正有勇气获得成功的人，一般都是敢于放弃的人，敢于放弃手上的才有可能得到更好的，这实际上就是一种选择。选择意味着什么？失败和成功。
- 姑且称之为"放行效应"吧，即管理者的一个许可，可能使事态扩大许多倍。当你对一个错误采取容忍的态度，最终会发现大量的错误接踵而至。
- 零缺陷质量哲学是企业稳固发展的基础，若基础不稳，整个企业结构岂能稳固不动？
- 机会一定属于那些积极准备、具备良好心态的人，属于那种明白了基本的经营哲学，选择了正确战略的组织。
- 质量并不是只要用一种特殊的方式跳舞就可以达到的。人们必须接受帮助，以使他们知道他们可以适应要求"行动正确、工作圆满"的企业文化。避免混战的方法便是无火可救。
- 不健康的生活模式是导致身体状况恶化的根源，而要改善健康状况，必须从根源上改变生活方式。
- 改变心智是最难的管理工作，但它也恰恰是金钱和机会的隐身之处。

- 零缺陷以人为核心，围绕人进行质量教育，使其承担"流程主"及其相应责任。随后，需评估工作流程，通过有效沟通，识别并明确使用者、供应者之间的要求。进而，努力满足这些要求。
- "四个阶段"，即 4C——Conviction（形成信念）、Commitment（做出承诺）、Conversion（转化行动）和 Continues（持之以恒）。
- "14 个步骤"，既包含了高层管理的"心法"（承诺与教育），也包含中层管理的"手法"（团队与过程），还包含基层管理的"技法"（工具与方法）。
- 知识的普及并不必然促成行动，唯有信念的建立，才有可能引领行动的转变。
- 质量必须融入所有的日常经营活动之中，通过质量改进过程管理，使质量成为一种习惯，成为人们做人做事的一种方式。
- 你如果不首先改造组织的文化，你就无法改变组织的战略；你如果不实施质量教育与培训，你就不可能改造组织的文化。
- 如果你相信质量的无限力量，并在你的工厂中全面贯彻质量标准，那么，剩下来的事（市场份额、成长和利润）就好办了。
- 一个企业要想真正盈利，要打"价值战"，而不是"价格战"。而"价值战"是什么？就是质量的战争。
- 任何一个组织都是通过品质塑造品牌的，而不是孤立地去创一个所谓的品牌。

# 第 14 章
## "管住嘴"：找准努力方向！

在前面的章节中，我们讨论了克劳士比的成熟度模型，并通过减肥和戒烟的实例阐述了质量文化变革的过程。有人可能会问：这些行为的初衷是什么？答案显而易见，那就是追求健康，强身健体。**健康，既是我们个人的快乐工作与幸福生活的基础，同时也是一个组织持续发展与永续成功的保障。**于是，问题都变成什么是健康。

关于此问题，无需引述科学家们的论述，我国几千年来的健康准则便可予以解答。健康之人需具备"头要冷，脚要热，肚子平（七分饱）"的特点。相应地，**保持身体健康和增强体质的方法便是："管住嘴，迈开腿，甩掉肉。"**

### 楼梯怎么扫？

先说"管住嘴"。无论是针对个人还是组织，皆需在审时度势的基础上，对未来发展方向作出方向性决策。避免随意发表言论，以免混淆视听，引发思想混乱。毋庸置疑，这就是对企业管理者及领导者们的告诫。

在各类场合中，我时常向参与者提出一个看似简单的问题：如何扫楼梯？这个问题或许过于简易，以致于多数时候，众人皆面面相觑，不明所以。有时，年轻一些的人会低声回应：从上往下扫？我便会郑重地确认："正确！确实应从上往下扫。"参与者们往往会随之点头称是，显出一副若有所悟的神情——从上往下扫！

随后，我再次提问："那么，我们目前是如何清扫的？"此言一出，台下往往爆发出一阵笑声。

诸多企业领导期盼着能够解决企业问题，摆脱困境，实现成功。要实现这一目标，首要任务便是遵循"领导法则"，提升领导力；同时要制定明确的质量政策，并构建有效的执行机制，进而从客户角度出发，确定正确方向；以质量为起点，明确在质量改进与品质变革过程中的角色与职责。

## 管理者应该扮演什么角色？

**管理者的角色有三个：确保每一项任务都能确定正确的要求；提供必要的资源；帮助下属做到符合要求。**

为了确保员工和下属在执行任务时能够首次就做到正确无误，首要条件是每项任务都需具备清晰、具体的要求。这要求我们在布置任务时，不能有任何含糊不清的地方。例如，当需要购买机票时，我们必须明确指出具体的出发时间、目的地和舱位等级，确保下属完全理解并据此行动。

然而，在实际工作中，有时下属在接收任务时可能会遇到困惑或疑问。这时，作为领导者，我们不能简单地挥手让他们"自己看着办"。相反，我们应该耐心解答，提供必要的指导和支持。只有这样，我们才能确保下属能够按照我们的要求，准确无误地完成任务。

此外，即使我们为下属提供了完成任务所需的资源，也不能保证他们一定能够首次就做好。因为在实际执行过程中，可能会遇到各种不可预见的情况和障碍。例如，财务部门可能因为盘点而无法及时提供资金，或者领导可能在关键时刻外出无法签字。面对这些情况，作为管理者，我们需要及时介入，协助下属解决问题。

具体来说，我们可以通过与财务经理沟通，确保下属在需要资金时能够及时得到支持；同时，我们也可以提前安排好交通工具，确保下属在执行任务时不会因为等待而耽误时间。这样一来，下属在执行任务时就能够更加顺利地按照要求完成任务，第一次就把事情做好。

总之，作为领导者，我们需要确保每项任务都有明确的要求，并为下属提供必要的指导和支持。同时，我们也需要关注执行过程中可能出现的问题和障碍，并及时采取措施加以解决。只有这样，我们才能确保下属能够第一次就能做好每一项任务。

**现代管理强调什么，每个经理都应该是资源的提供者，而不是客户**。想做到这一点，每一位管理者都要学会运用基本的法则——领导法则。

### 领导法则

在美国有一个非常著名的领导学专家，沃伦·本尼斯[①]，他曾当过南加州大学校长，创办了领导学研究所，担任过四届美国总统的领导学顾问。他对克劳士比非常欣赏，世纪之交的时候，他主编了一套书，叫《二十一世纪的领导》，把最重要的一本书——《领导法则》[②]交给克劳士比，并说："我们是殊途同归的。"因为克劳士比是实践性的，而他是理论性的。克劳士比在《领导法则》中说了四条：

- 清楚的议程；
- 个人的哲学；
- 培育关系；
- 国际化。

作为一种生命体，组织生活在一个充满不确定性、复杂多变且丰富多彩的生态系统之中。在这个系统中，内外、前后、左右及上下等各种关系相互交织，共同影响着组织及其成员。因此，这对每一个人，尤其是领导者提出了更为严苛的要求。

**从那些成功者的身上，可以发现了一个共同点，那就是他们都有着自己的独立思考和坚定信念**。相反，那些缺乏个人思想的人，往往难以在事业上取得突破。换句话说，这些人缺乏个人的哲学指导。**事实上，领导者的个人价值观对企业的**

---

[①] 沃伦·本尼斯（Warren Bennis）是当代领导力研究的奠基人，也是管理学界备受尊敬的学者，他通过丰富的著作和深刻的观点对领导力理论和实践产生了持久的影响。他在多个学术机构担任教职和行政职务，包括南加州大学（USC）马歇尔商学院以及曾任辛辛那提大学的校长。

[②] 菲利浦·克劳士比，领导法则，北京：经济科学出版社，2004.

**影响深远，有时甚至可能高达 90% 以上。**

以张瑞敏为例，他之所以能够在商界崭露头角，很大程度上得益于他个人的哲学思想。他不仅有着独特的见解，而且能够将这些思想有效地传递给团队，进而影响整个企业。这种能力确实令人钦佩。海尔每个周六上午，都会召开一百余人参加的沟通会，叫务虚会。张瑞敏会把自己的思考心得，拿着国外的书刊跟大家进行一个沟通，力求把自己的思想传达下去。

**领导与质量**

劳士比有句名言："**组织反射出领导者的诚信。**"质量来自对组织的领导——**最重要的是，来自领导者本人。**一旦态度受到正确方式的影响，质量就会自己形成。而现实情况却是，他们多年来接受了太多的错误信息，并因太多的方案、系统和老套的故事困惑不已。所以，对组织领导者们、对老板们和企业高管们真正的洗礼，就是学习如何管理质量，而无需把时间和金钱浪费在一些"系统"上，比如 ISO 9000 和质量奖，除非你有别的目的。

对质量来说，关键在于，老板要进行思考、要切实花费时间在上面，否则，就一定会变成那种老百姓所谓的"说起来重要，做起来次要，关键时候没必要"的尴尬情况。我们一直在强调，**管理上有一个基本的规则：你关注什么，就会得到什么。**

所以，如果领导者希望有机会去改变组织，以摆脱困扰，必须采取两种行动——这是克劳士比建议的——第一，了解那些想让你接受挑战的问题：收入、利润、员工和客户的营业额、库存（如果适用）以及其他的基本因素；第二，从质量入手，换言之，就是从客户入手，从为客户做错的事情开始，找出它们并改正过来，同时识别、削减做错事的成本和所付出的额外代价。这时你会发现，质量不再是"麻烦"和"敌人"，而是实实在在的利润贡献者。

聪明的领导者懂得这点。哈罗德·吉宁在 ITT（国际电报电话集团）慧眼识英雄，挖来了克劳士比。克劳士比刚进 ITT 时，ITT 的 PONC 高居集团销售额的 20%，14 年后，他离开时，数字已经被削减至 5%；相当于克劳士比平均每年为公司直接在账面上节省了近 3 亿多美元。ITT 的质量标准也随之成为世界标准。

摩托罗拉的CEO高尔文，对于质量有着自己的立场。他在公司管理会议上，谈质量时他参加，谈别的内容，他就离开。摩托罗拉也因此对质量有一种执着的追求，并原创出影响面非常广的"6σ方法"。当然，说到6σ，不得不说杰克·韦尔奇。因为是杰克把6σ发扬光大的，他是一个伟大的营销人员。

还有一个领导者更加值得尊敬。他就是美国纺织业领导者米里肯公司的老板罗杰·米里肯先生。他在公司里一直有一个规则，除了质量人员和重要客户之外，他不去机场接送任何人。你们想想看，老板亲自到机场接送每一个下属企业的质量人员，这本身意味着什么。不用说，老板传达出来的那份对质量的关注与执着，绝对可以让该公司成为行业领袖。

还有施乐公司的CEO戴维·卡恩斯，他通过质量开始了一场著名的"质量领先运动"，一举从日本人手中夺回失地，重登领导者位置，他本人也是非常富有传奇性的。国内的张瑞敏，我本人认为他是真正可以称得上企业家的人。他的"砸冰箱"的故事也是被广为传颂的佳话。

我们还可以罗列出许多例子，如果大家愿意的话。但问题是，为什么这些企业领导人如此关注质量，而我们国内的老板们却更多地把心用在搞钱、搞关系把东西卖出去上呢？真正的领导者与"小老板"的区别就在于，他知道什么是近忧，什么是远虑。

## 故事分享：克劳士比谈领导与质量

当我在海军工作的时候，一天下午，我们正准备离开码头，我无意中听到舰长对执行官说："情况如何，艾尔斯通先生？"执行官转过身来，敬礼，然后回答："长官，全部系统运行良好。"

听到这些，舰长下令起航，于是，我们驰向大海。执行官报告的是，舰艇操作系统的每一个部分，从发动机舱到厨房、总指挥舱、通讯室、完整的船身，都已检查过并发现其处于正常的状况。如果机舱漏水或燃料不足，或没有骨干人员就贸然出海，那才是有勇无谋呢。

组织的领导者，在管理组织时必须确定所有的系统都运行良好。这适用于任何被管理的事物。不一定是全部的公司，也可能是销售部门、采购部门、客房服务或其他一些职能部门。

当舰长询问的时候，他知道，那位执行官已经与各部门的头儿们一起做过检查，并跟踪检查以前的状况。他知道，那位执行官已经持续地测量舰艇每一刻的基点的准备工作，已经在海上和港口进行过 24 小时的检查。反过来，所有部门的头儿们都确切地知道他们所负责区域的状况。他们的下属们，其他的主管和专家们也都持续地保持着清醒的意识。

衡量已做过，维护已实施过，改正行动也已进行过，贮存品补充完毕，而且新来的人都受到过培训。所有这些行动都在持续地进行，以便确定舰艇和全体船员都在准备履行他们的职责。

**组织的领导者必须像舰长那样，用同样的态度拥抱诚信系统，因为有些事情是成功绝对需要的。**这些组织中的事情是不能由人们所组成的分散的小组来完成的。它们只能由作为正常经营的一部分的每一位员工和供应商来完成。**在日常的工作基础上达到这个目标，正是领导者的基本的任务。**

必须像先导者那样培植质量——仅仅平稳地处之是不会有什么效果的。

### 如何制定政策？

组织中一定要有承诺的存在，这种"承诺"就叫"质量政策"。很多企业把 ISO 9000 叫"质量方针"，因此，千万不要小看一个政策。**管理承诺或政策就是公司人员对他们应该把工作做到什么程度的心态。**不管有没有宣布，这个承诺/政策都会事先决定我们下一个工作是否能够做得成功。如果公司的管理层没有建立一个正式的政策，那么，负责工作的人便会选择他们自己的政策，而且是个别的政策。

所以，**政策是行动的大纲，它意味着什么？意味着它是一个企业的行动指南针。**工作中的员工就像进入了一片森林，每天生活在钢筋水泥中，真的很辛苦，是什么指引他们走向前方呢？是指南针。指南针一定要简单、清楚、通俗易懂，没有模棱两可、引起歧义的字眼，千万不要用"见附页"之类的表述。

政策的魅力非常强，它会告诉你应该做什么，不该做什么。政策一定要具备一定的高度。

有的公司把自己的政策刻在门上，表明对客户的承诺坚如磐石。有很多人说他们的质量政策叫"质量承诺"，大家觉得这个更加可信。我们可以举几个例子，以供需要时参考。

**某化学集团**：我们将采取下列行动完全让顾客满意：符合我们的顾客的要求；预防缺陷；以及总是第一次就提供正确的结果。

**某修造船企业**：质量就是符合要求，我们将第一次及每一次符合所有内部客户和外部客户的要求，我们将持续改进所有的工作要求。

**IBM 瑞雷研究院**：我们承诺把零缺陷的、有竞争力的产品和服务准时提供给我们的顾客。

**HP 惠普公司**：通过提供最佳品质的产品、服务和解决方案，为客户提供更多的价值，从而赢得客户的尊重和忠诚。

**3M 商业磁带事业部**：公司中每一个部门的运营都必须符合要求而且使顾客满意，否则便更改要求，以真正符合我们和我们顾客的需要。

为实施这样的政策，就必须使每一个人承诺：他的表现都能符合要求。我们基本的工作哲学便是预防为主，坚持"第一次就把事情做对"的态度，使质量成为一种生活方式。

**某金融服务公司**：我们将准时、时时地提供无缺陷的服务和产品以完全符合我们的顾客、商业伙伴和员工团队成员的要求。

**华为光网络产品线**：质量是我们的责任，更是我们的自尊心，我们郑重承诺以零缺陷为准则，一次就把事情做对，每个工作环节的交付都完全符合要求，共同缔造值得信赖的组织！

**华为数据通信产品线**：质量是每一个人的责任，我们承诺在任何情况下把自己的工作第一次就做对，把符合既定要求的产品和服务准时提供给我们的内部和外部客户。

**华为无线通信产品线**：质量是我们每一个人的责任，是我们的生命线。我们承诺：以主人翁的态度、关注和节、重视预防、一次把事情做对，提供符合要求、让客户满意的产品和服务，赢得客户的信任！

**方太集团**：视顾客为亲人，视品质为生命。坚持零缺陷信念，人人担责，环环相扣，把事情一次做对。用仁爱之心和匠心精神，造中国精品！

**浪潮信息集团**：根源在我，人人担责；建立标准，符合要求；零进零出，一次做对；协同作战，成就客户。

**中国航天某研究所**：一次做对，根源在我，上下同欲，系统推进，文化致胜，品质卓越，全力打造健康可信赖的组织！

**中国电科某研究所**：质量是我所有人的责任。我们承诺：把自己的工作第一次就做对，按时向内外部客户提供符合要求的产品。

**中国航空某研究所**：一次做对，要求先行；PONC 为尺，预防为本；人人有责，自我革命；成就客户，兴装强国。

## 如何避免出台错误的政策？

大多数企业都关注流程和绩效，往往忽略政策的作用。然而，很多亏损正是来自错误的政策。政策是企业的导航，一个政策模糊的企业，或者按照错误政策行事的企业，将是非常危险的。

通常情况下，企业制定政策一般会陷入三种误区。

*第一种是模糊的政策*。很多企业一直倡导"追求卓越""追求优秀"，这其实是非常模糊的标准。领导者头脑中认为的"卓越"和实施者所认为的可能并不相同。然而，真正来落实政策的，恰恰是实施者。如果政策制定得比较模糊，那么"卓越""优秀"就会被实施者理解为"好"。可想而知，生产出的产品一定是不同标准的。

*第二种误区是错误的政策*。很多企业制定政策很盲目，或者制定的政策不科学，经不起实践检验。错误的政策，直接会导致错误的结果，往往会让事情南辕北辙。

*第三种误区则是没有政策*。还有些企业根本没有重视过政策在工作流程中的重要作用。工作起来毫无章法，标准不一，最后出现无法收拾的局面。

因此，任何时候都不要忽略政策在一个企业中所起的作用。它在企业中会造成一种慢性反应。正确的政策会给企业带来利润，错误的政策将会给企业带来亏损。

而如果公司的管理层没有建立一个正式的政策或承诺，那么负责工作的人便会选择他们自己的政策，而且是**个别的政策**，甚至于是组织里面的"**潜规则**"。**制定并宣布政策是公司最高领导层的特权**，应该像制定和宣布公司财务政策、信息安全的方式那样，而随意地交由下层主管或质量经理去处置不啻自毁前途。

**管理层的每个成员都应了解、认同并身体力行努力推行该政策**。毕竟，制定政策是第一行动，而宣传并认真执行政策则是第二行动，某种意义上说是更重要的行动。

## 案例分享：琼斯的故事

美国有一家非常"牛"的企业。该公司在新的工业园区里面建了一家新的工厂，全自动化的设备，非常漂亮，可以说在当时是领先的。于是，他们请了克劳士比去进行指导。公司领导层陪同他在工厂认真地转了一遍，然后大家一起到了餐厅。刚坐下，克劳士比就对他们的老板说："请问，你们的琼斯来了吗？我怎么没有看到他呢？"听他这么一说，大家面面相觑："琼斯？琼斯是谁？"

克劳士比说："琼斯是你们的真正经营管理者啊！"

老板马上觉得不对了，他说："大师，您看，这里个个都是公司的领导啊，我们才是真正的管理者。那么，请问，琼斯是谁呢？"

这个时候，他们负责生产的一位主管悄悄地对董事长说："老板，琼斯是我们生产线的一位质量工程师。"

这么一说，老板更是不解了，便问："大师，您这是什么意思？明明我们才是真正的管理者，他一个普普通通的质量工程师，您怎么把他叫做经营管理者呢？"

克劳士比微微地一笑说："你们错了，我可以这么告诉你们，我把整个公司都看过了，虽然工厂的现代化程度非常高，但是我发现，在你们产品线最后的输出端口，所有的关于是否能够合格的决定都是由一个叫做琼斯的人做出的。我注意到他在上面签的全都是'Go With Risk'（'带伤放行'或作'让步接受'解）。所以我认为，不是你们在座的诸位，而是琼斯，在真正地经营和打理你们公司。"

这时候，高管们都明白了，而且也坐不住，吃不下饭了。于是，大家匆匆地吃了点东西，驱车赶回工厂去看个究竟。

让他们感到吃惊的是，当他们到了克劳士比描述的岗位，他们发现那个叫作琼斯的工程师依然在那里忙碌着，继续在签发"Go With Risk"的文件。老板不解地问他："你是琼斯？""是。"

"是谁让你这么签的？"

"哦，是我的主管让我这么做的。"

然后老板又问他的主管："谁让你这么做的？"

他的主管回答说："是我的主管让我这么做的。"

老板接着又问他的主管："谁让你这么做的？"

"老板，我们公司的政策不就是这么定的吗？"

这个时候，他们才惊奇地发现，原来整个公司虽然是现代化的新的工厂，却采用了一种传统的运作模式，一种基于"传统的智慧"的 AQL 的政策在大行其道。也难怪他们的自动化生产线仅仅达到 16% 的直通率。

克劳士比对他们说："一旦采取了这样的政策，就一定会在设计新工厂的时候，把返工区给设计进去了。"

老板点了点头："那里就是我们新工厂的返工区。"

大家回头一望，发现一个偌大的返工区里，密密麻麻的工人还在那里快乐地进行着返工。

"这是一定的，因为你们整个工厂在设计理念上一个假设就认为第一次做对是不可能的，所以你们才产生了我们今天所看到的恶果。"

"那我们该怎么办？"老板问。

"很简单，"克劳士比说，"首先要真正地明白：所有的问题都是因为管理不当引起的。所以，一定要修改你们的质量政策。当然，前提是你们的领导层一定要达成共识，有统一的思想、统一的语言；然后，所有人要谨记：必须符合工作要求，才能进行下一个流程；一旦出现任何问题，必须立刻停下来，改正后再继续下一步。接着，取消返工区；然后，取消产品分等级的做法；最后，建立'零缺陷'的执行标准。"

管理层开始真正地认识到自己的问题，决定痛改前非，重新焕发出活力。于是，着手修订质量政策，执行零缺陷的工作标准，取消返工区，提升系统协同能力，信守客户承诺，既不需要增加人员，也不需要新添设备，一个月之内，直通率从16%提高到85%！半年后，提高到95%，同时，"质量代价"从销售额的18%降到了13%，节省了1200万美元。

## 从客户着手

我们知道，客户分为两个部分，一是外部客户，为我们提供衣食的人，我们要找出在客户身上做错的事情并改正过来。没有客户，我们就不可能在商界生存。这听起来似乎不新奇，但实际上很多企业都忽视了这一点——有效的东西往往是朴素无华的。因此，**问题不在于你能不能发现什么新奇的东西，而在于你到底能够落实多少有用的东西**。海尔的成功，不在于他们比别人发现了更多的新玩意儿，而在于他们把更多的心思用在了市场和客户上面。正如张瑞敏所说：**客户的问题就是我们的课题**。

我们前面谈到海尔因为农民和牧民提出为什么洗衣机不能用来洗地瓜、土豆、油茶等问题，他们因此发现了顾客的需求并因此研发出了适合洗地瓜、土豆、油茶等东西的洗衣机。张瑞敏在中央电视台《对话》节目中也讲到一个插曲：他们在美国热销的小冰箱，开始主要考虑卖给单身或居住在小户型里的人。后来发现客户以在校学生居多，然后聆听他们的声音，不断改进产品，最后推出了一款可折叠后用来当书桌的冰箱，受到市场的广泛追捧。

"007快乐王子"冰箱，大家听说过没有？在国外市场卖得很好，这个灵感也是从解决消费者的实际问题产生的。一般的冰箱只能用冷冻仓存储肉类，但肉类被冻得硬邦邦的，人们使用起来很麻烦。海尔人就来解题。经过不断研究，最后他们发现在零下7℃肉类即可保鲜，又无需解冻，而且非常好切。他们调查后发现，冻肉往往是由先生来切的，那么如果使用海尔冰箱，将会使这种烦人的工作成为一件快乐的事，帮助已婚男子从笨汉变成太太眼中的"大英雄007"，重新恢复白马王子身份，于是，海尔给它取了一个响亮的名字"007快乐王子"。

其实，从客户着手，从研究客户的问题开始，识别并削减为客户做错事的代价，进而设定自己的改进目标并不难。**任何事情，只要看看其费用清单就可以发现是否有错误存在了。**我们知道，企业中错误的代价至少是收入的20%~25%，这应该有充足理由让各级管理者们采取必要的行动，但实际情况并非如此。这的确令人费解，同时也足以发人深省。

## 案例分享：香草冰淇淋与通用汽车

有一天，美国通用汽车公司的庞帝雅克（Pontiac）部门收到了一封特殊的来信。信纸虽普通，但信上的内容却让人感到不可思议。信是这样写的："这是我为了同一件事第二次写信给你，我不会怪你们为什么没有回信给我，因为我也觉得这样别人会认为我疯了，但这的确是事实。"

写信的人描述道，他们家有一个温馨的传统，那就是晚餐后，全家人会围坐在一起，投票决定当晚的冰淇淋口味。而他，作为家中的一员，总是承担着驾车去买冰淇淋的任务。然而，自从他买了那部崭新的庞帝雅克后，一个奇怪的现象出现了。每当他买的冰淇淋是香草口味时，他返回后车子就仿佛被施了魔法般，无法正常启动。而如果是其他口味，车子则毫无问题。

庞帝雅克的总经理读着这封信，心中充满了疑惑。他犹豫了一下，但还是决定派出一位经验丰富的工程师去实地调查。工程师在约定的时间，见到了那位写信的先生。他看起来风度翩翩，言谈举止都透露出成功人士的自信与乐观。工程师心中不禁暗想，这样的人，怎么会因为一个看似荒诞的问题而烦恼呢？

工程师与那位先生一同前往冰淇淋店。那晚，投票的结果是香草口味。当他们拿着香草冰淇淋回到车上时，车子果然又发不动了。工程师皱起了眉头，心中满是疑惑。

接下来的几个晚上，工程师继续陪着那位先生去买冰淇淋。第一晚，他们选择了巧克力口味，车子一切正常；第二晚，是草莓口味，车子依然没事。然而，当第三晚再次选择香草口味时，车子又毫无预兆地熄火了。

工程师开始仔细记录每次行程的种种细节，从时间、车子使用的油的种类，到车子开出和开回的时间。经过仔细分析，他发现了一个有趣的规律：那位先生买香草冰淇淋所花的时间，总是比其他口味要少得多。

这个发现让工程师陷入了沉思。他开始留意冰淇淋店内的布局。很快，他发现了问题的症结所在。原来，香草口味是这家店的畅销口味，为了方便顾客快速取拿，店家特意将香草冰淇淋单独陈列在一个冰柜里，并放置在店的前端。而其他口味则放置在距离收银台较远的后端。

因此，当那位先生选择香草口味时，他很快就能拿到冰淇淋并回到车上，此时发动机还处于高温状态，导致无法立即启动。而其他口味由于取拿时间较长，发动机得到了足够的冷却时间，因此启动正常。

工程师将这个发现告诉了那位先生，他听后恍然大悟，心中的困惑终于得到了解答。从那以后，每当他去买香草冰淇淋时，都会先在店外稍等片刻，让发动机冷却一下再启动车子。而这个看似荒诞的问题，也因为工程师的细心观察和专业分析，得到了圆满地解决。

## 只有 ZD 狂才能成功

贺兰山脚下的大西北，有一家自 20 世纪 50 年代内迁的大型企业集团，如今已成为国内煤机行业的佼佼者。对他们的总经理李先生，我满怀敬意。他英年早逝，令人痛惜。李先生为人朴实、好学，一步一个脚印地从基层升至高位。他上任后，立下了雄心壮志——将此地打造为中国煤炭机械制造的中心。

在读过我撰写的一本书后，他深受启发，特地致电邀请我们前往交流。他亲自驱车百余里至机场迎接，这份诚意与决心可见一斑。随后，我们为他们策划了组织文化变革，并创建了企业内部管理学院，负责培训全体干部和内部教练。

在为他们服务的那段日子，我深受触动。李总的办公室内有个套间，他几乎将所有时间都投入到了工作中。在他的影响下，全体干部也愿意为企业奉献业余时间。这种精神，在沿海城市的企业中实属罕见。

令我印象深刻的是，李总不仅精通技术和制造，更擅长倾听客户的声音，从中挖掘改进的空间。他们的客户不乏业界翘楚，如神华集团、兖州煤矿等。李总经常拜访客户领导，实地考察产品使用情况，并关注国内外同行及业内领导者的产品评价。每次归来，他都会督促市场部门落实改进措施，并与技术、生产和质量团队共同制定目标和改进方案。

我坚信，成功的人往往都秉持着"零缺陷"的哲学，他们明确目标并坚定不移地追求。用老话来说，他们是那些对自己有着高标准、严要求的人。记得曾有一句话广为流传："只有偏执狂才能成功"，这是英特尔的葛鲁夫所言。在某种程度上，这也可以解读为"零缺陷"——只有对 ZD（零缺陷）有着狂热追求的人，才能走向成功。

李总便是这样的典范。他制定了一个与国际接轨的产品改进方案，这在当时让大多数人觉得不可思议，甚至觉得他疯了。因为自工厂建立以来，这样的设想从未被提及。但李总坚定地告诉他们，这已不再是一个想不想或做不做的问题，而是势在必行。因为这是客户的期望，达到这个标准，我们才能生存，否则便面临消失。这就是零缺陷的核心理念。

最终，他们不仅因此获得了轰动效应，赢得了更多客户的青睐，更重要的是，这件事让全体员工深感震撼和自豪。他们震惊于自己的潜力，更为团队所取得的巨大成就感到自豪。

此时，我们已触及另一个重要议题——内部客户，即我们的员工。我们必须全力支持他们，提供必要的培训，解决他们的困扰，消除工作中的障碍，提升他们的价值感，并帮助他们认识到自己潜在的力量。

从质量出发，以客户为中心，这无疑是一个明智的选择。然而，令人遗憾的是，很少有公司领导能够将质量与客户紧密联系在一起，更不用说将员工视为内部客户了。这正是问题的关键所在！我们之前已经多次强调：质量的核心在于满足客户的需求，而客户既包括外部的也包括内部的。统计数据显示，满意的内部客户往往能带来更满意的外部客户。这一点，各位领导必须给予足够的重视。因为质量不仅关乎客户及其需求，更关乎组织的诚信和整个系统。

克劳士比在《领导法则》一书中指出：**"让客户成功，意味着创建一个在日常工作中第一次就能把事情做对的组织，这就是系统的诚信。"**它意味着所有事情都能按计划顺利进行，是一种精心构建但又自然、可操作的文化成果。这种文化无法购买或包装，它是领导者个人诚信的真实反映。

我们在前面说到克劳士比先生讲的那个故事。当他作为一名海军陆战队军医的时候，他无意中听到舰长与执行官的对话：舰长在得知所有系统运行良好的报告之后下令起航。克劳士比特别强调，所谓"所有系统"，是指舰艇操作系统的每一个部分都要经过检查。当舰长询问的时候，他知道，在军舰起航前，那位执行官已经与各部门的负责人一起做过检查，并跟踪检查过以前的状况了。

所以，克劳士比说组织的领导者应该像那位舰长一样，在管理组织时必须确定所有的系统都运行良好。在日常的工作基础上达到这个目标，正是领导者的基本任务。**质量必须像心脏起搏器那样被植入企业中，必须回到事物的基本层面——如果反过来，从下往上扫楼梯是不会有什么好的效果的。**

克劳士比的结论是发人深省的。但问题是如何帮助领导者们扫楼梯呢？

首先正如我前面所说的，从外部客户入手，提供他们需要的东西；其次，从内部客户开始，帮助每一个员工了解要求、挑战自己，并为他们消除工作中的不便之处。当我们这样做的时候，实际上就已经开始提升组织第一次就做对的能力，提升组织的绩效了，而这正是**质量的基本内涵**。所以，**从客户着手，就是从质量开始**。

## 从质量开始

我最近在一次行业的管理大会上谈到，美国质量协会有一个"质量经理Quality manager"注册项目，现在名字变了，叫"质量与卓越组织经理（Manager of Quality/Organizational Excellence）"了。为什么以前叫"质量经理"，而现在改名了呢？原因在于，现在"质量"就等于"卓越组织"，或者"卓越绩效"。这也许就是所谓的"大质量"的概念。

美国有一家著名的农机公司约翰·迪尔公司（John Deere），一百余年改名，非常难得。他们在中国有一家合资公司，是与中国该行业的领先者合资的。我曾经有一个命题请他们破解：**美国最漂亮的小伙儿与中国最漂亮的姑娘结婚，所生的孩子到底是什么样子？**

### 质量没有后门

现实情况是，合资多年，美方前后派来三位老总，但企业一直亏损。董事会非常着急。这时，毕业于美国西北大学凯洛格商学院、曾担任 AT 科尔尼咨询公司高级咨询师的刘景辉先生走马上任。他所制定的策略就是"全员、全过程、一次做对"。因为他知道医治该企业的药方是什么。

他首先抓质量。全体干部集中培训，学习零缺陷管理思想。他本人也通过"质量信息管理系统"在管理例会上优先沟通质量问题，并持续地关注改进结果。同时，他还先后两次派出高级经理，委托我们进行质量督导师或内部顾问师的资格培训。

在迪尔内部，广为流传着这样一段佳话：在刚开始抓质量的时候，质量部与生产部的矛盾非常尖锐。厂长们总是对质量人员的工作横加指责，质量人员的压力也很大。有一次，一位资深厂长到刘总办公室"诉苦"，当时，他正与其他几位高级经理谈工作。听完厂长的苦水，刘总指责那位厂长大声说："**请你出去！请记住，到我这里想走质量的后门，免谈！**"这件事很快就在公司内外传开了。从此，再也不见生产部门的大小领导来告状了，相应地，他们对质量人员的工作也予以配合了。

我很高兴与刘总成为朋友。他曾对我说，虽然他长年在美国，但他是东北人，知道如何发挥东北人的长处并弥补他们区域特性的不足。有一次，高级经理例会刚开始，外面就下起了瓢泼大雨。这时，某经理接到一个客户的投诉：客户刚买了一部收割机，一出城就趴窝了。刘总马上要求大家上车，直奔出事地点。你们可以想象一下，农民借了几十万元买车，满怀欣喜地往家开，结果半路就熄火了，脾气能好吗？此时见到公司的高层们，心中的不满立刻全发泄了出来。那些高级经理们呢，生平第一次站在雨中听客户抱怨，现场没人说话，都默默地站着，听着。然后，大家纷纷上车，回到企业里继续开会。刘总后来对我说，回到会议室，大家刚坐下的时候，没人说话，整个房间静得出奇。任何人都可以清楚地感受到大家的情绪变化。

后来，有人情绪激动地发言时，大家已经情不自禁地把客户和质量联系在一起了。而这正是刘总想要的结果！

从质量开始，抓过程、抓要求，企业从第二年就开始扭亏为盈。迪尔总部也因此决定加大技术与资本的投入，刘总本人更因其卓越绩效被提升为中国区的副总裁。

我们还有一位优秀学生陈扬菊先生，他是深圳QYT公司总经理，也是通过抓质量、建文化而创造出自己的竞争优势的。他原来是空军，飞行员出身，用他自己的话说是"一介武夫"。所以，当他在管理高新技术企业QYT公司时，许多人抱有怀疑态度，包括董事会里的人。他们对投资人唐老板说，开玩笑，当兵的怎么能管理高技术企业？陈总自己也感到很郁闷，但他不服。正在这时，他遇到了零缺陷。用他自己的话说，零缺陷武装了他，使他一下子找到了理论的基础和实践的方法。

他的兴奋是难以掩饰的，学习后马上开始行动，并不断向我们请教问题，寻求指导。可以说，有三个重要原因帮助他获得了成功：一是军官的"霸气"，二是飞行员对"系统"的理解，三是政治思想工作功底。先说第一个。

我们安排陈总参加各种研讨会，与他人分享经验，并推荐北大光华将其经历收入案例库。陈总的做法是坚持自上而下的行动纲领，凡要求员工做到的自己首先做到。这一点实在了不起，并不是哪一个老总都能做到这一点的。就拿罚款来说吧，我们倡导的是管理者扮演好自己的角色，下属一旦出问题，应该按照80：20原则分解责任，目的在于让管理者明白自己对下属的责任。所以，陈总在每次员工犯错误时都会进行层层分解，最后自己都要因员工的问题受罚。起码我在他们的通知栏里见到过三次罚款通知。当然，这种严格执行的结果是，企业的业务范围不断扩大，全体员工的能力获得了提升，整个企业成本逐渐降低、竞争力慢慢增强了。

自从踏上零缺陷之路后，我们也积极帮助安排陈总参加各种论坛，与各界人士进行广泛的交流；安排他接受媒体采访、上电视，安排他与北大案例中心沟通，安排他与中国质量协会和深圳质量协会的领导见面并进行有益的沟通。这使得他的眼界逐渐被打开了，进步非常大。

自然地，他们先后获得深圳市市长奖、广东省质量奖和全国质量奖以及首届中国零缺陷奖。用陈总自己的话说，零缺陷，给我自己和QYT公司都带来了一次脱胎换骨的革命。

## 成功的故事："质量挑战"备忘录

在美国东南部，有一家名叫伊万·艾伦的公司，它分销的办公室用品遍布整个地区，深受大众喜爱。然而，在这家看似繁荣的公司背后，却隐藏着一个不为人知的烦恼。

"我们的家具仓库团队对家具破损的问题漠不关心。"这是印刷厂厂长及质量委员会主席比尔的肺腑之言。分销经理瑞奇在查阅了从第四季度开始的破损记录后，更是被深深地震撼了。

"在短短几个月的时间里，破损的家具竟然达到了108件，这给我们公司造成了高达27771美元的损失。"瑞奇的声音中充满了忧虑，"这足以说明我们的接收、处理及配送程序存在着严重的问题，急需改革。"

改革，是解决问题的唯一出路。瑞奇深知，要想让这场"征服破损"的战争取得胜利，就必须将质量作为改革的重中之重。他相信，只要将这一标准深深烙印在每一个仓储和配送员工的心中，他们就能保持良好的工作态度，共同迎接挑战。

于是，家具仓储部经理马文站了出来，他肩负着解决家具破损问题的重任。他总结出一套切实可行的步骤，决心要彻底改变这一现状。

首先，他仔细分析了过去一年的破损家具数据，寻找问题的根源。接着，他组建了一个"质量行动团队"，这个团队由各个部门的精英组成，他们共同研究如何解决各类问题。

马文还确定了不合要求的标准，并召集接收、运输、配送及仓储部的员工开会，将破损情况如实告知他们。他希望通过这种方式，让每一个员工都能认识到问题的严重性，从而积极参与到改革的行动中来。

为了更深入地了解家具运输的情况，马文还亲自参观了货运公司，寻找潜在的破损隐患。同时，他还前往 Hon 家具公司、Dar/Ran 家具及贵妃椅公司，与他们讨论如何改进包装及运输方式，以提高家具的质量。

每月，质量行动团队都会召开一次会议，讨论解决破损问题的长期方法。他们检查装货箱，找出潜在的破损隐患；和造成损坏的员工们讨论将来应如何预防问题；对破损情况进行实时控制，并张贴每月的情况汇报。

此外，马文还根据承运方的情况整理货物赔偿要求，收集潜在破损的相关数据。他希望通过这些措施，让管理层更加关注破损问题，从而推动整个公司质量的提升。

随着这些步骤的逐一实施，伊万·艾伦公司的家具破损问题得到了显著改善。一年半以后，破损家具的数量已经减少了 84.2%，由商品破损造成的成本也下降了 83.8%，为公司节省了 23277 美元的资金。

尽管伊万·艾伦公司在减少家具破损方面取得了显著的成果，但这仅仅是他们对质量追求的一个小小开始。公司深知，真正的质量意识需要深入到每个员工的骨髓里，成为他们日常工作的灵魂。

为了庆祝公司的"向质量日敬礼"活动，每个员工都收到了一份来自总裁伊万·艾伦三世先生的特别备忘录。这份备忘录分为两部分，每一部分都凝聚了总裁对质量的深深执着与期望。

在"质量挑战"这份备忘录中，伊万·艾伦三世先生写道："质量意识在伊万·艾伦公司从未像今日这般强烈。公司的管理层已经再次坚定承诺，要像去年一样，持续不断地提升服务和产品的质量。质量改进是一个循序渐进的过程，它需要时间去生根发芽，然后逐渐演变成整个组织的一种生活方式。如今，我们的努力已经开始显现成效。我诚挚地呼吁大家再次对质量改进计划（QIP）做出承诺，签署下面的保证书……我要求每一个人都将零缺陷作为我们为客户提供的所有服务和产品的唯一标准。"

这份保证书要求员工们明确表达自己对质量的承诺："我深知为客户提供最高品质的服务和产品的重要性。我承诺将质量改进计划（QIP）融入我的日常工作，使其成为我在伊万·艾伦公司的一种生活方式。"签署后，员工们需要将一份保证书交给自己的主管，另一份则自己保留，作为对质量的永恒誓言。

家具仓储部经理马文对此深感自豪："我们对自己所做的一切感到非常满意。虽然我们还没有达到完美的标准，但只要我们坚守这种质量至上的态度，实现卓越的目标便指日可待。"

伊万·艾伦公司的员工们，正在用实际行动诠释着质量的真谛，他们用自己的努力和汗水，为公司的未来描绘出一幅幅美好的蓝图。在他们心中，质量不仅是一种承诺，更是一种信仰，一种追求卓越、永不停歇的精神。

## 从要求抓起

**从要求抓起，意味着从抓过程和要求或细节和制度起步**。换句话说，要把客户和市场的需要转化成具体的工作要求、业务标准和技术规范。它要求凡事要以预防为主，第一次就把事情做对，要仔仔细细地把要求制定清楚，做事之前把要求理解清楚。不仅如此，还要求你能打破双重标准，对待错误不要害怕，因为我们不接受错误，在发现错误的时候就要把错误根本拆除掉，这是我们的基本态度。可它意味着什么呢？

### 红高粱 PK 麦当劳

1992 年，麦当劳在北京王府井开设了第一家门店，树立起一座高大的黄色双拱门标识。后来，对面曾有一家名为红高粱的餐厅，其老板是一位充满雄心的年轻人，怀揣着成为"中国麦当劳"的梦想，致力于将中国拉面推广至全球。一时间，"红高粱与麦当劳"的竞争成为舆论关注的焦点。然而，后来红高粱的声音逐渐消失，企业本身也逐渐式微。这一现象背后的原因值得我们深入思考。

在麦当劳里，你仔细观察就会发现，一切程序都是用非常量化的手段实现的，每个餐厅的菜单基本相同，体现着她的企业理念和经营方针"QSCV"（Quality,

Service, Cleanness & Value, 质量超群, 服务优良, 清洁卫生, 货真价实)。它的产品、加工和烹制程序乃至厨房布置, 都是标准化的, 严格控制。麦当劳制定了一整套严格的质量标准和管理制度, 以保证在任何情况下都向顾客提供品质一流的食品。

麦当劳重视品质的精神, 在每一家餐厅开业之前都可以体现。首先是在当地建立生产、供应、运输等一系列的网络系统, 以确保餐厅得到高品质的原料供应。同时麦当劳食品必须经过一系列严格的质量检查, 例如仅牛肉饼, 就有40多项质量控制的检查。无论是食品采购、产品制作、烤焙操作程序、炉温、烹调时间等, 麦当劳对每个步骤都遵从严谨的高标准。麦当劳为了严抓质量, 有些规定甚至达到了苛刻的程度。

而我们中餐呢?似乎不是这种路数。我们视餐饮为艺术而非技术。我们的菜谱都是怎样的呢?绝不是控制多长时间, 炸几分钟, 而一定是盐少许, 味精少量等。当每一名厨师都是靠感觉做菜的时候, 想开成连锁店就显得比较困难了。很多人说我们中国人天生是开餐厅的, 因为我们能够应对很多变化, 但是中餐馆只要一开连锁就很快会面临死亡, 什么原因?麦当劳开到了全世界, 你去任何地方, 纽约、东京、莫斯科、巴黎或开罗, 当你吃不惯当地食物的时候, 你觉得想要找一家可靠餐厅的时候, 大家就会去麦当劳, 因为它的口味是不会变的。我希望大家思考这个问题, 因为它的背后是面对问题的两种不同的处理方式。

当然, 我们很高兴地看到, 许多中餐都已经突破了"红高粱现象", 越来越多地涌现出把快餐的技术与中餐的艺术很好地融合在一起的连锁餐厅了。

[示例] 麦当劳的标准

麦当劳所有连锁店的柜台高度都是92厘米, 麦当劳的可口可乐温度均为4摄氏度; 麦当劳的面包厚度均为17毫米; 面包中的气泡均为0.5毫米; 生菜的保鲜时间为2个小时, 三明治为10分钟、炸薯条7分钟、炸苹果派10分钟, 一过这个时间, 就必须处理掉。炸薯条时, 将冷冻的薯条投入168摄氏度的油锅中, 等降低了温度的油温重新上升3摄氏度的时候, 瞬时传感器就会提醒作业人捞出……

### 制度主义者

西方很多家庭里，厨房里一定要准备一杆小秤，做饭的时候也一定要有标准，没有标准就不知道怎么生活了。如果在中国，你真的在厨房里放一杆小秤，估计会被大家视为另类。但实际上，在我们国家也有这样的人，坚持以制度而非感觉管理企业的人。远大空调有限公司总裁张跃就是这样一个人，他个子不高，是一个非常有追求的人。他曾经跟我说，没有什么事是努力之后做不到的，只有一件事，那就是飞机飞不过国界。这是一个狂热追求制度的人，他认为制度才是整个企业管理的基础。很多企业家说制度难道不会出现什么问题吗？他从来都认为制度不会有错，有问题也是制度不够完善，不够细致。

很多企业界人士会对制度感到困惑，因为很多企业都有自己的体系，但真正执行的时候却很难坚持下去。关于这个问题我们看看远大的张跃是怎么解决的。

张跃自诩为"制度主义者"。他说："我一直觉得**一个企业最强的不是它的技术，制度才是决定所有活动的基础。有没有完善的制度，对一个企业来说，不是好和坏之分，而是成和败之别**。要么成要么败，没有制度是一定要败的！所以领导者一定要非常投入地去建立制度体系，非常忘我地去维护这种体系。这种维护是需要决心的，因为做任何一件事情都会引起一些负面的东西，但是我抱着这样一个顽固的信念，如果没有制度，我的错误犯得还会多一些。确实经常有人说，这个制度是不是太苛刻了，有些事情是因为制度的限制而办错了，但是我坚决认为这不是制度的错，如果是它的错的话，那也是由于制度不够完善、不够细致造成的。"

张跃认为："**社会质量决定企业质量，企业质量又决定了员工质量，而员工质量最终决定了产品质量，然后产品质量决定着企业获得的市场效益**。"他以此为理论根据，管理着这个由无数制度和文件规范统治的企业，塑造和提升着员工的"质量"。

远大的制度几乎覆盖了每一个员工的每一项活动，大到工作规则，小到衣食住行，应有尽有。远大制度的具体表现形式是文件，"文件是远大生存发展的第一条件"，这句话在远大的宣传材料里被放在了醒目的位置。这些制度已经细致得基本上把企业活动中的不变因素都以文件的方式程序化了。文件的推行模式是表格，远大大概有400多种表格，每一项工作都可以随手找到相应的表格来填写。从执行前、执行中到执行后，表格里都有各种规范指导你去做。同时在表格的末尾，还有指导你如何填写表格的说明。每一个远大员工的一切工作都必须围绕文件的编制、执行和修改来进行。据说截至1998年底，远大制订的文件就有1983条、7000多款，共计近50万字。

现在我们每个企业，几乎都处在一种躁动的环境里，在这种环境里，我们的组织是有规则的，可我们的员工，一旦离开组织到了社会，就像乳燕投林一样，突然解放了——生活与工作上的双重标准，会使他们永远处在一种摇摆的情况中。所以，张跃建立的"远大城"，已经不只是像一个城镇那样简单，那些错落有致的厂房、办公楼、公寓、商店、餐厅、俱乐部、酒吧、宾馆、直升机机场，还有欧式格调的管理学院、科学院大楼，以及新近落成的金字塔结构的博物馆，和生活在其中的1100多人，在一种日益完善和细致的制度的笼罩下，全体居民都以自助的方式生活，没有人强迫你守规则，但你一旦违反了规定，马上就会付出沉重的代价。他做到了，而且相当成功。

### 追求卓越的激情

我们每一个人，在关注具体事物的时候，关注每一个细节的时候，你就会朝着零缺陷迈进了。但是大家还应该注意一点，**细节虽然构成了完美，但完美不在于细节**。如果我们紧紧抓住细节不放，很可能会从细节中引出所谓的魔鬼，也就是走进一个死胡同了。我们倡导制度主义，是为了对抗几千年来的"官本位主义"，我们学习麦当劳追求质量的精神与做法，但同样提醒大家避免整个社会跌落进**"麦当劳化的铁笼"**。

站在这种平衡的立场，我们便可以读懂当年为什么我的老师克劳士比先生的《质量免费》能够红遍全球、洛阳纸贵了。因为在他看来，制度化和标准化并没有错，而是那些制定制度和标准的人们错了：他们把企业视为一个巨大的机器，遵循着数学、物理学的规则制定了 AQL 执行标准，直接导致人们不去符合要求而是浪费时间去计算我们到底偏离了多远，是否可以让步接收。

所以，他强调质量不是技术活动，企业要关注人们的心态和行为，致力于改变组织的文化心智模式，创建一种充满激情的、可信赖的做人做事的新方式。

一个叫做汤姆·彼得斯博士的年轻人，他把与同事一起在麦肯锡公司调研的文献写成了一本书，在1982年出版，从此不仅引发了一场美国商界的管理革命，而且让"追求卓越"一词迅速红遍全球，至今未衰。当然他也因此拥有一大堆吓人的头衔，比如"商务的最佳伙伴和最恐怖的梦魇"，"管理大师中的大师"等。

之后他又出版了《追求卓越的激情》一书，他在书中向克劳士比先生致敬，大声疾呼：**质量不是一种技术——无论这种技术有多好，质量首先就是关注、员工、激情、一贯性、面对面接触和本能反映的问题。**

他强调对美国企业日益"麦当劳化"的管理模式进行彻底的反思："美国管理界长期以来被理性模式和数量分析所统治……一方面，定量分析有一种根深蒂固的保守倾向，把降低成本摆在第一位，把收益增加放在其次；从而导致对成本而不是对质量和价值的关注；导致情愿对旧产品进行修修补补而不去摆弄还不完善的新产品；导致想通过投资，而不是靠提高员工的劳动积极性来提高劳动生产率……把人，而不是资本、机器和思想，当作生产资源或许是所有问题的关键。"

为此，他呼吁企业回头是岸，只有"回归基础"（Back to Basics），**关注人——"生产产品、提供服务的人以及消费产品、接受服务的人"，才能在质量工作中充满追求卓越的激情。**

## 要点概览

❖ 健康，既是我们个人的快乐工作与幸福生活的基础，同时也是一个组织持续发展与永续成功的保障。

❖ 保持身体健康和增强体质的方法便是："管住嘴，迈开腿，甩掉肉。"

❖ 管理者的角色有三个：确保每一项任务都能确定正确的要求；提供必要的资源；帮助下属做到符合要求。

❖ 每个经理都应该是资源的提供者，而不是客户。

❖ 从那些成功者的身上，可以发现了一个共同点，那就是他们都有着自己的独立思考和坚定信念。……事实上，领导者的个人价值观对企业的影响深远，有时甚至可能高达 90% 以上。

❖ 克劳士比有句名言："组织反射出领导者的诚信。"质量来自对组织的领导——最重要的是，来自领导者本人。

❖ 管理上有一个基本的规则：你关注什么，就会得到什么。

❖ 组织中的事情是不能由人们所组成的分散的小组来完成的。它们只能由作为正常经营的一部分的每一位员工和供应商来完成。在日常的工作基础上达到这个目标，正是领导者的基本的任务。

❖ 管理承诺或政策就是公司人员对他们应该把工作做到什么程度的心态。不管有没有宣布，这个承诺／政策都会事先决定我们下一个工作是否能够做得成功。

❖ 政策是行动的大纲，它意味着什么？意味着它是一个企业的行动指南针。

❖ 制定并宣布政策是公司最高领导层的特权，应该像制定和宣布公司财务政策、信息安全的方式那样，而随意地交由下层主管或质量经理去处置不啻自毁前途。

❖ 管理层的每个成员都应了解、认同并身体力行努力推行该政策。

❖ 首先要真正地明白：所有的问题都是因为管理不当引起的。……所有人要谨记：必须符合工作要求，才能进行下一个流程；一旦出现任何问题，必须立刻停下来，改正后再继续下一步。

❖ 任何事情，只要看看其费用清单就可以发现是否有错误存在了。

❖ 在某种程度上，这也可以解读为"零缺陷"——只有对 ZD（零缺陷）有着狂热追求的人，才能走向成功。

❖ 很少有公司领导能够将质量与客户紧密联系在一起，更不用说将员工视为内部客户了。这正是问题的关键所在！

❖ 质量的核心在于满足客户的需求，而客户既包括外部的也包括内部的。统计数据显示，满意的内部客户往往能带来更满意的外部客户。

❖ 克劳士比指出："让客户成功，意味着创建一个在日常工作中第一次就能把事情做对的组织，这就是系统的诚信。"

- 质量必须像心脏起搏器那样被植入企业中,必须回到事物的基本层面——如果反过来,从下往上扫楼梯是不会有什么好的效果的。
- 克劳士比指出:"……一个组织的质量(意思是做已同意做的事情的能力)是组织领导的、关于正确完成事情的个人诚信度的直接反映。"
- 从要求抓起,意味着从抓过程和要求或细节和制度起步。
- 质量不是一种技术——无论这种技术有多好,质量首先就是关注、员工、激情、一贯性、面对面接触和本能反映的问题。
- 只有"回归基础"(Back to Basics),关注人——"生产产品、提供服务的人以及消费产品、接受服务的人",才能在质量工作中充满追求卓越的激情。

# 第 15 章
## "迈开腿"：释放潜能与激情！

究竟何种因素导致员工，尤其是基层员工面临困扰？**实际上，员工所面临的困境主要源于他们无法有效表达自身遇到的难题，亦没有通畅的渠道与管理层进行沟通。**因此，他们往往只能被动应对，久而久之，便对此类问题习以为常，不再予以关注。因此，解决这一问题的关键一步便是为员工提供一种途径，使他们能够勇于揭示工作中所遇到的实际问题。

## ECR：与管理者沟通的工具

麻烦报告系统，ECR（Error-Cause-Remove），即为EcrSys。实践证明，这种方法简便实效。什么叫麻烦报告？我们在前面曾经谈到"墨菲法则"，我们人类的大灾难都是与微不足道的东西相关联的，重大的损失往往都是由最简单的原因造成的。其实，在管理实践中我们也能观察到，大部分的大灾大难、令人非常困扰的问题，绝大部分时候都源于低级错误。

再仔细想想，**正因为它是低级错误，很多人对这些错误都抱着一种能掩盖就掩盖的态度，最后反而是这些小问题引起了很大的损失。**

### 什么是麻烦？

麻烦是什么呢？我经常这样比喻，大的问题就像一个雪球，但再大的雪球也是由雪粒子组成的。这些雪粒子就是麻烦。所以，我们一定要建立一个系统，在雪粒子还没有聚成雪团的时候，就让它融化掉。这就是预防。

什么是麻烦？

某公司在投标的时候，经常会发生这样的问题。我们做好资料送到业主单位去，但资料里偶尔会出现一个错别字，平常情况下可能这是无伤大雅的，对于业主来说一定是不允许的。一般业主的主管或会计委员会等，一发现资料里有错别字，立刻就会原封不动地退给我们，甚至可能取消我们的资格。

有一个软件工程师，他说自己的工作就是每周一的上午选一个安静的时间进行软件编程，但此时要是自己的隔壁正在装修房子，这就是一件令人难以忍受的麻烦事。

有一个工人说，难道企业设计部门的图纸非要用小六号字吗？自己看图纸的时候真的很麻烦。

有一个生产第一线的员工，说自己有一次接到了供应商送来的很多原材料，但现场没办法打开包装，只好四处寻找合适的工具，这件事就很麻烦。

有一个机床的操作工说，唉，我上面的灯泡一闪一闪，太小了，也没有人帮我换，看不见，真麻烦。

……

麻烦的原因在哪里？基本上都是你的下属没有能力去解决，或者作为管理者的你不帮他解决。

克劳士比先生曾指出：超过 85% 的问题，原本是可以在基层得到解决的。但问题是，为什么都变成各级管理者案头上"理不清、剪还乱"的问题了呢？原因在于，一线员工所面临的问题是，他们无力反映自己的问题，更有甚者，即使员工说了，管理者也根本不听。

而事实和经验告诉我们，一旦员工愿意把问题说出来，企业就可以踏上预防和解决问题的道路，进而告别救火和危机管理的方式了。

> 员工所面临的最困难的问题之一,就是他们无力把这些问题反映给管理者。有时候,他们不得不自己承担这些问题,因为他们认为这些问题并不重要,用不着去烦他们的上司。而有的时候,上司根本就不听。
>
> ——菲利浦·克劳士比

**答案在哪里?**

有一个故事,说的是日本的一家非常著名的企业,现在的"世界500强",它当年在中国有5个工厂,主要生产电脑光驱。有一年,他们生产的光驱出事了,有客户投诉光驱脱胶了。对这样优秀的企业而言,这绝对是一件大事,它们要为自己的品牌负责,为长远的发展和整个企业的口碑负责。于是,这家企业就下令召回这个批次的所有产品,总共数量在200余万个。

召回后,这家企业下决心一定要查个水落石出,然后再开工。于是他们决定全部停工,大家想想,5家工厂全部停工,这需要多大的决心才能做到?从停工的第一天开始,美国研发中心的技术人员和日本研发中心的技术人员全都陆续飞到中国来了。大家聚在一起解决问题。

日本人本来就是工作狂。为了找出问题,这些研发人员天天都在玩命地工作,以期尽快恢复生产。1个月过去了,2个月过去了……8个月过去了,大家始终找不到答案。

这时候,中方开始渐渐解散员工了,先从基层员工开始,然后是骨干人员,再后来是班组长。最后只留下几个核心骨干还有几个基层的班组长仍在找问题。有一天,一个中方的课长——在日企中应该算是中方人员拥有的很高职务了,他在会议间隙,想到外面透透气,就点了一支烟,慢慢踱到空荡荡的车间准备转一转。这时,迎面过来一个班组长,他们关系不错。班组长就问他:"你们最近到底在忙什么?我想离开了。如果再不开工,我必须要走了,很多人在挖我呢!"课长叹了口气,就把情况一五一十地说了。

刚说完,这个班组长就笑了:"原来是这样啊,这件事我知道啊!"他说,某年某月有一批胶进来了,他当时就发现有问题,胶里面存在气泡,然后他就请示了上层领导，结果领导当时为了赶紧交货，就下令，继续用这批胶。最后，班组长补充说："我心里一直在想，这样恐怕要出事啊！没想到真出事了！"

这是一个重要的线索。课长马上把这个线索告诉了研发中心的那些人。那些精英们一查，发现了什么？这就是根本原因。

**小杨的故事**

海尔冰箱的生产线包装流程，引进的是日本的设备。当时日本人曾说，你们一定要用日本产的塑料袋，不要用你们中国产的。海尔认为，我们中国的一定可以。但是没想到，国产塑料袋在开始包装冰箱的时候就是打不开。结果海尔的设备虽然很先进，但是由于塑料袋打不开，工作人员不得不进行手动操作，这严重拉低了工作效率。

此时，海尔知道了，原来日本人不是故意刁难，确实是我们自己的东西不好配套。这时海尔就开始考虑更换设备的问题了。他们开始了招标，德国、日本的工程师们开始陆续来现场实地测量了。有一天，一帮外国工程师拿着尺子量呀量，围着包装线转呀转，工人们不胜其烦。当时生产线的一个姓杨的小伙子，忍不住问车间主管，这些人到底在干什么。得知缘由后，他说："不要换了，为什么要换设备呢？我知道怎么解决！"主管很吃惊，就让小杨说说看。小杨说，可以用给自行车打气的技术，能不能在包装袋准备张开的时候，吹一口气帮助袋子顺利张开呢？

主管听完马上会同工程技术人员进行了试验。没想到，问题就这样被解决了，也不需要更换设备了。张瑞敏非常重视这件事，亲自为小杨颁奖，还把他的事迹写下来，并用他的名字为此方法命名，小伙子一下子就成为企业的模范。

对于这件事，我专门去查证了一次。小杨很谦虚，简单地向我讲了他当时的想法，然后一直说，这没什么，没什么了不起。他甚至把那块用他名字命名的铜牌摘了下来，放在了一边。

我讲这两个故事的目的，其实就是希望你们知道，在很多时候，管理者们为了一个问题绞尽脑汁，但就是不知道答案在哪里。**答案在哪里？其实就在我们员工的心里。**但是他们就是不说，你怎么办呢？气也没用，你又不能撬开他的嘴！

所以，我们要做的一件至关重要的事情，就是想办法，如何让员工说出来？

## 案例分享："BAD 计划" [①]

在德国慕尼黑的 SEL 工厂，我检查了他们公司的"成本消除方案"——我已经教会他们"消除"（Elimination）而不是"削减"（Reduction）成本。我发现他们去年已经消除了 25 万美元的成本。那位经理告诉我，他们总共只有 1000 名员工。我在心里计算着，也就是说平均每一位员工节省了 250 美元，这也就意味着他们差不多每个人每天要节省一美元，而且已经坚持一年多了。

在返回布鲁塞尔的路上，我在携带的可乐瓶下找到一张餐巾纸，就在那上面我写下了"BAD 计划"。

"BAD"就是意味着"Buck a Day"，这也就是一天一美元的意思。如果我们能够鼓励每一位员工都关注他们的工作，并且一天节省出一美元来，那么我们就可以花费很少的精力而获得巨大的收益，从而将经营费用大大削减。

我的想法是让员工提出建议的时候，其书面形式只有一张纸大小就可以了，并且可以为每一位提出建议的人发一只印有"我有一个一美元的建议"（I had a BAD Idea）字样的咖啡杯。这也是奖励。可以在每个月进行一次评比，看谁提的建议最多，就可以让他的汽车停放在 No.1 的车位上。我们还可以在那里放一些标记，例如，"BAD 生财"，或是"坏家伙们又来了"（BAD guys ride again）等。这是真正的寓教于乐。

很快，就有几个小组把这些建议变成了现实，而且连续实施了 30 多天。在每一个实例当中，人们都是全员参与、全身心地投入（而以前一般只有 5%~6% 的人参与），而且远远超出了预期的成本削减目标。

---

[①] 杨钢，质量无惑，北京：中国城市出版社，2002。

## 如何让员工把问题说出来？

现实情况下，下属确实面临着诸多挑战。我们始终强调，**如果要让员工第一次就做对，那么，管理者就应该告诉员工什么才是对与错、是与非，然后还要提供必要的资源和支持，以帮助员工做对**。若管理者未能明确告诉下属什么是对的，还要求对方第一次就做对，并在失败时给予惩罚，那么这无疑会加剧下属的心理压力。

因此，**管理应当从源头开始抓起，确保员工明确任务要求，并提供必要的支持，以促进他们的成功**。

**麻烦报告与提案制度**

这种消除困扰的方法与"提案制度"存在显著差异。一些企业推行"提案制度"，鼓励员工提出改进意见，但这种做法与我们倡导的报告和制度截然不同。在撰写改进意见时，员工须确保两点：**一，须确信问题确实存在；二，须提出解决方案**。然而，许多工人在这方面可能能力有限。尽管一些企业已经尝试推行此类举措，包括知名企业如联想，其员工素质较高且聪慧，但要他们制定一套完善的制度，仍具有一定的挑战性。

"麻烦报告板"也可以叫做**"问题／机会报告看板"**，要求员工把他们面临的不便、麻烦和困难写出来。可以通过各种形式，有的是在局域网上说出来，有的是在现场写出来。但有一个具体的规则，即：谁写出来的问题谁就要找到解决的方法或人，你可以指定某一个人帮你解决，或者说希望谁能帮助解决；一旦问题被写了下来，就意味着12小时内必须被解决掉，否则对不起，ECR系统自然会找到这名员工的上级，责问上级为什么不帮员工解决问题，此时就是管理者的问题了。

这才是真正地为下属着想，尽可能调动管理者手上的资源。我们前面不是谈到企业中的"职能金字塔"吗？你发现没有？**麻烦报告应用得当，可以出奇制胜，起到颠覆金字塔的作用，把金字塔慢慢地翻转过来**。因为本身金字塔就是由需求拉动的，下属的需求，外加管理层的压力，只要应用得当，对整个系统都是一个良好的促进与优化的作用。

但采取 ECR 行动时，需要注意如下几点：
- 开发改进机会和符合性障碍的沟通方法；
- 提供实施该方法的计划；
- 监测管理层后续行动；
- 监测员工对方法的使用情况。

同时，管理者需要考虑的因素，包括：
- 不要过度承诺；
- 形式主义会增加期望值；
- 请注意不要过度；
- 管理层的反应决定了可信度；
- 关键目标是倾听，并以尊重的方式回应员工。

因此，员工非常喜欢这个制度，同时如果管理层再给提出问题的员工一定的奖励的话，效果就会更好了。很多企业都是这样做的，每个星期做一次，让大家说出面临的问题，再进行一个随机抽奖。如果某个项目立项了，还会有额外的奖励，那么质量部经理手上就要争取有很多奖金额度。因为不是惩罚，而是激励才是最好的企业润滑剂。

**奖金与激励**

人们普遍倾向于喜欢发放奖金的人，而反感扣除奖金的人。你们是否曾掌握过属于自己的奖金？事实上，奖励不能局限于现金，因为对现金的欲求是无止尽的，而奖励的本质则在于强化事情的价值或象征性的意义。在美国，许多公司每天都会举行抽奖活动，当选者将获得一个停车位作为奖励。公司停车场的第一车位通常为老板专属，员工若来晚了，很可能难以找到车位。

然而，获奖者能在当天将车辆停放在老板的专用车位上，这种感觉是无法用金钱衡量的。当这名员工上班时，在大家都在慌乱寻找车位之际，他可以直接驶向第一车位，这无疑会引发周围同事们的羡慕目光。因此，管理者在设计奖励体系时，必须深思熟虑，如何能够让员工感受到自己的价值和地位，这是至关重要的。有的员工工作是为了满足基本生活需求，因此金钱奖励是必要的。然而，我坚信，更多的员工渴望得到认可和尊重。因此，我们应提供那些能够彰显员工尊严和价值的奖励，以激发他们的工作热情。在探讨如何减少返工问题时，若能够融入这些充满人文关怀和激励精神的元素，或许能够激发员工内在的动力，使他们自发地投入到工作中，无需过多的督促和指示。

### 三大要素

管理者行事应始终围绕明确的目标。质量管理工作者为何常感不足，即便在付出大量努力后？这背后的原因，可以从"质量管理成熟度评估表"的五个阶段划分中找到答案。这份评估表**以质量部门经理在组织中的位置为重要指标，来评估组织的成熟度。**若质量部门经理仍属于生产部门之下，那么，这意味着企业处于发展的初级阶段；当质量部门经理开始独立行动，并获得高层的授权时，企业则进入了第二或第三阶段的成长阶段；当质量部门经理晋升为公司的副总裁或董事时，企业已经迈向了第四阶段的成熟；而当质量部门经理成为公司的掌舵者，即公司的首席执行官时，企业便达到了第五阶段的最高成熟度。

**实际上，让员工说出问题不是目的，而是管理者帮助其成功的一种手段。**我们的核心关注点在于切实帮助员工解决他们在工作中遇到的实际问题。

因此，我们特别强调以下三个关键方面。这三个方面不仅是对前述内容的概括，更是我们推行 EcrSys 工作的指导原则。

第一，*建立管理工具箱*。使用有效的方法，比如培训、指导、激励、改善关系等，围绕着系统运行的要点（如图 15-1 所示）有效运行该系统，目的在于让员工说出问题。

第二，一线员工面临的问题，应当予以关注，以便挖掘问题背后的根本原因。重申一点，**倾听员工提出问题的目的并非为了问题本身，而是为了解决问题，否则，员工可能会感到被欺骗，从而不愿再提出问题**，即使有所提及，也可能只是迎合管理者的喜好。因此，我们必须构建一个切实可行的改进机制，让每一位员工都能参与其中，付诸实践，而不仅仅局限于少数高深莫测的"黑带""大师"或专家在基层进行表面调研，使得员工认为这些问题与他们无关。

**ECR 系统运行要点**

1. 告知麻烦
2. 发现麻烦
3. 项目建议
4. "夜猫子"（N-Cat）
5. 系统整合
6. 状态报告"每日一星"
7. 树立样板

图 15-1　ECR 系统运行要点

**第三，行动和实效。** 系统的建立是为了保证员工们产生持续的行动，同时产生预期的结果。如果没有这些，剩下的恐怕就只有一具空架子或所谓的"两张皮"了。

那我们该怎么办呢？一句话，为此必须进行文化变革——改变现有的运行模式和工作习惯。

## 成功的故事：让员工动起来！

罗氏（Roche）作为全球医药界领袖机构，其设在中国的某下属合资企业，技术领先、制度完善、员工素质较高。但问题是，随着业务稳定增长，人们的行为也越来越有惯性和惰性。为此，公司加大了员工的培训工作。"我们请来的都是世界上最优秀的培训公司，"总经理说，"但我实在不明白，员工总是兴奋两三天，然后就回到原样了，好像什么都没有发生。我甚至请了做情商培训的机构，可是还是推一下动一下，不推不动。"

克劳士比的顾问团队进驻后，通过与管理层沟通、现场调研，然后针对性地从需求、业务过程、员工激励和团队改进等方面制定出培训方案。

全公司成立了 21 个质量改进行动小组，办公室 1 个组，维修部 3 个组，动力分厂 3 个组，培训部 2 个组，生产部有 12 个组。质量改进行动小组成立后，老总亲自给小组命名，并且宣布哪个组的质量改进活动开展得最好，这个组的组员就可以由公司出资去海南旅游。

## 第15章 "迈开腿"：释放潜能与激情！

在这样的激励下，公司的气氛开始有了翻天覆地的变化，全然不像从前，员工完全听从上面的指示，上面怎么说下面就怎么做，员工的积极性被充分调动了起来。他们按照顾问师的指示，把流程图倒过来，采取自下而上的而不是自上而下的模式。他们把21个质量改进小组视为是最主要的，而管理层只是在必要的时候提供支持和帮助，并不会给小组施加任何压力，目的在于让他们自我改进。

活动开展起来以后，一些部门的经理首先自己主动接受培训，接下来他们再给自己部门的员工进行培训，以帮助员工理清概念、步骤，然后大家开始做自己的过程模式。一般地，一个小组一般都有六七个到十来个人，每个人分工都非常细致，每个人都必须把对相关环节的要求写出来，当然，不一定要按照以前的标准程序写，可以有个人的一点小技巧在里面。这样，他们就产生了内部客户的概念，每个输出都要由上一个岗位和下一个岗位签订协议，再由两个组长签字确认，以确保满足相关环节的要求。

实际上，刚开始开展这项活动的时候，大家都不想讲自己身上出了问题，老是说这个阀门坏了，那个地方不对了，多是挑别人的问题，找别人的毛病。

柠檬酸钠一组，他们是这样做的：首先，在小组成立的时候，他们制定了一个大家都必须遵守的规定。不能愿意上班就上班，愿意休假就休假，要制定一个制度，履行各自的承诺。大家都觉得既然要开展这个活动，就要有诚信，要敢于承诺，说到做到，这是必须的。

接下来，他们对现状进行了分析。包括柠檬酸母液单耗的控制；有没有漏的地方；活性炭定位后，留在里面的柠檬酸钠是多少等。一旦有问题，马上开会讨论。而且为了让人人都参与其中，他们对组员进行了具体分工，一个人负责搜集这部分的数据，另一个人负责搜集那部分的数据，每个人都有自己分内的工作。这样不仅使得每个人都有机会参与会议，而且也减轻了组长的负担。

不得不说的是，在活动轰轰烈烈地进行的过程中，员工们很辛苦，休息日主动进行义务加班。但是现在，不管怎样，他们始终坚持跟踪、定期检查任务的完成情况。然后，每到月底由管理层向上级提交报告，汇报工作完成情况。

活动结束那天，200个人齐聚会堂做经验汇报，那场面可想而知是非常隆重的。21个质量小组中7个组全部完成了工作任务,9个组部分完成了工作量,5个组进行得比较艰难。最后从7个组中挑出4个组,由这4个组的组长在管理层会议做了报告,经高层管理人员(经理)的评定,结果1个组去了海南旅游,3个组去了扬州旅游,大家都很高兴。

质量经理诸琳瑛深有感触地说:"第一,每个人都必须有奉献精神。第二,要得到老板的支持。第三,基层员工更易调动积极性。"

当然,在活动中我们也发现了一些问题:我们的员工不会分析数据报表。因为要做零缺陷,就必须知道基本情况是怎么样的,也就是说必须会分析报表,这样你才能知道问题出在哪里,应该改进哪里,否则两眼一黑不知道改进哪里是绝对不行的。

## 如何帮助员工成功?

怎么选择和教育员工,这是一项非常重要的工作。因为它与组织的文化氛围密切相关。一旦出现问题,那些负面气氛就会打击那些有效率、有热情的员工,消耗管理者过多的精力,而且容易造成人人自危、紧张和敌对的整体情绪。反过来,如果管理者花精力选择了合适的员工,培育他们,并努力营造一种相互体谅、注重绩效的工作氛围,那么,这家企业必定能在组织、在客户和供应商那里播下成功的种子。

当然,要做到这些绝非一日之功,它取决于能否做好四件事情:
- 为员工提供接近管理层的机会;
- 有效的员工福利支持系统;
- 公平的评价体系;
- 反映员工贡献程度的报酬。

我的经历告诉我,帮助员工成功,自己自然会成功。显然,这不是理论,而是一种实践和真知。

## ·第 15 章·"迈开腿"：释放潜能与激情！

同样的故事也发生在克劳士比身上[1]。克劳士比先生当年在本迪克斯公司作一位可靠性工程师的时候，由于薪水不高，他不得不每个周末及每星期的数个晚上都要到一家位于印弟安那州南本德市的吉尔伯特男子服装店兼职。

在上大学期间，克劳士比就一直从事着鞋子的推销工作，那是克利夫兰市的一家大店铺。克劳士比本人是一个相当不错的鞋子推销员，但是他的各种做法都出于一种直觉，因为从来没有人向他讲解过应该如何进行鞋子的推销工作。

店铺的老板斯坦利·吉尔伯特（Stanley Gilbert）先生规定如果某一批鞋子卖出的数量达到了存量的一半，他们就会将剩余部分的价格下调一半。如果某位客户走进店铺，想买一双自己喜欢的鞋，克劳士比就会卖给他一双他想要的鞋子并告诉他："这里还有一双鞋子也十分适合您，且价格只有前者的一半。"通常情况下，克劳士比总能同时卖出两双鞋，这样，根据鞋店的规定，他就能拿到更高的提成。

每月中旬，他们会举行一次会议，同时将安排一个熟食自助餐，并邀请一些同行业友人参加。会上将会安排某个人，如箭牌衬衫的销售人员介绍衬衫方面的知识，包括它们是如何制造的及一些试穿衬衫的技巧。

这样，克劳士比就懂得了在某位客户买下一双鞋之后他可以向客户追问："您今天还打算买点什么？"如果他们回答"我还需要一件新的运动衫"，那么他就会把这位客户引到运动区域去。如果遇到了困难，他会请出一位运动衫销售人员，让其为这位客户提供帮助。

克劳士比明白他正在做什么。他的正式工作并不辛苦，在一段时间里，克劳士比在吉尔伯特商店的收入水平比他的正式工作还要高。因为吉尔伯特商店制定了明确的行为准则，这些准则为克劳士比的工作提供了工具和相关的信息，并对他起到了很大的帮助。

有一天，克劳士比正在柜台旁边站着，一名胳膊下夹着一个西服盒子的客户从收款台方向走了过来。他停了一下，眼睛注视着放领带的货架。于是克劳士比问："您需要什么吗？"客户回答："不，谢谢你。"之后就走出了大门。

---

[1] 菲利浦·克劳士比，经营有术：使事物产生的艺术，北京：经济科学出版社，2004.

吉尔伯特先生走过来对克劳士比说:"菲尔,让我告诉你应该怎么做吧!当某人注视领带的时候,你应该对他说'这个领带与你的灰色西装十分匹配',并顺势帮助他把西装盒打开,把那条领带摆放在西服上面。可以帮他配2~3条领带,因为他需要新领带搭配自己的新西装。这样,根据领带的不同,你可以获得10美分或20美分的报酬。"

但克劳士比很困惑:"吉尔伯特先生,我怎么知道客户盒子里的西服是什么颜色呢?"老板微笑着回答:"注意观察收银员,收银员会伸出他的手指提示:一根手指表示是蓝色,两根是棕色,三根是灰色。"

这就是事情的全部过程。

## 如何帮助供应商成功?

对于供应商,如何选择、如何沟通、如何评估,大家都有自己的正式方式与诀窍。但我特别想谈一谈一些被忽视的"非正式的"方式。

一位在GE某公司工作的资深质量经理对我说过,他们在选择供应商做现场审核的时候要做六件事:第一件事是看员工餐厅;第二件事要看领导和员工的厕所;第三件事看现场、查数据;第四件事看员工是否抱着很多文件在吃饭;第五件事则看员工宿舍;当然,最后一件事就是带走所有他们需要的文件和资料。

他们为什么去审查这些犄角旮旯呢?因为有一个理论是这么说的——**厕所是看一个组织管理是不是上道的一面镜子**。厕所是动态的。员工的素质、公司的氛围和文化,都可以通过厕所环境体现出来。

克劳士比在马丁公司担任供应商质量部负责人的时候,发现供应商的质量问题往往有以下几个方面:部门本身形象欠佳;采购部既讨厌质量部,又讨厌供货商;工程部不信任任何人,制定的标准过于严格,只有申请批准之后,才会有所降低;由于公司的态度非常傲慢,使得供应商在与公司打交道时不得不情绪低落、消极被动。

于是,克劳士比制定了一个战略方针,即:首先重建供应商质量部;然后,与采购部门建立起良好的关系，再让供应商与公司站到一起；最后，说服每一个人采取行动，让新的体系开始运作起来。

为此，克劳士比带了几个关键人物过来，有具体负责供应商的质量工程问题的，也有负责实地检测的。他还编制了一个一览表，目的在于让大家能在各个地区会议上都可见到供应商们，并让他们知道一件事：除了我们，没有人会喜欢他们。同时，克劳士比开始与那些来自政府方面的督察人员协商：你们的标准太松了，希望你们能够坚持标准。后者愉快地接受了。

最后，克劳士比和助手一起去拜见采购部门的四位职位最高的经理，问他们：质量部应该做些什么来帮助采购部，问对方能不能谈一谈目前质量部给采购部带来的问题是什么。随后，大家开始列举问题，总共列了 15 个问题。

接下来的那个星期，克劳士比他们一直在努力工作以解决所记录的问题，包括通过检查推进合同进度，对重要情况及时反馈等。这些问题大多数都是程序性的，而且往往是由于缺乏信任而产生的。因为长期以来采购部门总在抱怨公司对他们遇到的困难重视不够。

克劳士比走访了大约 100 个左右的供应商工厂，花了许多时间和采购人员以及生产控制人员待在一起，以了解他们的工作状况。他发现，**他们无一例外地缺乏一样东西，那就是信任**。他到过的所有地方，一方面工人们不信任管理层，另一方面，管理层也不尊重工人；而不管他们之间表现得多么和睦相处，也不管他们做了多少努力来平等对待每一个人，工人们觉得，自己仍然遭受不公正的待遇。如果有工人去领一件零件，而零件不在那儿，那么这两个部门的人就会认为是弄错了。要是工人取到了零件，而零件不能正常工作，那质量部就是罪魁祸首。

在克劳士比他们第三次和采购部经理们见面时，他们已无抱怨了。所有的事都已得到处理，而且大家都认同所采取的行动。在会谈的间隙，克劳士比问他们："我们是否可以提出几项建议呢？"

"当然！请吧，你知道我们很尊重您的意见。"他们显得兴趣盎然。

"我想说的是有关合同更改的问题。"克劳士比说，"据我们的统计，在合同有效期内，大约有 1/3 的采购合同变更过，而且有的变更只维持了几个星期。这是为什么？主要原因似乎就在于最初的合同只是口头议定的，并没有落实到文字上。而之所以这么做，往往是采购部门觉得自己太忙了，没时间。"

大家面面相觑，已经意识到问题所在了。

克劳士比继续说："但一个完全按计划安排工作的组织怎能以如此随意的方法来经营和管理呢？表面看来，很多的采购需求都是由工程技术人员提出的，但它们纳入整个的计划当中了吗？没有。购买导航系统或编上编号的零部件时，我们都会举行签字仪式并签订合同。而普通产品呢，则只是随意地进入采购系统之中。你们也知道旧的系统不好，却无人愿意去修正它。所以，我认为……"没等克劳士比说完，采购部经理已经坐不住了，他急切地想知道如何才能改进该系统。

克劳士比的助手从文件夹里取出一页纸，递给他："这是我们列的一张名单，上面是能改变这一过程的人的名字。我们建议给他们打电话，通知他们明天早上到计划总监办公室开会。"

他们非常高兴，积极张罗去了。

## 师生对话

**学生**：杨老师，这个故事的确对我们很有启发。可是，我们国内的供应商问题似乎要比他们麻烦得多。

**杨钢**：也许吧，从表面看来国内的事情要复杂得多，但究其实质，还是一个概念问题，也就是你是把你的供应商当作朋友还是敌人的问题。你们是想通过相互帮助取得共赢呢，还是做一锤子买卖，宰一个是一个呢？显然，能否建立相互的信任才是关键。

**学生**：能否举例说明一下呢？

**杨钢**：我们在帮助中车青岛四方车辆厂推进零缺陷的时候，有一天，接到质量部王部长的电话。他对我说，他们有一家重要的供应商，每次交货的时候，总是有这样或那样的问题。不过他们每次都多发来一些，倒是不耽误四方的生产，可是这家公司却要额外支出这笔花销。他们总是说，没办法，错误难免嘛，浪费就浪费吧，只要不得罪客户就好。

王部长认为供应商说得不对，表面上供应商好像很可靠，实际上是对自己没信心。这样的供应商又怎么能够让客户放心呢？第一次做对，才对大家都好。供应商的老总似乎听进去了。王部长就趁热打铁，推荐我去给他们做辅导。我跟他们在一起工作了几天，让他们明白了"管理质量"的真正含义。

王部长后来告诉我，他和供应商成了好朋友，因为彼此沟通很顺畅，许多事一点就通。原来存在的问题，一下子就变成了互相成长的机会了。

在此，我想再次向大家介绍一种在优秀企业中广泛应用的最佳实践——**"供应商日"活动**。如何成功举办供应商日呢？实践证明，制定一份出色的议程是确保活动成功的关键。**一份典型的议程**应包括（但不限于）：传播公司的"质量政策"、重申"所有工作都是一个过程"的理念、开展"零缺陷四项基本原则"的案例教育、组织供应商参观工厂以促进沟通交流、评估和选择供应商的关键因素、澄清一些被误解的需求，以及呼吁各方携手共进、共享共赢。

这份"供应商日"的议程能让您的供应商更好地了解公司在质量管理方面的决心。**与供应商的关系不应仅限于准时交货和商品/服务成本，而应将质量作为首要考虑因素。**在此基础上，可以组建供应商质量团队，以便明确需求、定义供应商的质量成本，并给予供应商绩效反馈。

## 要点概览

- 实际上，员工所面临的困境主要源于他们无法有效表达自身遇到的难题，亦没有通畅的渠道与管理层进行沟通。
- 正因为它是低级错误，很多人对这些错误都抱着一种能掩盖就掩盖的态度，最后反而是这些小问题引起了很大的损失。
- 我们一定要建立一个系统，在雪粒子还没有聚成雪团的时候，就让它融化掉。这就是预防。
- 克劳士比先生曾指出：超过85%的问题，原本是可以在基层得到解决的。
- 一旦员工愿意把问题说出来，企业就可以踏上预防和解决问题的道路，进

- 而告别救火和危机管理的方式了。
- 麻烦的根源是什么？基本上都是下属没能力解决或作为管理者的你不帮他解决的事情。管理者要学会做的一件至关重要的事，就是想办法让员工说出来。
- 如果要让员工第一次就做对，那么，管理者就应该告诉员工什么才是对与错、是与非，然后还要提供必要的资源和支持，以帮助员工做对。
- 麻烦报告应用得当，可以出奇制胜，起到颠覆金字塔的作用，把金字塔慢慢地翻转过来。
- 关键目标是倾听，并以尊重的方式回应员工。
- 事实上，奖励不能局限于现金，因为对现金的欲求是无止尽的，而奖励的本质则在于强化事情的价值或象征性的意义。
- 实际上，让员工说出问题不是目的，而是管理者帮助其成功的一种手段。
- 倾听员工提出问题的目的并非为了问题本身，而是为了解决问题，否则，员工可能会感到被欺骗，从而不愿再提出问题。
- 营造一种相互体谅、注重绩效的工作氛围，它取决于能否做好四件事情：为员工提供接近管理层的机会；有效的员工福利支持系统；公平的评价体系；反映员工贡献程度的报酬。
- 厕所是看一个组织管理是不是上道的一面镜子。厕所是动态的。员工的素质、公司的氛围和文化，都可以通过厕所环境体现出来。
- 与供应商的关系不应仅限于准时交货和商品/服务成本，而应将质量作为首要考虑因素。
- 质量是结果，不是附属品。管理层和质量人员必须一起工作，在组织的文化中建立她，然后培育她。

# 第 16 章
## "甩掉肉"：开始新工作方式！

当谈到减肥或减掉多余的赘肉时，我们已经触及质量管理的核心环节——质量文化。克劳士比提出的"十四步骤法"（亦称"质量改进过程管理"，QIPM），以及后续演化为文化变革的"零缺陷4PS模型"，均为创建质量文化提供了基本方法。

许多人曾因阅读《质量免费》一书中克劳士比先生阐述的质量文化变革故事而备受鼓舞，对我说："杨老师，我发现'十四步骤法'与'500强企业'所采用的方法，在许多方面均具有相似之处。"我回应说："你的观察非常准确。实际上，这些'500强企业'在很大程度上是基于克劳士比的方法来实施质量文化的构建。"

## 让质量成为一种习惯

改进简单，但改变谈何容易。同样，改进过程并不复杂，但管理改进的过程，也就是变革管理，却是一个非常复杂的过程。换言之，**目的就是要通过改变与改进的过程管理让质量成为一种组织的习惯。**

如何实现变革呢？**核心在于自我革新，首先要有主动改变自己的决心。**实际生活中，规律总是如此：如果你不主动改变，那么外部环境就会促使你改变；而一旦外界开始主导你的改变，问题往往就会产生。正如"变革定律"所言："如果你一直重复过去的行为，那么你将永远只能得到过去的结果。"那么，这个定律的推论又是什么呢？"若你渴望获得不同的结果，就必须改变你的方法，或者改变你的产品，或者两者同时改变。"

在探讨"变"的主题时，人们或许会立刻联想到达尔文的著名论述：物竞天择，适者生存。然而，还有一句颇具启示性的话语，听后令人深思，尤其对于聪慧之人更具有指导意义：存留下来的生物并非最为庞大或强大的，而是那些最具适应性变化的。用当今通俗之语表达，即与时俱进。此词确实引人深思。企业家们应深入思考如何引领变革，如何在变革中寻求突破。古语有云："变则通，通则灵。"这是祖先传承下的智慧，我们应熟练运用，以应对时代变迁。

### "精灵通则"

当我们实施变革的时候，怎么按照零缺陷管理哲学进行推进呢？我只能给大家一个大的框架和路数。这一框架的核心是构建并培育质量文化。具体操作起来，首先就要做好变革管理，而其中的基本纲领，就是 PERI，俗称"精灵通则"，用四句话说清楚了创建质量文化的全过程：制定清楚的管理政策（P），教育（E）每一个人以形成共同的语言，为每一项工作确定正确的要求（R），坚持（I）符合所有的要求。

首先，P 是什么呢？P 就是 Policy，也就是政策。在企业里，管理层必须明确制定一个政策，并且清晰地传达给所有人。这个政策就是"第一次就把事情做对"。政策就像是管理者的"传话筒"，管理者想要什么，就要通过政策来传达。这一点非常关键，也非常重要。

政策一旦制定好了，接下来就是 E，也就是 Educating Everyone，也就是教育每一个人。教育是非常重要的，因为在谈论质量和管理的时候，大家需要有共同的语言和认知，否则根本没法沟通。这就像是我们之前提到的"通天塔"故事，如果人们没有共同的语言，就无法理解彼此，也就无法建立起有效的沟通。同样地，我们也可以参考电影《窈窕淑女》，这部电影也深刻地展示了语言的重要性和力量。

语言可以改变人们的思维模式，进而改变人们的行为，最终改变他们的人生。显然，企业文化教育的目的就是让大家拥有共同的语言，共同的行为。

接下来的第三步 R，Requirements，要求。需要我们明确优化过程，再开始具体的实施。

当然最后一条非常重要，I，Insist，坚持。要坚持符合所有的要求。

你们也都知道什么最难？坚持最难。克劳士比经常开玩笑说，就像我们结婚，第一年叫纸婚，第二年叫木婚，第三年叫做棉婚……坚持50年才能到金婚。企业家要有这样的觉悟，文化建设没有坚持三年五年，是不可能成功的，你必须坚持下去。

**信念是前提**

我们曾经在前面的章节中讨论过文化变革的四个阶段，即：形成信念、做出承诺、转化行动、持之以恒。其中，形成信念为前提，转化行动为核心，持之以恒为关键。这种方式与佛教的事上修炼、心上觉悟具有异曲同工之妙。

然而，许多人仅停留在知的层面，而未能真正知道。知与知道之间存在显著差异。知仅代表对事物的了解，而道则隐于知识的背后。要深入理解，有时需借助悟性。因此，管理者须坚定决心认识自身角色，明了在质量文化创建过程中，管理者的一言一行对整个组织的影响甚为关键。

管理层的决心在于对企业核心价值的深刻认识与坚定追求。下决心实施并非简单的宣传或会议讨论，而是需要具体、可衡量的标准来指导。公司的愿景、使命和战略方向不仅需要清晰阐述，还需有明确的评估机制。员工动力、满意度、质量标准、利润率、生产率以及长期目标、领导行为等关键因素，都需要具体、可量化的指标来衡量。为了确保每个员工都清楚自己的职责与角色，系统的教育培训不可或缺。

摩托罗拉公司一开始以教育为中心，在企业里主抓技能培训，尤其是对职工的培训。后来随着整个公司的发展，这种培训已经不能适应了，他们就引进了克劳士比的 QES（质量教育系统）模板，在企业内建立起自己的质量学院，后来随着发展的需要，逐渐把自己有特色的东西融进去，成为世界一流的企业大学——

摩托罗拉大学。克劳士比学院还先后帮助 3M、IBM、GM、施乐、米利肯等公司建立了他们的"质量学院",目的就是要解决怎么教育高层、怎么教育团队的问题。

须知,**教育既是自上而下的承诺,又是自下而上地改进和解决问题,必须以共同的语言贯穿其中。**就像统一文字,统一度量衡,统一制度一样,企业在进行变革的时候也一定要这样,首先就要形成共同的语言,共同的哲学思想,这是最基本的要求。

另外还要注意一点——如何把整个组织客户化?如何通过你的领导和梳理客户关注来获得质量?如何通过政策和战略分配资源,进而满足客户的需要?如何通过预防获得卓越的过程?如何坚持零缺陷的工作态度?如何计算你的代价,通过创新获得员工的满意度?

### 利润新支点

我们始终聚焦员工满意度的重要性。那么,员工、客户与利润三者之间究竟有着怎样的联系?他们之间的逻辑关系是否可以量化分析?

任何企业都以盈利为目标,但如何实现这一目标却需要深思熟虑。直接追求利润,往往事倍功半。有鉴于此,一家北美公司深入研究后得出结论:**当客户满意度提升 5% 时,公司的利润有望实现翻倍的增长。**这意味着,通过 5% 的努力,可以撬动 100% 的回报,这种杠杆效应令人印象深刻。

然而,背后的逻辑更为深刻。这家公司进一步发现:**若员工满意度提高 3%,客户满意度便会相应提升 5%,最终推动公司利润翻倍。**这揭示了提高员工满意度的根本意义,它是实现客户满意和利润增长的关键所在。

我一直这样认为,到了中国,这个比例应该会改变。中国员工太朴素,也太可爱了,管理者稍微对他好一点,他就真的能做到投桃报李。有的人为什么选择离开?我不止一次听过这样的话,"我特别希望的一件事就是我的老板,经过我身边的时候能拍拍我的肩膀,我就可以留下来了。我很多次有意等他下班,他不理我,所以我决定他再不理我,我就辞职了!"

但很多企业为什么觉得提高员工满意度很难?尤其是酒店业,比如一位服务员刚刚被罚款了,他返回岗位的时候能露出自然的笑脸吗?他不高兴客人也不会高兴，公司利润能上去吗？肯定不能。如果是餐厅服务员呢？恐怕客人以后再也不会来消费了。管理层反过来算一下，一个客户的流失会给企业带来多大的损失？一个员工的流失能带来多大的损失呢？

一个美国顾问公司统计过一组数据，数据表明：**一个核心骨干的流失会对整个公司三个月的业务产生影响**。这是很可怕的。甚至这个数字还可以具体细化到一个核心员工的流失，**对整个企业利润带来的影响是 0.5‰**。计算是非常重要的，可以直接对管理层带来帮助。只有这样才可能进行衡量和评估，如果没有这一点，谁去衡量？谁去评估？那不是自己给自己找麻烦吗？有了具体的数据，我们才能使用有效工具，才可能提高客户和员工的满意度。

### "尊重"的价值

员工的满意度与忠诚度从哪里来？克劳士比先生为学院制定了一个人人需要遵守的"价值观"——RESPECT（尊重），以期在组织内形成相互尊重的文化。

R—Remember：切记每个人都有自己的内心情感，即便是那些处于组织底层的员工。

E—Expect：期待杰出的表现，并让每个人都清楚你觉得他们都很优秀。

S—Start：相互以友好的问候开始每一天。

P—Plan：计划每一个过程，以确保结果的成功。

E—Educate：持续地教育每一个人，包括高管在内。

C—Correct：改正错误的问题，而不责备他人。

T—Truthfulness：人们往往用信任来衡量尊重的程度。

无独有偶，全球知名的人力资源咨询公司肯耐珂萨在员工敬业度调研方面也开发了一个 RESPECT 模型，并称其为"员工对雇主真正的需求点模型"[①]：

R—Reorganization：对员工工作的认可。

E—Exciting work：令人振奋的工作。

---

[①] 肯耐珂萨（Kenexa）公司在 2012 年使用 RESPECT 模型发布报告《全球与中国的调查结果：员工真正需要什么》，数据表明，除了薪酬（全球 25%，中国 31%）和真相（全球 10%，中国 7%）两项外，其他各项基本相同。

S—Security：安全感。

P—Pay：薪酬。

E—Educational and career growth：教育与职业生涯发展。

C—Condition：环境与工作条件。

T—Truth：真相或诚信透明公开公平的氛围。

肯耐珂萨针对全球范围内的"员工真正需要什么？"的主题进行了深入调研，并与中国的员工需求进行了对比分析。研究结果显示，中国员工与全球员工在需求方面并没有明显的特殊差异。这一发现对那些以中国员工的特殊需求为借口的管理者来说，应是一个警醒。我们反复强调质量的本质就是满足需要。因此，**深入了解员工真正的需要，将有助于我们更好地进行规划和行动，从而提升员工的满意度，并最终提高客户的满意度和忠诚度**。

问题是，员工不是个体而是身处每一个团队之中，相互的连接、协同与沟通，使得工作质量具有很大的改进空间。

> 在无困扰的公司里，职员们信心十足，因为管理者尊重他们并需要他们的输出。他们对工作的要求了解得很清楚，他们也有机会报告输入的情况。
>
> ——菲利浦·克劳士比

## 零缺陷行动五要务

我们知道第一次做对说起来容易做起来难。你是否有这样的经历？在某知名上市公司管理的四星级酒店举办会议，待到结账时遭遇发票的棘手问题，被告知需由财会部门处理；而在安排用餐时，又发现餐厅与酒店的其他部门分属不同部门管理，需另行沟通协调。这无疑给该酒店的营销经理带来了不小的困扰。他虽尽心尽力，但许多问题超出了他的控制范围，涉及多部门间的协同与沟通。这种跨部门合作与沟通的复杂性，确实是一大挑战。

因此，我们必须采取零缺陷行动，做好几件事情。

第一，我们要仔仔细细制订要求。这是一个基础且关键的步骤，然而，有时我们甚至对自身的需求都模糊不清。更为复杂的是第二件事，在明确了要求之后，我们还需要与他人协调工作以共同符合要求。这种沟通协作的能力，对于任何团队来说都至关重要。

我很早的时候看过一幅漫画，印象非常之深。它是这么画的：画了一个公司，然后各个部门画了一个碉堡。碉堡的上面打了一个旗帜，上面写着研发部、采购部、工程部……有些人把它叫做"烟囱式的组织结构"。

也有人将公司比作一个交响乐团。每个部门就如同乐团中的不同乐器，各自扮演着重要的角色。只有各个乐器和谐地演奏，才能创造出美妙的音乐。反之，如果乐器之间缺乏协调，那么整个乐团的表现就会大打折扣。因此，我们需要打破部门之间的壁垒，建立有效的沟通机制，确保团队能够像交响乐团一样，协同合作，共同达成目标。

### 为何总有"双标"？

第三，避免双重标准。我为什么要跟你的标准一样呢？你公司的标准为什么不跟我的标准一致？所以在很多的企业里面，当他一出了门，解放了，忘了自己的标准，他想干什么就干什么。当他上班的一刻，想起来了公司还有工作的标准，要求我不要这样，不要那样，不要乱抽烟，不要乱扔，是不是想起标准了？

第四，我们可能在工作场合中出现言行不一的现象，即在个人生活与公司规章之间徘徊。所以，即使我们宣誓承诺过，涉及个人利益时，也往往说一套做一套。

"小我"究竟指的是什么？如果要用一个比方来讲，它便是一颗土豆，或称为马铃薯。每个人都是独一无二的土豆，各自独立，鲜少交流。借用鲁迅的诗意表达，便是"躲进小楼成一统，管他春夏与秋冬"。然而，这种"小我"状态仅仅关注自我，缺乏"大我"意识。在此语境之下所派生出来的"大我"又是什么呢？那就是以"小我"为中心画同心圆：第一圈为父母和兄弟姐妹，第二圈为父母双方的亲戚，第三圈为同学和朋友，第四圈为同事……如此这般画下去，就形成了一个逐渐扩大的"熟人"社交网络，一个所谓的"大家庭"。

然而，这种"大我"观念仍然有所欠缺。最明显的不足是缺乏公共意识和公德心。在"小我"的圈子里，个体可能遵循一定的规则和准则，但一旦走出这个圈子，这些规则便不再适用。公共道德和群众利益变得模糊，个体行为变得自私自利，缺乏对他人的尊重和关心。

这种缺乏公共意识和公德心的状态是令人担忧的。它可能导致社会的不和谐与冲突，破坏人与人之间的信任和合作。

**公共意识**

唯有具备公共意识和公德心，我们才能稳固构建有效管理质量文化变革过程的基石。质量的核心在于利他主义，这是推动团队合作、沟通协调以及协同创新不可或缺的因素。若缺乏这一关键要素，我们所进行的沟通将只是浮于表面的交流，无法触及问题的核心。这种沟通，有人戏称为"沟兑"，意指心灵之间并未真正建立连接，只是用烈酒和划拳通过胃去与离得最近的心相连。

要实现真正的沟通，我们必须深入到心灵层面，建立共同的思想基础。只有这样，我们才能确保在讨论同一问题时，各方能够达成共识，避免用传统的观念来抵制新事物。为了成为具有世界级竞争力的一流企业，我们必须致力于夯实这一思想基础，确保我们的沟通与合作真正富有成效。

## 师生对话

**杨钢**：报告错误不要害怕。你害怕吗？害怕什么？

**学员**：当然害怕。

**杨钢**：为什么害怕？给一个害怕的理由。

**众学员**：因为人们做事马马虎虎，或者是能力不行，所以自然而然就有一个特点就是害怕。

**杨钢**：那你害怕什么？

**学员甲**：就是分析来分析去，最后完成自己的事。

**学员乙**：坦率地说，我不害怕。当我解决不了的时候，会吸取老板的知识，如果还是有问题，也许是这个氛围不一样。

**杨钢**：你这是典型的诺基亚风格。这是他们的文化，上次"500强"会议上，你们的大老板说，我们跟对手相比，技术上说没有什么，但我们强的是文化。他可以感到自豪，看来文化已经影响到你了，所以你不害怕。

**学员丙**：我们也不害怕，我想也跟文化有关，我们不提倡惩罚，我们提倡去做，但是我们鼓励第一次就做对。

**学员丁**：关键就是对错误的分析，分析错误是什么原因造成的，是不是确实是能力不足。作为雇佣者对这个进行分析，不能犯错误就害怕，也应该有不害怕的时候。

**杨钢**：是啊，有太多的理由让我们害怕。除此之外，我们还怕什么？难道你们不害怕？如果你们不害怕，我们再换一个话题：报告错误不害怕，我们再加一个：赞赏别人，或被别人赞赏时不要害怕。为什么被别人赞赏要害怕？为什么表扬别人还害怕？

**众学员**：因为赞赏别人，就是贬低自己嘛。（笑声）

表扬错了。（笑声）

有时候表扬别人，就排错队了。（笑声）

很吝啬。还是跟文化有关。

**杨钢**：我们给他们点儿掌声。（掌声）谢谢！大家看到没有？你们会发现，管理更多的时候，尤其当你做了经理，就会更多地发现这些问题，才是你要关注的。表扬也不成，批评也不行，大家也不愿意报告错误，我们如何解决问题呢？我们如何发现问题呢？显然发现什么问题呢？那些没人要的，那些疑难杂症，也就是发现了谁也解决不了的。

这是什么问题？文化。我们说的质量文化。质量经营很重要的一点，就是质量文化。

## 一藏一拿

有一家企业，属于国有企业，过去的态度是避免错误，生怕受到罚款处罚。于是，当员工遇到问题，大家的反应是迅速掩盖；犯了错误，也是尽量掩饰；随后，将责任推卸给他人，假装视而不见；若实在无人承担，便将问题隐藏。然而，问题真的因掩盖而消失了吗？显然并非如此。员工们为此深感困扰。

后来，这家企业开始与一家美国公司展开合资。这家美国公司拥有明确的管理理念：犯错并不可怕，真正可怕的是重复犯错误。因此，每位员工在犯错时，只需勇于承认，并将问题上报。管理者，即员工的经理，会协助解决问题。这一优秀的理念使得企业员工在遇到问题时，都能坦然面对并寻求帮助。

试想，一个企业面对错误，选择掩盖，藏起来；另一个企业则敢于面对，拿出来。这两种截然不同的态度，体现了企业文化在潜移默化中发生了改变。

我遇到不少就职于知名的合资或国际"500强"企业的学员，在参观过其母公司或其他国外企业后，会产生疑问：杨老师，为何我们的厂房更新、设备更先进、环境更优美，员工更年轻、学历更高，但国外有些企业运作起来却比我们更出色呢？这背后的原因究竟何在？难道仅仅是表面上的差异吗？并非如此，实际上，**这背后反映的是不同的心态和心智模式**。

**预防文化**

零缺陷行动的第五件事是**高度重视预防**。关于预防，我们前面谈了很多。预防者是默默无闻的幕后英雄，而"救火"者往往是轰轰烈烈的大英雄。在很多企业都有"救火"的文化，因为"救火"显得你很有能力，关键时刻冲在前。可有些当"救火"英雄的人，往往是自己"点火"自己去"救"。

有一位年轻人因这样做最终还"篡夺"了权力，此事颇为严重，应引起高层领导的警惕。在浙江有一家民营企业，面临诸多技术难题，因无人精通技术，故问题无法解决。关键时刻，此年轻人挺身而出，声称问题并不复杂，无需外人，主动尝试解决。他调整了一些数据，果然奏效。老板对其颇为赞赏，遂予提拔。随后，企业再遇难题，此人再度解决，得以再次晋升。如此反复，他已升至高层。

此时，他向老板提出团队人才缺口问题，强调需要的不仅是个人的能力，更是一个团队和系统。老板迅速回应，承诺提供必要资源，委托他负责招聘。然而，老板未料到此人巧妙地整合人脉，关键岗位上均是他的人。随后，他坚定地向老板提出一个要求："要么您离开，要么我离开。"老板面临困境，最终妥协，提出解决方案："我可以给你股份，但具体操作需要你自己决定。"结果，老板担任董事长，而此年轻人成为总经理。

尽管此故事可能略显夸张，但确实反映了"救火"文化的实质。因此，**管理者应时刻警惕团队内部人才动态，并深刻理解预防文化的重要性。**

我们说预防是一种文化，但非常不幸的是，我们现在很多的组织里面，大家都喜欢"救火"的文化。当一个组织"救火"文化盛行的时候，没有人去做预防，也看不见这个预防。

这就对管理者提出的严重话题：我们用什么样的政策，才有可能让大家第一次做对，才有可能让大家预防呢？

**如何第一次做对呢？**

如何第一次做对呢？有没有可能？第一次产生效果可以吗？有没有这样的事例跟大家共享一下？只有让他怎么做，才能产生效果？

巴顿将军在二战期间，他接到一个报告，说前线很多士兵死了，不是因为打仗而是跳伞的时候降落伞有问题。他并不说话，就带着士兵到后方生产降落伞的工厂去。到那之后也没说什么，就下令他们所有的人都开始工作不要受此影响，继续工作。

他住在那里，看着手表。一小时过去了，他站起来，命令所有的人都站着别动。每一个员工都站在自己生产的伞旁边等待命令。随后，所有的人都抱着自己生产的降落伞出去上了飞机。结果，许多人都没有回来，摔死了。巴顿将军对他们说：从今天开始，我将不定期抽查你们。他走了。再接到的报告，再也没有因为降落伞有缺陷而摔死的。

这个故事对我们有什么启示呢？我们有很多的借口，认为一些事根本不可能做到，不可能一次做到，做到99%已经非常完美了。但是，借口的背后是双重标准。只有在我们个人的价值观和整个组织的价值观以及客户或使用者的价值观三位一体的情况下，才可能第一次做对。如果仅仅是个人和公司的价值观还不能一次做对，只有三位一体才有可能第一次做对。

### 如何第一次做对呢？

如何第一次做对呢？有没有可能？第一次产生效果可以吗？有没有这样的事例跟大家共享一下？只有让他怎么做，才能产生效果？

战争期间，巴顿将军接到一个报告，说前线很多士兵死了，不是因为打仗而是跳伞的时候降落伞有问题。他二话不说，就带着士兵到后方生产降落伞的工厂去。到那之后也没说什么，就下令他们所有人都开始工作不要受此影响，继续工作。

他住在那里，看着手表。一小时过去了，他站起来，命令所有人都站着别动。每一个员工都站在自己生产的伞旁边等待命令。随后，他命令所有人都抱着自己生产的降落伞出去上了飞机进行跳伞。结果，许多人都没有回来，摔死了。巴顿将军对他们说：从今天开始，我将不定期抽查你们。他走了。巴顿将军之后再也没有接到士兵因为降落伞有缺陷而摔死的报告。

这个故事对我们有什么启示呢？我们有很多借口，认为一些事根本不可能做到，不可能一次做到，做到99%已经非常完美了。但是，借口的背后是双重标准。只有在我们个人的价值观和整个组织的价值观以及客户或使用者的价值观三位一体的情况下，才可能第一次做对。如果仅仅是个人和公司的价值观还不能一次做对，只有三位一体才有可能第一次做对。

### 师生对话

**杨钢**：故事有什么启示呢？在实际工作中，我们从故事中能不能有所启示？

**学员**：我觉得巴顿将军给员工——按照厂商给他们换位思考，就是让他们变成产品使用者，这时他们考虑问题角度就会两样。比如啤酒厂可以让他们的员工喝自己的啤酒，汽车厂可以让他们的员工开自己生产的汽车，就会发现很多的问题。

当我们第一次向员工出售汽车的时候，就做了质量反馈，都是自己开，因为我们推广一个制度给自己的员工了，员工自己开，员工他们既生产轿车又开轿车，他们自己对轿车的感受，再反馈到我们质量部。这就是换位思考，不仅是生产者，而且自己就是使用者。所以换位地考虑比较有效果。

**杨钢**：谢谢，我们给他掌声。（掌声）其他人有没有例证分享？或者是你们实际有做法也可以。除了换位思考，还有一些企业施行内部缺陷赔偿制度，谁做错了谁买回去，大家突然不敢做错了，因为汽车的零件买回去没有什么用，手机买回去还有用，但是买多了也没有用。方法可以创新，但是基本的思路应该是一样的，有没有人有一个好的案例，跟大家来沟通？

**学员：** 我刚才听了你的故事有一种冲动，有必要讲出来。我去年看到一篇文章，也是战争时期的故事。

战争结束后，他荣耀地回到了故乡，人们热情地欢迎他。其中一位乡民迫不及待地走向他，急切地说："你还记得我吗？"他摇头表示不记得。乡民继续追问："那你是否记得上飞机时，是谁帮你固定降落伞的？"他再次摇头。

乡民感慨地说："那就是我了。当时我给你系降落伞时，深知你的生命可能悬于一线，因此我格外小心。后来听说你安全归来，我深感欣慰。现在看到你，我忍不住想和你分享这段经历。"他听后，心中充满感激。

**一个人的行动，无论大小，都可能在他人的生命中留下深刻的印记。我们应该珍惜这些瞬间，让感恩与回忆永存。**

一个人，当他要考虑到他的产品会造成什么影响，假如像老师讲的，这个后果由他自己负担的时候，他就会重视这个东西，这是我的感受。

**杨钢：** 给她鼓掌！（掌声）。有一家叫约翰·迪尔（John Deer）的美国公司，一百年来没有改名，像沃尔玛一样，是从农村出来的，做农机起家的，非常质朴的公司。这家企业高级经理都有自己的农庄，上班就上班，下班就开着各种农机干活；有问题马上反馈，马上改进。他们自己就是使用者。所以，他们公司才可以延续这么长时间。

事实上，很多成功的做法抽象出来后，都会发现这一点。

如果可以用一种管理的理论打破双重标准，那是什么？一定是外力。外力是什么？用什么做外力，这是每个高级管理者必须思考的。找到了这个外力，就找到了一个支点。三点才平衡，才有可能真正让你的整个文化开始调节。如果找不到，企业还是要摇晃不止的。

要改变心智，就从改变习惯开始，丢弃幼稚的东西，才能搭上零缺陷的快车，不然就会落后被淘汰。

什么叫做幼稚的东西，什么叫做习惯的东西？每个人都明白一个道理，一个心理学上的定律：一个人的性格决定了他做人做事的方式；一个人做人做事的方式又决定了他的一种习惯；而一个习惯又最后决定他的命运——所谓习惯决定命运。这是心理学得出的一个规律，而管理者就应该善于利用心理学的规律。

换言之，要改变一个人的命运，就要改变他做人做事的方式，而改变他做人做事方式，先要改变他的习惯。用这种心理的观念往前推，这样才有可能真正帮助每一个员工。你如果真心地这样做，我坚信每一个员工都会喜欢你，伸开双臂拥抱你的。

> 人们可能因为一点原因而得了心脏病，而导致肺癌的原因可能仅仅是吸烟，仅此而已。肥胖和压力引起高血压。如果花的比自己挣的还多，那么你便会有经济困难。原因虽简单，但是要想克服它们却需要想办法，需要教育和努力。
>
> ——菲利浦·克劳士比

## 如何构建改进行动系统？

有时我在想，找出客户的麻烦其实并不困难，困难似乎来自此过程中会为自己招惹许多麻烦。所以，没有人愿意主动看看我们到底为客户提供了什么样的产品和服务，然后确定客户想得到什么样的产品和服务。当质量、成本和进度之间产生矛盾的时候，大家也不愿意坚持提供已承诺的产品和服务。更糟的是，那些愿意这样做的人得不到应有的赞赏和鼓励，而那些认为不可能做到的人反而大受表扬。

换句话说，我们必须首先发现问题、报告问题，然后才有可能解决问题、根除问题。但人们往往会对你说：我们现在的问题是，许多问题被发现了，我们也报告上去了，可就是得不到根除。时不时地，相同的问题总是一再出现。该如何有效地消除问题呢？

对于这个困惑，我相信你们自己都有大量的方法和工具能够解决。是否有效，那是另一回事了。

一旦我们发现了错误，并计算出了 PONC，就是我们采取行动，消除代价的时候了。但是必须牢记克劳士比先生的教诲："正式改正行动系统的观念，就是让每一个人习惯于解决和预防问题，而不是学着与问题为伍。"

### 解决问题"五步法"

如何解决问题、消除 PONC 呢？经过长期的实践，克劳士比学院开发出一套简单而实效的工具——"五步法"或"消除不符合项的五个步骤"。如表 16-1 所示。

表 16-1　五步法

| 步骤 | 内容 |
| --- | --- |
| 1. 确定状况 | 清楚地描述问题：频率，结果<br>拟定解决计划：谁参加，完成衡量，解决日 |
| 2. 不符合项的补救 | 返工或修理，报废，更换 |
| 3. 确认根本原因 | 重审要求，根本原因分析 |
| 4. 采取更正行动 | 发生，选择，计划与沟通，实施 |
| 5. 评估与跟踪检查 | 与完成的衡量比较，审核，调查，非正式的复查 |

你会发现，它基本上是许多解决问题工具的思维"原型"及基本的解题逻辑，比如"8D 法"。所以，它跟"过程模式作业表"和"衡量作业表"一样，属于每一个人应知应会的简单易用的工具，而不是只供少数专业质量人员和工程技术人员使用的工具。

需要说明的是，"五步法"表面看起来非常简单，实则大有玄机并不简单。

## 师生对话

**杨钢：**你们是怎么报告问题的？

**学员：**我们的问题来自市场反馈。我们有一个专门受理反馈的部门，最后将问题汇总后交给质量决策组。

**杨钢：**通过什么方式来描述不同的问题？

**学员**：分类法。

**杨钢**：就是对问题进行分类描述，对吧？我们这里叫"确定状况"。二者的不同之处在于，在确定状况的时候，我们强调的是"清楚地描述问题"——清楚，而不是模糊。它包含三层含义：第一，重数据，用数据说话，有数据才能清楚。第二，不要说原因，往往一说原因就有一种先入为主的印象。谁敢保证自己对公司所有的事情都了如指掌呢？不能。既然不能，凭什么说某件事是某个原因造成的呢？如果你要肯定某个原因，是不是经验主义在作怪呢？往往是这样的。所以，一定要说明为何不符合要求，而不只是单纯地指责相关责任人。第三，使用PONC说明问题的大小。

总结一下：第一说数据，第二说事实，第三说钱。有哪家公司是这样做的？

**学员**：我想以工作投诉为例来谈谈。在我们公司成立初期，曾经发生过一起投诉事件。后来经过检验发现原来是一个检验员贴了一个不合格标签。其实产品本身已经经过检验合格了，可最后直到包装阶段也没有人伸手把那个不合格的标签拿掉，这件"不合格品"这样就出厂了。我们都是汽运发货的，客户发现了不合格的标签便质问我们。我们质检部的经理飞到那边去了解情况，客户坚决要求退货，来回的运输费用要花费好几万元，并且我们还不能耽误客户的工期。在这种情况下，我们不得不进行紧急生产，前后损失将近20万元。

这件事过去之后，大家开了一个会，分析了哪些部门的预防工作没有做好才导致了这起事件的发生。我们最终没有惩罚员工，只是把责任划分清楚了。这个PONC对大家的影响很大，同时我们也借由这个案例，理顺了过去企业中不甚清楚的部门责任划分。

**杨钢**：吃一堑长一智，挺好的。改进工作的时候，我们一定要清楚描述问题，这一点很重要。比如有人说，"我朋友真马虎，把照片都洗坏了，我损失很大。"这个问题表述得清楚吗？根本不清楚。还有说"张三这个人怎么又犯错误了？"描述清楚吗？肯定不清楚，而且这句话本身就充满了指责的意味。那到底该如何把问题有效地讲清楚呢？

举一个例子，比如财务部门有几个工作人员因为工作失误开错发票了，最后不得不重新开发票。作为领导，如果我说："你们怎么又把发票开错了？

很多学生都在抱怨你们知道吗?"这种场景是很常见的,如果你是当事人,面对这样的指责,你会觉得生气吗?不仅生气而且挨骂之后也不知道原因出在哪里。如果我们这样描述会不会好一点呢?工作人员有12张发票的票面书写不清,为此,需要财务部门的一名员工用两个小时进行更正。

这件事情造成的 PONC 出来了没有?出来了。问题讲清楚了没有?也讲清楚了。任何人看到这个问题的时候,很容易就能算出来这件事情带来的损失是多少了,也会很方便地解决问题了。

**建立改正行动系统**

想解决问题就需要改进系统,如何建立?如何识别、排序和选择麻烦与问题?如何指定适当的人员?如何提供使用该系统的工具?如何赞赏与总结团队的成果和经验?任何实施工作都会有一个套路,我只能简单说说套路该怎样做,这是其中一个问题。当我们做所有项目的时候,把所有的工作都当作项目管理时,实际上会面临另外一个问题:如何成功地管理项目?

我们这里要着重强调的是,问题不在于我们是否具有强大的解决问题的工具箱或一个看上去很酷的系统,而在于你能否抓住真正的问题。换言之,人们是否愿意暴露真正的问题,还是大事化小、小事化了就算了?人们是否愿意解决那些总是困扰着他们又挥之不去的小问题,抑或听之任之,在问题中渐渐变得麻木?这才是关键。

显然,没有人愿意主动发现和暴露问题,尤其是基层员工们在日常工作中所面临的各种麻烦和不便。因此,通过建立改正行动系统在企业内部解决"扫楼梯"问题,同样需立足于客户需求,即**从为员工减轻困扰、消除麻烦出发,自上而下逐层清理**。

建立一个有效的改正行动系统,可归纳为"三个问题"和"四个要点"。如图 16-1 所示。

**改正行动概述清单**

```
三个问题                          四个要点

  问题是什么                       明确的程序、持续的管理
                                   参与和使用该系统的特定
                                   教育

  谁在处理这个问题                 根据对情况的分析，反映
                                   一个已记录的正式变化，
                                   该变化将影响到有问题过
                                   程的一个输入

  当前的状态如何                   具有专注于特定问题的
                                   改正行动团队（CAT）

                                   简单易懂，便于向组织、
                                   客户和供应商解释
```

图 16-1 改正行动概述清单

为什么要采用系统的改正行动方法？**主要基于以下四个理由**：

首先，它能够明确识别出需要解决的问题，并对其进行合理地排序和选择，确保优先处理最重要的事项；

其次，通过系统地指定合适的人员或团队来负责改正行动，可以提高解决问题的效率和准确性；

再次，系统改正行动注重持续监督，确保问题得到彻底解决，而不是仅仅进行表面的处理；

最后，它强调对参与人员的赞赏和表彰，并在问题解决后适时解散团队，以保持组织的活力和灵活性。这些理由共同构成了使用系统改正行动方法的重要基础。

因此，**以下是我们必须认真考虑的事项**：

首先，系统必须具备处理内部和外部（客户与供应商）问题的能力；

其次，我们需要避免过多的官僚主义，保持高效运作；

再次，我们要力求简化流程，避免复杂性，同时要防止任何绕过系统的行为；

最后，管理层的参与是系统改进工作不可或缺的部分。

**改正行动系统旨在解决存在的问题、消除不符合项或削减 PONC。** 关于

PONC 的基本概念、要素及计算方法等，在前述章节中已作详尽阐述。至于如何设计、构建 PONC 数据收集、报告及应用系统，以及企业最佳实践，均在《质与量的未来》一书中有详细论述，此处不再累述。

> 所有的上层人士在处理战略性问题上是值得称道的，但是他们对生产第一线上发生了什么却一无所知……
>
> ……除非每个人都能认识到改进的必要性，否则将没有机会进行改进。
>
> ——菲利浦·克劳士比

### 团队协作的模式

系统的改进工作务必依赖跨职能团队的协同合作。通过集结各方智慧与专长，我们不仅能够实现知识的互补，还能促进组织内部不同部门间的深度沟通与协作。这种协同作战的模式有助于我们更准确地把握改进的必要性，并及时分享改进的进展情况，从而确保整个改进过程的有序和高效。

**以团队协作为基础的改正行动，也可称之为"共同改进行动计划"。** 而为了让这个计划更有条理，我们还有一个"共同改进计划表单"作为辅助工具，非常实用。它为我们提供了一个清晰的框架，帮助我们可以让团队的力量得到充分发挥，大家齐心协力，一起找出问题、解决问题。

然而，团队究竟是什么？**仅仅将一些人聚集在一起并不能称之为团队，更像是一个团伙。** 如果团队的设计不当，便无法激发成员的积极参与并产生成员间的互动，从而导致时间和资源的浪费。

因此，深入理解团队的类型，是设计高效团队的关键。德鲁克先生提出，**尽管团队类型繁多，但核心可归结为三种：网球双打式团队、棒球式团队和足球式团队。** 这种以体育比赛为比喻的方式，为我们提供了深刻的洞见。即便我们不常打网球，但从羽毛球等运动中，我们也能体会到双打团队的默契与配合。棒球式团队虽然对我们来说较为陌生，但若以医疗手术团队为例，便能迅速领悟其协同合作的精髓。而足球式团队的协同作战特点更是显而易见。

观察我们的实际情况，结合中国人的性格特质，我们不难发现，我们更擅长构建网球双打式团队，特别是在有权威核心成员的引领下，团队成员之间能够形成默契的棒球式合作。然而，足球式团队所需的多元协作与领导力，显然并非我们的强项。因此，在构建团队时，我们需要明确自己的优势和不足，并选择适合团队类型的策略和方法。

每个人均隶属于某个团队，但又有多少人会自省自己在团队中的职责、行动是否得当、何处需要改进？不符合要求的代价是什么？如何持续优化过程？若每位员工都能时常反思这些问题，并对自身表现进行评估，团队是否能得到提升？

**要构建一个优秀的团队，必须遵循一定的规则和章程**。团队应包含所有部门经理和中层干部，并在各个层级中代表整个团队。这样才能确保信息的畅通无阻。团队需具备明确的结构和成员使命，以及具体的执行步骤。

通常，我们可以这样实施：管理层运用质量管理团队，包括若干创新工作小组，围绕这些小组进行质量教育和培训；同时，还需注重信息沟通与传播。在面对企业潜在的诸多难题时，可以组建一个改进团队，汇集优秀的工艺人员和技术人员，帮助他们迅速解决基层人员遇到的问题，从而实现团队的效能。

团队要有自己的使命，使命在哪里？无非是帮助整个组织定位，重新检讨质量政策和质量方针。**团队成员应该不断自问**：我们将成为什么？我们要做什么？我们是谁？开会时要怎么做？如何进行基本运行？怎么衡量质量状况？

最重要的是要确定：你的客户期望是什么？你的竞争优势是什么？在这两个基础上才能站在客户和竞争对手的角度制定目标，绝不能关起门来定目标。目标确定之后就要制定战略，确定自己的关键过程，一步步实施量化的方法。

除此之外，客户是谁？如何确定客户的期望？也需要有明确的答案。答案来自哪里？来自市场调研，来于顾客的直接反馈，或者说媒体的报道。如何确定竞争对手的优势？不要去猜测竞争对手的实力，不要想当然，必须走出你的行业，因为"不识庐山真面目，只缘身在此山中"。很多时候跳出自己的行业，才能看清楚市场。

如果克劳士比不是学医的，他可能不如很多人。但是，他恰恰一开始学的不是管理，因此站在另一个角度，他总是能马上感受到某个行业存在的问题。

## 第 16 章 · "甩掉肉"：开始新工作方式！

### 成功的故事：扭转乾坤的传奇

在山东济南的工业浪潮中，有一家名为西门子变压器有限公司（STCL）的企业，它曾是这片土地上一个不起眼的名字。然而，在过去的几年里，这家公司上演了一场精彩绝伦的逆袭之战，从深陷赤字泥潭到以市场两倍的速度飞速增长，他们完成了一项"不可能完成的任务"。这一切的秘诀，就隐藏在三个"P"字之中——员工（People）、产品（Products）和流程（Processes），而贯穿其中的，是那份对客户无尽的关怀与敬畏。

#### 严以为事　宽以待人

时间的指针拨回到 2002 年 4 月，一个名叫魏思博的人走马上任，成为这家公司的总经理。面对的是一个岌岌可危的烂摊子——2001 财年，亏损高达 2 亿多元，员工之间互相指责，士气低落。然而，魏思博并没有急于挥起铁腕整顿，而是选择了另一种方式。

"在此地，面子至关重要。"魏思博深感不已。他深知，若直接公开谴责及惩处犯错员工，反而可能促使他们逃避责任，并将过错归咎于他人。为解决这些问题，不能仅依赖简单的惩罚与指责，而是需寻求一种方法，使员工能卸下心防，共同应对挑战。因此，他提出了一项颇具胆识的举措——变革企业文化，从惩罚转向激励。

他深知，**要想实现一个不断改进的良性循环，关键在于激发员工的内在动力。**因此，他不再过多讨论责任的问题，而是鼓励员工们把精力集中在寻找导致问题的原因上。他相信，只有通过共同努力和持续改进，才能让 STCL 重新焕发生机。

#### 质量之种　播种心田

为了促进这一转变，魏思博引入了一种名为"克劳士比质量管理教育"的理念。这是一种全新的管理方式，旨在营造一种经理和员工共同为提高绩效和持续改进而努力工作的环境。通过零缺陷管理，公司可以更加系统地发现有待改进的地方，确定预期投资收益率，并审查现有质量体系或措施。

2002年11月的一个晴朗午后，西门子变压器有限公司的管理团队迎来了一次具有里程碑意义的综合质量培训。魏思博亲自参与并主导了这次培训。他向管理团队传达了克劳士比质量管理的核心理念——以预防质量问题为导向的企业文化。

紧接着，7名高管被选中成为公司的质量导师。他们被赋予了重要的使命——将Crosby质量管理教育的精髓传递给每一位员工。这7位导师们怀着满腔的热情和使命感，投入到了这场质量革命的浪潮中。

在接下来的日子里，公司内掀起了一股学习质量管理的热潮。员工们纷纷参与到各种质量改进项目中来，积极提出自己的建议和意见。他们不再是一味地指责和抱怨，而是开始关注如何通过自己的努力来改善工作流程和产品质量。

时任知识部经理的林蔚女士介绍说："员工的工作态度发生了喜人的变化。他们过去总是说：'这不关我的事，我的工作已经做完了'，而现在他们会主动向其他同事征求意见：'我的工作达到你的要求了吗？'"

在这股热潮的推动下，STCL逐渐实现了从惩罚到鼓励的企业文化转变。员工们的积极性和创造力得到了极大地激发，他们开始以更加饱满的热情投入到工作中去。而这一切的变化，都离不开魏思博的智慧和勇气。

这不仅仅是一场培训，更是一场心灵的洗礼。员工们开始自发地寻找工作中的改进点，他们提出了数百个改进方案，每一个都凝聚着他们对质量的执着追求。其中有一个工程师，他注意到一个小小的生产环节，通过改进，竟然为公司节省了上百万元的成本。这些小小的改进，汇聚成了公司复兴的洪流。

### 持续改进　流程优化

然而，魏思博并没有满足于现状。在这场质量革命的浪潮中，他又引入了一个以数据为基础，追求极致的"六西格玛"质量工程项目。在魏思博的引导下，员工们学会了用数据说话，用事实分析。他们针对生产流程中的每一个关键环节，制定了详尽的改善计划。

每一个生产环节都被细致地分析，每一个可能导致质量问题的因素都被找出来并予以解决。**员工们开始意识到，他们不仅仅是生产线上的一个螺丝钉，而是公司这艘巨轮上不可或缺的一部分**。那些曾经困扰他们的难题，如线圈换位的问题、材料浪费的问题等，都在六西格玛的魔法下，一一得到了解决。

比如，饼式线圈换位质量改进项目，这是整个生产过程中最重要的环节之一。项目伊始，团队就找出了最常见的质量缺陷，并提出了解决问题的具体措施。例如，项目团队发现最突出的质量缺陷存在于换位区域：如果导线和垫块之间的距离不足 10 毫米，绝缘材料就可能被损坏。为了解决这一问题，项目小组采取了多种改进方案，其中之一就是一种换位计算程序，有了这种程序，就可以自动计算换位区域，而不是像过去那样单纯依靠工人的经验。这一程序大大提高了精确性，减少了缺陷。

在这些解决方案的基础上，公司制定了相应的标准，并对员工进行培训，帮助他们在日常工作中采用这些标准。这一改进项目取得了非常好的效果：在项目实施的前 4 个月，线圈换位制造的西格玛值上升了 0.6，这意味着每年可以节省 3705 个机时，生产周期缩短了 16%，返工率降低了 70%。

通过不懈的流程优化，西门子变压器有限公司在过去几年中取得了显著的成绩：2003 财年底，公司因在所有变压器生产单位中实现最短生产周期而荣获了西门子输配电集团颁发的最短生产周期奖。整个公司的平均西格玛值从 3.0 上升到 3.8，这个成绩相当不错，因为全球行业的平均值只有 3.5。在不增加人力和物力的情况下，公司年产量从 2900 MVA 增至 9200 MVA，增长了三倍多，几乎是公司设计产能（5000 MVA）的两倍。这些成绩当然给公司净利润带来了积极的影响。

2004 年，西门子变压器有限公司的经济增加值（EVA）首次出现正值。对于在流程优化中取得的成果，魏思博强调这只是一个开始。他说："质量改进永远没有尽头。我们希望能够更好地发现改进目标，明确改进方案。将大项目分割成若干个更易于管理的小项目，从而取得更好的成绩。"

### 客户至上　赢得未来

在这个过程中,魏思博始终强调客户的重要性。他深知,只有真正满足客户的需求,才能赢得市场的认可。因此,公司不断与客户沟通交流,了解他们的真实需求,并根据需求对产品进行改进和优化。公司订单澄清经理王成锏说:"客户的确最关心产品的质量和可靠性,但同样重要的是,我们必须坚持以客户为本,积极与客户交流,满足他们的特定需求。只有这样,我们才能充分利用我们的高品质赢得更多的客户。"

不同国家和地区的客户对变压器有着不同的品质要求。例如,西门子拥有非常成熟的变压器噪音控制技术,这是根据德国客户的需求开发的。但是,大多数中国客户对噪音控制并没有这么高的要求,他们也不愿意为这一并不需要的高性能支付相应的价格。为了满足本地客户的需求,必须对噪音控制的相关技术和规格进行适当修改。电磁设计工程师迟主升说:"由于我们在生产中应用的所有技术都已经在反复试验和实践中得到验证,因此任何改动都会对产品的质量和可靠性带来危害。"

很快,公司的努力得到了回报。他们的产品开始在市场上崭露头角,赢得了客户的广泛好评。订单量不断增加,公司业绩也开始节节攀升。从赤字连连到盈利丰厚,他们只用了短短三年的时间就完成了这一华丽的转身。

如今,西门子变压器有限公司已经成为行业内的佼佼者。他们用自己的实际行动证明了那句古老的中国谚语——"事在人为"。他们用自己的汗水和智慧谱写了一曲属于STCL的赞歌!

## 给质量颁一个奖吧!

美国《商业周刊》曾经撰文说:"没有谁能像克劳士比那样激起人们对质量的狂热……克劳士比的客户名单列出来就像美国的成功企业名录,其中的一些公司,包括通用汽车、米利肯和宝洁公司都赢得了克劳士比自己的质量奖——质量迷奖。"这个奖也叫零缺陷迷奖(ZD Fanatics),是克劳士比先生亲创的,其标准简明扼要，也是我们学院自己的内部的行为准则：

F—First：首先，决定你需要采取 ZD 战略。

A—Announce：并宣布一项清楚而明确的质量政策。

N—Next：其次，通过行动展示管理层的决心。

A—Assure：确保每一个人都接受教育，以便能够实施质量改进。

T—Then：然后，要动手根除向"不符合"妥协的机会。

I—Insist：坚持每一家供应商都这样做。

C—Convince：说服每一个人使他们明白大家本来就是相互依存的。

S—Satisfy：让客户满意是第一以及随时随地都要做的事情。

1995 年世界最大的专业组织之一"美国竞争力协会"（ASC，American Society for Competitiveness）专门设立了"克劳士比大奖"（Philip B. Crosby Medals）用于奖励全球在质量与竞争力方面具有杰出成就的企业和个人，获奖者包括：IBM、BMW、GE、米利肯、可口可乐、SCI 系统、朗讯科技和福特汽车以及前美国驻联合国大使安德鲁·扬等。

我们在国内同样致力于发掘、培育各行各业的佼佼者，以及组织中的"十佳首席质量官（CQO）"和"十佳质量总监（CQD）"。通过对他们所取得成就的赞誉、认可和交流，旨在激励和表彰在零缺陷管理实践和研究领域作出卓越贡献的个人和组织。我们已陆续向包括中国航天科技集团、华为公司、TCL 华星、兴森科技、太和医院等在内的优胜者和实践者颁发了"零缺陷奖章"。

什么是榜样？我们应当尊崇何种榜样？"零缺陷大奖"的评判准则应该是怎样的？此处列举一个中小型制造企业的榜样标准，供大家参照检验。正如孔圣所言："见贤思齐焉，见不贤而内自省也。"

## 成功的故事：剑桥大学 CIE 欢庆"零缺陷日"

剑桥国际考试（CIE）在 2000 年 11 月 1 日迎来了第一个"零缺陷日"（Zero Defects Day）。CIE 是世界著名的英语教育组织和最大的教育评估机构"剑桥大学考试委员会"（UCLES）的一部分，主要为全球各国政府的部长级官员提供一系列高质量的教育、评估和服务。

CIE "零缺陷日"，标志着 CIE 采用克劳士比质量解决方案改进其过程和工作结构走过了一年的道路，是一种对我们的员工取得这种过程改进成果的庆典。出席 UCLES 企业理事会议的成员包括 UCLES、OCR（牛津、剑桥和 RSA 考试）、CIE、EFL（剑桥英语为外语考试）的 CEO 以及各团体的总监，他们强调整个企业联合会开展质量计划的重要性。

这一天是大家共同的日子，许多来宾和 CIE 的员工们纷纷踊跃发言。CIE 的 CEO，肯·默里（Ken Murray）先生省思了 CIE 开始实施克劳士比质量解决方案以来所取得的进展，大家惊喜地看到，该质量解决方案已经有效地帮助 CIE 优化了流程，并削减了营运成本。另外，他强调指出，CIE 仍需要持续地探索那些要改进的领域，并不断地追问那些失败的原因。

CIE 的克劳士比学院顾问迈克·赫顿（Michael Hutton）先生，分析了 CIE 应用质量的工具取得了巨大成功的原因，他特别指出，对全体员工进行"质量教育制度"（QES）和"质量工作小组"（QWG）教育的培训，并指导他们实际地应用到那些需要改进的领域，将是在下一年主要关注的事情。

紧接着迈克的发言，TSB 劳艾德的战略变革及质量总监罗杰·克里夫博士走上讲台，他向大家表明：一家已经运用克劳士比质量解决方案多年的上市公司，如何能够成功地应用该方案去大规模地改进其运营和过程，同时，仍然能够通过一个全面的赞赏计划吸引着组织中各阶层的员工，使他们乐于此道。最后，CIE 的新加坡代表 Tan Kian Hock（陈建福）先生以及朱迪思·克拉克先生和卢纳·菲布尔先生让与会者分享了克劳士比质量解决方案如何影响并改变了他们的工作和生活的经验。

演讲结束后，作为 CIE 庆祝活动的安排，非正式的自助午餐开始。在那里，员工们能够自由地讨论演讲者们提到的质量改进计划的经验和价值。

探讨的主题，涉及演讲所提到的日常工作中所有的重要质量。这一天，本身就提醒每一个人对质量计划的工具和所提供的解决方案，像我们工作的所有其他的方面一样，必须在任务已完成之后永远进行审查和评估。

对于全体与会者来说，这是非常成功和令人愉快的一天，而且，得到了对有些事情与以前相比的完全不同的经验。

为了庆祝我们工作哲学的积极变革，并表彰对新的工作哲学做出贡献的所有人员，我们将组织一场特别的活动。**关键在于，如何有效地传达这一信息？如何确保每位员工都能深刻领会新的质量文化的重要性？** 我们可以充分利用企业内部的各种宣传工具，如电台、报纸、杂志和网络媒体，来营造一个积极的舆论氛围。这样，每位员工都会认识到一次做对的价值，并以此为荣耀，从而更加积极地参与到零缺陷的实践中去。

此外，还需策划一系列活动，以促使管理者重新确立并坚定自身的承诺。鉴于管理者在保持新工作哲学持续性方面具有关键作用，选择一种能达成预期成果的生活方式需保持长期警觉和持续践行。遵循"十四步骤"的指导原则，最后一个步骤为"重头再来"。此过程的不断迭代，呈螺旋上升态势，强调持续性与精进的重要性。

所谓的持续性和精进，均离不开自我更新与蜕变的过程，如同蛇蜕皮一般。这种蜕变要求我们在不断前行的道路上，始终保持对自身的审视与调整。若我们满足于现状，不再进行任何改变，那么无论是文化创建还是企业发展，最终都将陷入停滞不前的境地。因此，**我们必须引入新的力量，让新人的思维与活力成为推动我们持续前行的动力。** 只有这样，我们才能确保整个文化创建过程能够持久而稳定地向前发展。

在此过程中，必须关注四个要点：**领导的关注是前提，有效的制度是保障，内部质量人是动力，持续精进是根基。**

谈及领导关注，我想起一次出差演讲的经历。

当时，与我同行的是一家软件企业的老总，他利用空闲时间详细地向我展示了一款自行设计的软件——只需打开电脑，便可实时了解每位员工的工作状况。他解释道，起初，由于员工均为软件工程师，工作态度较为散漫，需激发创意方能投入工作。为了规范员工行为，他在网上设立了一套规章制度：每人每天下班时需对当天工作进行总结。然而，他发现员工对此并不热衷，普遍不愿撰写总结。

于是，这位老板坚决要求大家遵守规定，并亲自审阅员工总结，甚至纠正其中的错别字。对于未提交总结的员工，他会亲自致电了解原因。经过一年的坚持，员工们逐渐养成了良好习惯。但老板并未因此放松警惕，不时与员工座谈，阐述此举的好处与意义。

我感慨道："您真是用心良苦！"他回应："无奈之举，作为领导者有时确实倍感疲惫。然而，付出总能换来丰厚回报。"

然而我却一直在强调质量变革。正如健康管理那样，要从自己的改变开始的。所以已经不是所谓的领导关注了，而是领导者率先垂范。勇于自我革命，这才是正章。所以一个人只有当你真正的、有勇气改变自己，才是真正的成功。

> 质量是政策和文化的结果。只有改变员工的心智与价值观念，树立楷模与角色典范，才能使质量改进成为公司文化的一部分。质量管理就是有目的地创建这种组织的文化。
>
> ——菲利浦·克劳士比

# 要点概览

- QIPM 的目的就是要通过改变与改进的过程管理让质量成为一种组织的习惯。
- 如何实现变革？核心在于自我革新，首先要有主动改变自己的决心。
- 正如"变革定律"所言："如果你一直重复过去的行为，那么你将永远只能得到过去的结果。"定律的推论是："若你渴望获得不同的结果，就必须改变你的方法，或者改变你的产品，或者两者同时改变。"
- 存留下来的生物并非最为庞大或强大的，而是那些最具适应性变化的。……古语有云："变则通，通则灵。"
- "精灵通则"PERI，用四句话说清楚了创建质量文化的全过程：制定清楚的管理政策（P）；教育（E）每一个人以形成共同的语言；为每一项工作确定正确的要求（R）；坚持（I）符合所有的要求。

- 语言可以改变人们的思维模式，进而改变人们的行为，最终改变他们的人生。
- 形成信念为前提，转化行动为核心，持之以恒为关键。
- "知"仅代表对事物的了解，而"道"则隐于知识的背后。
- 教育既是自上而下的承诺，又是自下而上地改进和解决问题，必须以共同的语言贯穿其中。
- 当客户满意度提升5%时，公司的利润有望实现翻倍的增长。若员工满意度提高3%，客户满意度便会相应提升5%，最终推动公司利润翻倍。
- 数据表明：一个核心骨干的流失会对整个公司三个月的业务产生影响。对整个企业利润带来的影响是0.5‰。
- 深入了解员工真正的需要，将有助于我们更好地进行规划和行动，从而提升员工的满意度，并最终提高客户的满意度和忠诚度。
- 采取零缺陷行动，必须做好五件事情：仔仔细细制定要求；与他人协调工作以共同符合要求；避免双重标准；报告错误不要害怕；高度重视预防。
- 唯有具备公共意识和公德心，我们才能稳固构建有效管理质量文化变革过程的基石。质量的核心在于利他主义，这是推动团队合作、沟通协调以及协同创新不可或缺的因素。
- 借口的背后是双重标准。只有在我们个人的价值观和整个组织的价值观以及客户或使用者的价值观三位一体的情况下，才可能第一次做对。
- 一个人的行动，无论大小，都可能在他人的生命中留下深刻的印记。我们应该珍惜这些瞬间，让感恩与回忆永存。
- 要改变一个人的命运，就要改变他做人做事的方式，而改变他做人做事方式，先要改变他的习惯。
- 清楚地描述问题，包含三层含义：第一，重数据，用数据说话；第二，不要说原因，往往一说原因就有一种先入为主的印象；第三，使用PONC说明问题的大小。
- 问题不在于我们是否具有强大的解决问题的工具箱或一个看上去很酷的系统，而在于你能否抓住真正的问题。
- 改正行动系统旨在解决存在的问题、消除不符合项或削减PONC。

❖ 管理者应以个人的和集体的名义真心赞赏那些对新的工作哲学有贡献的人们……组织一项活动让每一个人都来为我们的工作哲学的积极的变化庆贺。

❖ 沟通，就是知道如何从人们那里获得清晰简明的反馈，知道如何设定目标并与员工；知道如何承认员工每天所取得的成就和付出的努力。

❖ 如果你认为培训是昂贵的，那么，请思考无知的代价！

- **WISDOM OF ZD-ISM MANAGEMENT**
- Epilogue: Evolution of the ZD-ism

## ·尾声· ZD-ism 思想的演变·

## 克劳士比思想演变的阶段

零缺陷管理思想（ZD-ism）是克劳士比先生在与世界接触的75年的漫长岁月里逐渐形成和发展的。如果回眸他的职业生涯并解构他的心路历程，我们就会清晰地看到克劳士比管理思想演变的脉络与发展阶段：

◆ **探索期**（1952—1957）——在克罗斯莱公司和本迪克斯公司工作期间，担任质检员、质量工程师和可靠性工程师，并兼职售货员，他用医学的思维和售货员的逻辑思考工业组织，提出了"缺陷预防"的概念和质量的基本定义。

◆ **形成期**（1957—1965）——在马丁公司当质量经理和"潘兴"导弹项目经理期间，从人类学和管理学方面省思，提出了"零缺陷"的概念和"过程管理"的方法，并付诸实践。

◆ **发展期**（1965—1979）——在ITT担任质量总监和公司副总裁期间，从经营管理的角度提出了用钱来衡量质量的基本概念和方法。从文化变革的战略层面提出了"质量组织""质量学院"的基本概念和方法，并一一付诸实践。

◆ **成熟期**（1979—2002）——在担任ASQ（美国质量协会）总裁并创立、领导"克劳士比学院"期间，提出了"质量免费"的原理、质量管理的"四项基本原则"、组织的"质量完整性"概念、"质量领导力"概念以及"创建质量文化"、创建"永续成功的组织"和"可信赖的组织"的理论与方法。

我们不难发现，ZD-ism的形成不是偶然的，是与他独特的个性和曲折的生活履历分不开的。正如他自己所说的："我是从商界的底层起步的，一步步晋升，几乎做过每一种工作。检查员、测试员、助理领班、初级工程师、总工程师、部门负责人、经理、总监、集团公司副总裁——所有这些我都经历过。如果命运让我相信工程或会计之神，则我是不会接受这种'指甲黑黑'的教育的。"

公正地说，在西方的所有管理大师中，克劳士比是唯一一位接受这种"指甲黑黑"教育的过来人，也可以说是唯一一位从实践升华到理论、再用理论指导实践的质量导师。虽然说，无须自己孵出小鸡之后才可能总结出孵化的道理，但是，毕竟管理，尤其是质量管理是一门实践性非常强的学问，不亲口尝尝，是很难知道梨子的滋味的。这就是为什么ZD-ism在西方被称为"实用主义方法"的原因。

## 克劳士比思想的发展因素

正是克劳士比的独特经历，使他有机会从不同的角度并用不同的眼光去感受、体察和思考不同的组织及其关系，使他比别人更有机会透过繁杂的现象洞穿组织的本质。概而论之，有五种因素在推动着ZD-ism的形成与发展：

◆ **医生的视角**——作为出身于医学世家、自己也开过诊所的克劳士比，看问题时，与工业界人员的最大区别就是：他是人本主义的、事前预防式的思维，而后者则是物理主义的、事后验尸式的心态。换言之，克劳士比用"预防系统"取代了传统的质量检验和控制方式。

◆ **店员的感悟**——由于生活压力，克劳士比到一家男士专卖店做兼职售货员，这让他深刻认识到"满足客户的需要"对于质量管理的意义，领悟到了质量工作与客户忠诚度、与利润之间的内在联系。

◆ **项目的实践**——作为管理上千人的"潘兴导弹"的项目经理，他清楚地知道使用统一的质量定义形成共同的工作语言的重要性，也就更加持续地关注内部过程之间的关系改进，尤其是改善与客户和供应商之间的关系。

◆ **高层的承诺**——贵为35万人的集团公司副总裁，他始终坚持"质量是政策和文化的结果"，而不是技术活动，只有改变现有的工作习惯与心智，才能获得机会和利润。因此，他要求高层管理者必须紧紧地抓住两点不放：一是制定政策以表心迹，"两个坚持"——坚持"第一次就把事情做对"的工作态度，坚持"从上往下扫楼梯"的工作方法；二是用卓越绩效衡量质量以获得价值。

◆ **企业家精神**——从单枪匹马打天下到5年后在华尔街成为世界上第一

家上市的咨询公司、并实现了全球化运作，克劳士比成为美国的"商界传奇人物"。他深知客户、员工和供应商对于一个组织的意义。他提出了未来的质量解决方案——"完整性"（财务、品质和关系）的概念，并将"创新与适应"的精神根植到现代质量管理中，其目的就是要创建"可信赖的""永续成功的组织"。

## 克劳士比的思想表述

克劳士比勤于思考、勤于笔耕，他写了近20本书，其中正式出版了13本书，而且全是畅销书。有些书被翻译成几十种文字，在全球出版发行。其中，《质量免费》一书的销量高达二三百万册。也正因为如此，2002年6月6日，美国质量协会董事会决定，专门用克劳士比的名字命名了一个奖项Crosby Medal，以提携和鼓励全社会的青年才俊们努力在质量管理著作的写作方面作出成就。

克劳士比喜欢用"管理方格"这种方法评估一个组织的管理成熟度。在《质量免费》中，他曾创造了著名的"质量管理的成熟度评估方格"——把质量管理划分为5个阶段："不确定期、觉醒期、启蒙期、智慧期和确定期"，并用它诊断、研究和分析企业的状况，指点迷津。

如果以此为基础，我们就会发现，克劳士比在不同的管理阶段有不同的代表性作品：

❖《削减质量成本》：专门解析处于"不确定期"企业所面临的种种问题以及质量管理的不同特点。

❖《质量免费》：克劳士比的成名之作，足以让企业因此而"觉醒"。

❖《质量无泪》：专门为消除进入"启蒙期"企业的困扰而提供的解决方案。

❖《经营有术》：把经营的"智慧"带给了企业。

❖《永续成功的组织》：则是当企业迈进"确定期"的时候的实践指南。

进入20世纪90年代以后，菲尔开始研究"领导力"和"可信赖的组织"（The

Reliable Organization）。随后先后出版了《领导》《领导法则》《完整性》《质量省思录》《质量再免费》和《创建可信赖的组织》等著作，使 ZD-ism 更加具有理论的深度和实践的广度。

## 克劳士比的历史地位

对菲尔的评价，一直都存在着两种声音：质量控制理论与统计学派的不解与不屑之音、商界和管理实践派的拥戴与呼唤之声。这一点都不奇怪，正如福布斯集团主席把它称之为"管理理论的一次伟大的跨越"，我更愿把它比作"亚历山大之剑"——当人们热衷于用"传统的智慧"争论"针尖上到底能站几个天使"的时候，克劳士比却当头棒喝：天使本来就不应该站在针尖上；当人们在冥思苦想"第三次做对与第五次做对谁更经济"的时候，克劳士比却快刀斩乱麻地宣称第一次做对是最便宜的……因此，菲尔所掀起的是一场席卷全球的"质量革命"浪潮，深具颠覆性的力量。

20 世纪还有一株奇葩，那就是充满"追求卓越"的激情的汤姆·彼得斯。他同样掀起了一场西方世界的"管理革命"，因此，他说"他是崇拜克劳士比的"也就毫不奇怪了。因为他们两个人都先后扮演着"传统偶像杀手"的角色，自然惺惺相惜。汤姆曾经引用理查·斯考特的理论演化方格来描述管理理论的变迁。如图所示。我们完全可以用此方格来表示克劳士比的历史地位，同时，也是为了帮助不熟悉质量发展史的读者能够理解本书中所涉及的人物与事件。

❖ 阶段 I：休哈特博士的"统计质量控制"（SQC）；抽样技术。

❖ 阶段 II：朱兰博士的"质量控制"理论和"质量三部曲"；石川馨的"七个工具"。

❖ 阶段 III：戴明博士的"十四要点"及深刻知识体系，费根堡姆博士的"全面质量控制"（TQC），田口博士的"质量工程"。

❖ 阶段 IV："完整性"的克劳士比，"追求卓越"的彼得斯。

## ZD-ism 的前世今生

从历史演化观之，ZD 从 20 世纪 60 年代至今，历经了四个阶段，参见前文。

在美欧主导的战后新工业革命及全球化浪潮推动下，ZD 概念应运而生，并以其"柔性管理"（美军方）缓释"科学管理"带给企业的痛点，同时以其"减少浪费"（约翰逊总统）而满足企业与政府的需要。

德鲁克先生谈到"管理浪潮"带来的新挑战时说：对新知识、新生产率、新模式的需求，以及对超越分权化和人员领导、对知识工作者及其管理的新角色和生活质量的需求，对跨国与跨文化的管理需求，都必将促成管理的变革与进步[1]。

这不仅为 ZD 的产生与发展提供了理论背景，也为其进一步的迭代与发展预设了方向。下一代人的任务是：使新的多元社会中的新组织机构为了个人、组织和社会而富有更高的生产率。这首先就是管理的任务。德鲁克先生进一步又指出：正是这个任务，形成了其自身存在的理由和管理工作的决定因素，以及其"权力与合法性"的基础。

ZD 四个阶段的升级迭代，正是其适应外部环境变化而内部自我进化与更新换代的表征，其目的即在于聚焦"任务"的稳定完成，以强化自身的权力与合法性根基，否则，便会如同流星般划过星际，留下遗憾的一瞥。

## ZD 1.0 —"ZD 概念阶段"

克劳士比先生提出此概念，意在用理念震撼彼时僵硬的军工管理系统和体制，直指管理者思想层面，但因其产生于现实的产品研制与交付层面，又与他"质量部"负责人的身份相系，故又被誉为缺陷预防的新方法（克劳士比意在以此反对那些将其作为激励员工手段的言论），以及"QA 中的一个新维度"（詹姆斯·哈

---

[1] 彼得·德鲁克，管理·使命篇，北京：机械工业出版社，2009.9.

尔平，克劳士比先生原领导，时任马丁公司质量总监）——"一种旨在通过预防削减缺陷的管理工具。"[1]

表面看，克劳士比与哈尔平想法一致，但再深一步去看，两人观点竟有"高下之别"，这也是两人分道扬镳的原因。克劳士比离开了 ITT（1965 年），哈尔平继续留在马丁公司推进 ZD 项目。

在哈尔平看来—此时也正是通过他，才使 ZD 广泛传播，并不断被误解，"人"是关键，而 ZD 之旨意，就在于激励人们通过不断地有意识地渴望第一次就把工作做对而预防错误的产生。但在克劳士比那里："人"是关键，但重中之重是高管；ZD 正是要激励各级管理者，尤其是高管们，而非下级员工。正因为此高下之别"难以调和，克劳士比跳槽到 ITT 去做高管，已经开始了他自己的 ZD 之路。

## ZD 2.0—"QES 阶段"

从基层上来的克劳士比，身处壁垒森严的官僚体制，自然对高管有许多成见，甚至视其为"恶魔"。直到他成为 ITT 的高管，才理解他们。"他们并非恶魔"，只是对员工缺乏认识，对质量没有定义而已。因此，他从企业对待"质量"的态度上分明看出了其病根：非系统问题，非人的问题，亦非战略与运营问题，乃高管的品质哲学与标准问题，是企业的"主机出问题"了。

因此，他的使命即要"开发一种让质量产生的共通语言"，使组织中的每一个人都知道产生质量所应扮演的角色。于是，他基于在 ITT 集团 14 年的 ZD 思考与实践（1965—1979），开发出著名的"14 Step"，尤其是在克劳士比学院（PCA）更加宽广与深度的洞察和思考之上，推出了"零缺陷四项基本原则"以及集大成之 QES，从而将 ZD 推向新的阶段——随着 PCA 资本化后迅速向全球拓展。

---

[1] *Zero Defects: A New Dimension in Quality Assurance*（《零缺陷：质量保障的新维度》），James F. Halpin（詹姆斯·哈尔平），McGRAW-Hill（麦克劳希尔），1966.

花絮是，1979年克劳士比原本是想建一所医治生病企业的"企业医院"，却发现来的都是身强力壮的，比如IBM、GM、Milken、Motorola，身体不好的一个都没来。这让他恍然大悟：企业如人，人们是不愿承认自己有病的，尤其是大脑出了毛病。于是，PCA有了更清晰的定位：脑神经专科医院。

这里还需要有一个大的背景支撑：经过三十余年的科学管理洗礼，美国企业之标准化、系统化与合理化运作，不仅强有力地支撑了盟军的军需供给，而且也在战后使"美式管理"伴随着"马歇尔计划"推广至欧洲，进而又随着全球化浪潮持续地拓展、覆盖到地球上每一个国家和地区。当然，其中又有20世纪60年代至80年代之营销潮流与战略风浪的推波助澜，以及"管理理论丛林"（孔茨）自身难以掌控的对外传播的冲动、步伐，从而形成一浪高过一浪的"管理浪潮"（德鲁克）。

问题是，日、德这等昔日的失败者，居然高歌踏浪而来，成为市场上的冲浪王。关键是他们用的冲波板竟然是QM！这让美国企业很受伤。因为QM基本上不入管理主流，属于旁门左道。但他们依旧不以为然，自然听不进老戴明的骂声，克劳士比的劝谏，尤其是彼得斯毫不留情地怒吼。因为他们中的明白人发现：自己确实已脑残，起码是脑神经系统出了问题。

## ZD 3.0——"Crosbyism 阶段"

面对新世纪的来临，克劳士比把关注焦点放在了MBA教育上—致力于培养新一代专注品质竞争力的管理者，出版了《经营有术》《永续成功的组织》《领导法则》《完整性》及《创建可信赖的组织》，并参与编写了十余所商学院采用的MBA《管理学：质量与竞争力》教材；另一方面，则指导欧洲质量基金组织（EFQM）创立"欧洲质量奖标准"，许可其将QES作为其核心辅导模块，PCA也作为北美独家评奖推荐机构；同时，与美国竞争力学会（ASC）合作，设立"克劳士比大奖"（Crosby Awards），专门奖给那些通过质量获得竞争力的企业和个人。也正是因为这些贡献与影响力，使他荣获IMC（国际管理委员会）颁发的

McFeely 大奖（2000.5.28），与戴明、德鲁克、彼得斯等大师共享殊荣。耶鲁大学管理学院将克劳士比的课程命名为"Crosbyism"（克劳士比管理思想），以学习、分享并传播他的管理智慧。

正是在此阶段，Crosbyism 进入了中国。通过中国学院创始人对其思想与原则的挖掘、演绎、研讨与传播，并通过本土企业的持续实践与验证，实践者们成功故事的分享，使得其在中国大放异彩，声名显赫。

其中，至关重要的工作是挖掘 Crosbyism 之本质诉求，或进行现象还原与中国文化求同存异，消除血型之排斥反应，然后进一步作本质还原，让 Crosbyism 说中国话、讲中国故事，使相异部分变成了同质异构且启迪智慧、开发心性的东西。从《零缺智慧》到《零缺无限》用意十分清晰，而从《质与量的战争》到《质与量的未来》则把 Crosbyism 推向了一个新的高度。相伴而生的，则是把"中国制造"带向了"中国品质"的新阶段。

此时，中国是全球领先企业角逐的大市场。逐鹿中原，方可问鼎天下。似乎所有的管理学理论、方法和工具都在这里找到了其代理人与试验田。用鲁迅先生的"你方唱罢我登场，墙头变换大王旗"作比喻，丝毫不为过。如此，何以 Crosbyism 竟具有强壮的生命力，且比在世界各地都更有影响力？

答案要在对 Crosbyism 的"中国化"演绎中去寻觅了：

◇ Crosbyism 大厦与四根（"一二三四"+"四基"）工作指学；

◇ ZD 之"三层面说"与"开车理论"；

◇ ZD 智慧四性论与品质战略和领导力；

◇ 系统优生法则与质量人的新角色；

◇ 4P Solution 与品质文化变革（完整性方案）；

◇ ZcdAction！与新工作方式；

◇ ……

引领质量升为"品质"，质量改进升为"品质变革"，进而升为"品质文化变革"，真正助力领先企业高举品质大旗，披荆斩棘，迈向更加剧变且不确定的数字时代。

## ZD 4.0—"ZD-ism 阶段"

经过 20 余年的努力，Crosbyism 不仅用西式逻辑开启中国智慧、讲中国故事，而且因克劳士比先生的人本思想，生命系统思维以及天人合一的完整性组织观，"知行合一"的经营事务（Running Things[①]）实践论，皆可"回归"到中国文化的思想源头——事实上，我是主张中学西被的，西人像日本学美国 QC，又向美输出 TQC，进而又迫使美国创新后向外输出 TQM，西人模仿、跟随、进而编造历史、美化祖上，然后形成自己的文化，促成海上侵略与工业革命，最终又"西学东渐"，打击并开启了中学的变革与创新之旅，直至中华文化复兴大业。

既然克劳士比的中国形象有烟火味、接地气，又很中国化，加之中西文化虽异质（一阴一阳）但同源。那么，网络时代产生的 Crosbyism 定然会在数字时代贯穿古今、连接东西，迭代升级为 ZD-ism。

因此，贯穿与连接，Penetrate & Connect，成为关键词。虽然科学管理时代大力倡导流程、系统、体系，网络时代又主张全面、全局，打破"孤岛效应"，但是，中国企业的现实却是另一番景象：

◇ **外资**，带着自身的文化基因而来，日渐孤立——脱离本国文化，又"不懂"中国文化，日渐封闭只有自身集团内系统的连接；

◇ **国企**，在封闭性方面与外资是相同的，在孤立性方面亦类似，唯反过来—"不懂"西方化。当然，还有一种情况，非不懂，乃不想懂、不愿懂也。

◇ **民企**，基本上夹在二者中间：文化，不中不西，犹如一锅夹生饭。当然，纯粹者皆成效显著，"中"，如方太、星宇；"西"，如华为；系统，不开不关，倡导开放，实则封闭，就像一个大杂烩。

事实上，就是各种子系统的拼凑，今天上 SCM，明天上 ERP，后天上 CRM 等，各自孤立运行，难以整合。与此相似，质量体系也是百家饭、百衲衣。而系统/System，作为一种空间关系，连接乃其本质；文化/Culture，作为一种时间关系，贯穿方显本质存在。这也恰恰是数字时代"万物有智、万物互连、皆有可能"的

---

[①] 菲利浦·克劳士比著。

基本诉求。时空贯穿与连接，一切皆有可能，未来想象无穷。组织随之演变，管理随需应变。

我在《质与量的未来》中提出的"20字诀"实乃数字时代之Solution或品质革命良方。但为何许多人听不明白、看不懂呢？原因就在于他们对自身既缺乏从未来看现在的宏观（常常是从过去看现在），从世界看企业的中观（常常反过来看），也不具备从"完整性"观之的微观画面（常常是盲人摸象式的，即使认识到也只能称作全面性，而非包含着盲人摸象像那个主体在内的完整性）。

因此，不能再只讲"四根""四性"和4P Solution，而要针对企业向数字时代转型升级的需求，或难点、痛点、盲点，强化"天人合一"（系统与人，信念与力量）之完整性组织，解构其Q-F-R之真义；落实"知行合一"（知—行—果，4P Solution）之实践方略，用生命系统（生态思维）之原理与原则，引领企业打造VRO—ESO—"百年老店"。

于是，焦点来了。如果把一个组织比作一个有智能的电脑，则需要五大构建成功因素：操作者（Operator）、操作系统（OS）、CPU、电源（Power）与联网（Wifi）。

如此，现企业缺什么或什么地方是短板，也就一目了然。

自然是前三者了，但企业自己总认为是Operator不行，我们克劳士比虽强调CPU不行，最终都归结为"人的问题"与思想，尤其是工作哲学、政策问题，即强调Po和P1，并假定（如今看来这是个大的错误）企业OS没有问题，只是需要完善和优化而已。

事实上，企业如今的问题恰恰出在OS上。因为一直就没有一个完整的OS。那么，企业一直在靠么System在Operating？答曰：一直在被各种业务S推动着O。正如企业那么多无实效的体系被客户Push着去建立和认证一样。先是财务端上S，然后是OA，再是市场端上CRM，研发端上IPD，制造端上ERP、MES，再有SCM、LTC等。这些S，独立O都还行。如今强调集成、整合，弊端与问题便全都暴露出来了。

如果就其来龙去脉，就不难发现，大部分企业中：有靠抓市场起家的，有靠做贸易发家的，有靠抓技术起家的，有靠做制造（工厂）发家的，也不乏靠做资本起家的……成分复杂，心态各异；组织存在之目的自然不同，工作关注之焦点与文化之特质也必然大相径庭。

这就成为数字化转型之痛。那些所谓的"数字标杆工厂"或"灯塔工厂",皆因不修破房、重新建造且独立运行,而光鲜、炫酷。究其实质,乃淡化,甚至意欲"优化"Operator。虽然依据所谓"国际标准"实施,但使用的是别人的OS与CPU("灯塔工厂"设计者、标准制定者或咨询师)。固然电源、能量不缺(企业与地方政府共同用钱做出来的示范基地或旗舰店嘛),封闭的局域网运行,依然难免有被"牵鼻子""卡脖子"之虞。

如果把完整性组织之Q-F-R逐一对比,便可了解Crosbyism的真义:Q乃组织之骨骼,即OS、平台、生态;F是血液,为能量、油、电;R为关系,乃Connect方式:Wifi、电话、电报、书信。之前已有CPU("四根"+"十规"),并有了解决Operator的QES。故叠加在一起以落实完整性原则,即帮员工成功、帮供应者成功、帮客户成功。从而打造V-RO。由于其超时代性(由数字时代推演出网络时代的原则),少人共鸣,也就被忽略了。

如果再对照IBM"一把火"的比喻,则中国企业之痛更加昭然若揭:核心团队——能力按下不论(皆从五湖四海走到一起),是否有共同的目标、共识与核心价值观才是关键;流程——实指OS及其APP,而非国人概念中的"流程图""程序文件",乃是know why,Know what,Know how的积淀与集成;文化——与上述两者相融或相斥,是客户导向、任务导向,还是能力导向、绩效导向等,有诸多的选项。

问题是组织为什么不能协同?直指中国企业的痛点:五个子系统不协同——战略系统、运营系统、技术系统、结构系统与文化系统。这五个系统各自独立运行,自然难以协调、协作,遑论协同运营。因为它们不属同类,且缺乏共同的OS或运行平台。这是现状,也是对izdOS的需求。

终于,ZD-ism呼之欲出。为企业构建izdOS—智慧零缺陷OS,以使组织的骨骼/筋骨强壮,经营根基坚固,各APP使用流畅且协同,比如CRM、SCM、ERP、MES、QMS等。如此,关系清晰了:原来的组织、子系统或体系,皆APP。而Lean,六西格玛、TQM等不可再与ZD攀比了,因为主次分明了。

这也可以解释清楚,为什么那么多系统不能相互协调,那么多的体系难以彼此协作，原因正在混淆了 OS 与 APP 的关系，或者说是把 APP 当作 OS 了，抑或原本就是缺少 OS。

所以，ZD-ism 任务就是，针对组织中的"大十字架"（两个 e2e 之痛），为其构建 izdOS，置入 CPU（"四根 +""十规"），赋能 Operator（QES-V3），释放潜能（P0 之动力与 PONC），连结利益链（点一线一面，质量价值链，"三个代表"，Ecosystem/ 生态圈），打造 V-RO/ESO。

实施要诀，即 20 字诀方略：

◇ 价值引领（V-RO，CPU，"四根"）

◇ 随需应变（Ecosystem，izdOS+"八字方针"）

◇ 人人担责（QES-V3+PONC）

◇ 环环相扣（Completeness，品质价值链）

◇ 文化制胜（"四根"+"十规"，4P Solution）

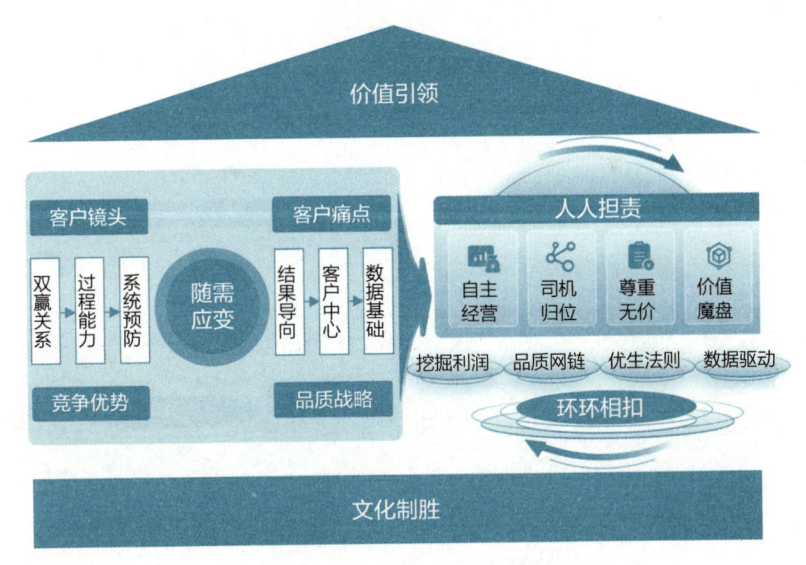

图 17-1　20 字要诀方略

· Wisdom of ZD-ism Management · 原版后记 ·

我还是未能赶在除夕之前把本书写完，以便可以无牵无挂地过个"稍有意义的年"，只好在年终"大扫除"时干脆把书稿清理到一边，然后让自己乐呵呵地嗑瓜子、看"春晚"、放鞭炮。

今晨被炮声吵醒，脑海中突然想到未完成的书稿，于是，思绪开始涌动，灵感也频频闪现，于是起身寻笔，想写点什么。

可我起身的第一件事竟然是走到窗前，拉开窗帘，往外看。因为昨天天气预报说今天有小到中雪。我一直在期待着一个白茫茫的新世界。可是，现在眼前仍是熟悉的景物，不同的只是地上多了些残留的鞭炮纸屑。

我突然意识到：自己竟然穿着"去年"的旧衣服在辞旧迎新！这个想法着实吓了自己一跳，于是，我马上找来新衣服换上，心里顿时踏实了些许。随后忽然联想到小时候父母一定要我们在新年第一天换上新衣服的情景，好像悟出了一些道理来。可不知为什么，我一下子又想到了李连杰拍的电影《太极张三丰》中的一幕：张三丰因受挫而终日不乐，负荆跋涉。一位耕田的长者对他说：放下包袱，抬头看天。他突然顿悟了，抬起头，抛下负担，朝着太阳跑去，从此创立了"太极拳"，成为一代武学宗师。我又想起了恩师克劳士比，有一次他请老朋友励志大师戴尔·卡耐基一起打高尔夫球，以求解决一直困扰他的"打好第17个洞"的问题。就在克劳士比把球放好，准备击球的时候，卡耐基问："你用的还是旧球吧？"克劳士比迟疑了一下，换了一个新球，然后预习了几下击球的动作，准备开球。这时，卡耐基又问："你平时都是用这种动作开球的吗？"克劳士比纳闷地回答道:"是啊。"卡耐基说:"那就算了,你还是把旧球换过来吧。要不,我们就回去吧!"正是在那一瞬间,克劳士比悟到了"新"与"旧"的区别。

这些联想表面上看来是东拉西扯,实际上却是用镜头回放的方式演绎出我对"过年"的看法,或者把它叫作"过年之道"。万类虽参差,适我无非新。先要有舍,才能有得。这虽是不言自明的人生哲理,但仍需要我们去用行动去验证,需要我们不满足于就事论事地谈论形而下的东西,而是要寻觅和发现事物背后的意义——尤其是那些人们习以为常的、熟视无睹的事物。因为光知道是远远不够的,唯有悟道,方可得道。也唯有得道,方能为道。正所谓:道不远人,人自远矣。

如今到书店里去看看,谈论"零缺陷"的书越来越多,这对我来说既是好消息,也是坏消息。好消息是,说明越来越多的人已经愿意主动去认识它并接受它了;坏消息则是,它被许多"有心之人"给盯上了,然后"标签化"了,就像把其他地方的蟹放到阳澄湖里再抓出来就是"阳澄湖大闸蟹"那样。这才是最让我担忧的。

我曾认真地翻阅过各种起着"零缺陷"书名的书,发现其中大部分可以用"望文生义"来形容,也就是说,他们真的只是借用"零缺陷"来贴个标签,至于"零缺陷"是何意,是否张冠李戴,是否误导读者,没人在意——只要能吸引读者眼球,好卖就行,"书名"就是一切。这的确荒谬,令人不安。当然,也同时让我觉得肩上的责任更加沉重起来。

所以,当有出版机构邀我正面阐述零缺陷的道与术时,我欣然答应了,并争取在 2006 年春节来临的时候完成。一方面,让读者能够在新的一年看到零缺陷的"新面目",另一方面也为我自己能够把多年的零缺陷本土化实践的积淀做一番提炼与小结,以便在新年翻开新的一页。

如果把我已经出版的和将要出版的几本书加以梳理的话,我认为它们是各有特色和侧重点的:

1.《质量无惑:克劳士比省思录》:着重解读大师的管理智慧,摘取其思想的花朵,是克劳士比思想的简明读本。

2.《质量无神:克劳士比的人生传奇》:追随大师的心路轨迹,寻找传奇人生的根源,是克劳士比先生的思想传记。

3.《质量无敌：零缺陷行动指南》：一本零缺陷管理的中国行动指南，重点在零缺陷的方法论研究。

4.《零缺陷大道：克劳士比管理哲学及其在中国的应用》：一部零缺陷管理的哲学纲要与中国企业的实践篇章，第一次完整、系统地讲述零缺陷管理哲学及其在中国企业的应用案例。

5.《零缺无陷：中国零缺陷管理首席专家杨钢省思录》：对中国本土化实践中的管理感悟以及现实的解析，是一本零缺陷散文集。

6.《零缺陷咖啡屋：走，听大师讲故事》：克劳士比作为美国著名的畅销书作家，特别擅长用故事的形式形象地诠释管理之道，是一本零缺陷故事集。

7.《第一次就把事情做对》：用寓言的形式、通俗的语言和清新的风格写作的一本零缺陷核心理念的普及读本。

窗外又是阵阵爆竹声。我起身，走过去。眼前即便是很能耐寒的树木也秃尽了，旧年在枝丫间飞驰而去。天地猝然变色，雪花升腾飞舞，万物静谧生息，素白千里，诸事难辨，剩下的只有一个清晰的意象和清醒的意识在飘荡、漫吟，这正是我所期冀的新气象……

又一阵爆竹声响起，却是从极远的地方传来，故而消却了杂音，只余鸿毛之轻，在我听来，恍若新雪落地的一声惊噫。"往者不可谏，来者犹可追。"

今夕何夕，不见鸿爪雪泥。唯有乾坤浮雪，雪浮空……

杨钢

于丙戌年大年初一

· **Wisdom of ZD-ism Management** · 再版后记 ·

时光荏苒。但我们没有停止对一个关键问题的思考：中国优秀企业到底缺什么？搁置尖端科技不论，他们并不缺钱、不缺人、不缺系统、不缺理念，更不缺可以用钱买到的先进硬件和软件，而独缺健康。

那么，何谓健康呢？祖上千年古训有云："头冷、脚热、七分饱。"据此打量一下你的企业吧，会不会吓出一身冷汗：原来你们是相反的——"头热、脚冷、十分饱啊！"所谓头热，即管理层头脑发热、焦虑不安；脚冷，则指基层缺乏活力和热情；十分饱，说的是中层失去了进取心和危机意识，所谓小富即安啊。但不幸的是，管理者居然没有停止过用冷水（负激励）给员工们泡脚！冰冻三尺非一日之寒啊，寒则凝，凝则不通，不通则痛；而这种低温体质是最适合各种"癌细胞"活动的。所以，要健康，只有回到基本的认知上：它们是生活方式病，靠头痛医头、脚痛医脚是无济于事的，只有改变不良的生活习惯，抓生活品质，才有可能身心健康、延年益寿。

这正是 Crosby Way（克劳士比方法）的朴素道理和基本出发点。所以，我们才强调零缺陷质量心态，强调创建"一次做对"的品质文化，强调打造"完整性"的运营系统，更强调未雨绸缪，而不愿看到这样的悲剧再次上演：健康投资总没钱，有也没有；等到病时花万千，没有也有；若谈质量与健康，有空也忙；阎王召见命归天，没空也去！

所以，基于33年来美国克劳士比在全球推进质量文化变革、打造质量竞争力的实践经验，13年来，中国克劳士比须臾不敢忘记"中国质量竞争力专业服务的引领者"的使命，致力于"传道、授业、解惑"。我们所做的一切，都是为了帮助中国企业转变成有生命力的组织，拥有健康的体质，进而打造成"可信赖的组织"（RO）、"永续成功的组织"（ESO）。

杨钢

2013 年 7 月